Schwarz/Winzek **Aufenthalts- und Asylrecht**

W0413056

JURIQ Erfolgstraining

Herausgegeben von JURIQ® Juristisches Repetitorium, Köln

Aufenthalts- und Asylrecht

von

Dr. Kyrill-Alexander Schwarz
Professor für öffentliches Recht am Institut für Staats- und Verwaltungsrecht, Universität Würzburg

und

Mario Winzek

CFM C.F. Müller

Bibliografische Information der Deutschen Nationalbibliothek
Die Deutsche Nationalbibliothek verzeichnet diese Publikation in der Deutschen Nationalbibliografie; detaillierte bibliografische Daten sind im Internet über <http://dnb.d-nb.de> abrufbar.

ISBN 978-3-8114-4902-2

E-Mail: kundenservice@cfmueller.de
Telefon: +49 89/2183-7923
Telefax: +49 89/2183-7620

www.cfmueller.de
www.cfmueller-campus.de

© 2019 C.F. Müller GmbH, Waldhofer Straße 100, 69123 Heidelberg

Dieses Werk, einschließlich aller seiner Teile, ist urheberrechtlich geschützt. Jede Verwertung außerhalb der engen Grenzen des Urheberrechtsgesetzes ist ohne Zustimmung des Verlages unzulässig und strafbar. Das gilt insbesondere für Vervielfältigungen, Übersetzungen, Mikroverfilmungen und die Einspeicherung und Verarbeitung in elektronischen Systemen.

Satz: TypoScript, München
Druck: Westermann Druck, Zwickau

Liebe Leserinnen und Leser,

die Reihe „JURIQ Erfolgstraining" zur Klausur- und Prüfungsvorbereitung verbindet sowohl für Studienanfänger als auch für höhere Semester die Vorzüge des klassischen Lehrbuchs mit meiner Unterrichtserfahrung zu einem umfassenden Lernkonzept aus Skript und Online-Training.

In einem ersten Schritt geht es um das **Erlernen** der nach Prüfungsrelevanz ausgewählten und gewichteten Inhalte und Themenstellungen. Einleitende Prüfungsschemata sorgen für eine klare Struktur und weisen auf die typischen Problemkreise hin, die Sie in einer Klausur kennen und beherrschen müssen. Neu ist die **visuelle Lernunterstützung** durch

- ein nach didaktischen Gesichtspunkten ausgewähltes Farblayout
- optische Verstärkung durch einprägsame Graphiken und
- wiederkehrende Symbole am Rand

= Definition zum Auswendiglernen und Wiederholen

= Problempunkt

Illustrationen als „Lernanker" für schwierige Beispiele und Fallkonstellationen steigern die Merk- und Erinnerungsleistung Ihres Langzeitgedächtnisses.

Schließlich geht es um das **Anwenden und Einüben** des Lernstoffes anhand von Übungsfällen verschiedener Schwierigkeitsstufen, die im Gutachtenstil gelöst werden. Die JURIQ **Klausurtipps** zu gängigen Fallkonstellationen und häufigen Fehlerquellen weisen Ihnen dabei den Weg durch den Problemdschungel in der Prüfungssituation.

Das **Lerncoaching** jenseits der rein juristischen Inhalte ist als zusätzlicher Service zum Informieren und Sammeln gedacht: Ein erfahrener Psychologe stellt u.a. Themen wie Motivation, Leistungsfähigkeit und Zeitmanagement anschaulich dar, zeigt Wege zur Analyse und Verbesserung des eigenen Lernstils auf und gibt Tipps für eine optimale Nutzung der Lernzeit und zur Überwindung evtl. Lernblockaden.

Das gerade für die Praxis wichtige Aufenthalts- und Asylrecht erweist sich als eine spannende Materie, die sowohl Bezüge zum Verfassungsrecht als auch zum Verwaltungsrecht aufweist und zudem in ein komplexes System völkerrechtlicher und unionsrechtlicher Vorgaben eingebunden ist.

Auf geht's – ich wünsche Ihnen viel Freude und Erfolg beim Erarbeiten des Stoffs!

Und noch etwas: Das Examen kann jeder schaffen, der sein juristisches Handwerkszeug beherrscht und kontinuierlich anwendet. Jura ist kein „Hexenwerk". Setzen Sie nie ausschließlich auf auswendig gelerntes Wissen, sondern auf Ihr Systemverständnis und ein solides methodisches Handwerk. Wenn Sie Hilfe brauchen, Anregungen haben oder sonst etwas loswerden möchten, sind wir für Sie da. Wenden Sie sich gerne an C.F. Müller GmbH, Waldhofer Straße 100, 69123 Heidelberg, E-Mail: kundenservice@cfmueller.de. Dort werden auch Hinweise auf Druckfehler sehr dankbar entgegen genommen, die sich leider nie ganz ausschließen lassen. Oder Sie wenden sich direkt an die Verfasser unter Kyrill-alexander.schwarz@uni-wuerzburg.de bzw. Mario.winzek@mw-98.net.

Würzburg, im November 2018

Kyrill-Alexander Schwarz
Mario Winzek

Inhaltsverzeichnis

Literaturverzeichnis

Bergmann/Dienelt	Ausländerrecht, 11. Aufl. 2016
Dreier	Grundgesetzkommentar, 3. Aufl. 2013
Göbel-Zimmermann/Eichhorn/ Beichel-Benedetti	Asyl- und Flüchtlingsrecht, 1. Aufl. 2018
Hailbronner	Asyl- und Ausländerrecht, 4. Aufl. 2017
Heusch/Haderlein/Schönen-broicher	Das neue Asylrecht, 1. Aufl. 2016
Jarass/Pieroth	Grundgesetzkommentar, 14. Aufl. 2016
Kluth/Heusch	Ausländerrecht, 1. Aufl. 2016
Luft	Die Flüchtlingskrise, 2. Aufl. 2017
Mangoldt/Klein/Starck	Grundgesetzkommentar, 7. Aufl. 2018
Stern/Becker	Grundgesetzkommentar, 2. Aufl. 2015
Tiedemann	Flüchtlingsrecht, 1. Aufl. 2015

Tipps vom Lerncoach

Warum Lerntipps in einem Jura-Skript?

Es gibt in Deutschland ca. 1,6 Millionen Studierende, deren tägliche Beschäftigung das Lernen ist. Lernende, die stets ohne Anstrengung erfolgreich sind, die nie kleinere oder größere Lernprobleme hatten, sind eher selten. Besonders juristische Lerninhalte sind komplex und anspruchsvoll. Unsere Skripte sind deshalb fachlich und didaktisch sinnvoll aufgebaut, um das Lernen zu erleichtern.

Über fundierte Lerntipps wollen wir darüber hinaus all diejenigen ansprechen, die ihr Lern- und Arbeitsverhalten verbessern und unangenehme Lernphasen schneller überwinden wollen.

Diese Tipps stammen von *Frank Wenderoth,* der als Diplom-Psychologe seit vielen Jahren in der Personal- und Organisationsentwicklung als Berater und Personal Coach tätig ist und außerdem Jurastudierende in der Prüfungsvorbereitung und bei beruflichen Weichenstellungen berät.

Wie lernen Menschen?

Die Wunschvorstellung ist häufig, ohne Anstrengung oder ohne eigene Aktivität „à la Nürnberger Trichter" lernen zu können. Die modernen Neurowissenschaften und auch die Psychologie zeigen jedoch, dass Lernen ein aktiver Aufnahme- und Verarbeitungsprozess ist, der auch nur durch aktive Methoden verbessert werden kann. Sie müssen sich also für sich selbst einsetzen, um Ihre Lernprozesse zu fördern. Sie verbuchen die Erfolge dann auch stets für sich.

Gibt es wichtigere und weniger wichtige Lerntipps?

Auch das bestimmen Sie selbst. Die Lerntipps sind als Anregungen zu verstehen, die Sie aktiv einsetzen, erproben und ganz individuell auf Ihre Lernsituation anpassen können. Die Tipps sind pro Rechtsgebiet thematisch aufeinander abgestimmt und ergänzen sich von Skript zu Skript, können aber auch unabhängig voneinander genutzt werden.

Verstehen Sie die Lerntipps „à la carte"! Sie wählen das aus, was Ihnen nützlich erscheint, um Ihre Lernprozesse noch effektiver und ökonomischer gestalten zu können!

Lernthema 7
Lernen – einzeln und in der Gruppe

Die Beantwortung der Frage, ob man besser einzeln oder in einer Gruppe lernen sollte, hängt von den Lernaufgaben und -inhalten, von der spezifischen Gruppe (Einzelpersonen, Größe, Rahmenbedingungen und Spielregeln) und von der Persönlichkeit des Lernenden ab. Ein „Muss" gibt es nicht, aber bestimmte Vor- und Nachteile. Die folgenden Tipps geben Ihnen Hinweise zur Abwägung und unterbreiten konkrete Vorschläge zur Gestaltung des Gruppenlernens.

Lerntipps

Einzelarbeit hat grundlegende Vor- und Nachteile!

Die Vorteile: Wer allein arbeitet, kann sein Lernpensum inhaltlich, zeitlich und mengenmäßig selbst bestimmen. Man braucht keine Absprachen über Termine und inhaltliche Aufgabenverteilungen treffen, bestimmt das Lerntempo selbst, muss sich nicht mit unterschiedlichen Lernvoraussetzungen und Arbeitsstilen oder „Endlos-Diskussionen" auseinandersetzen. Man ist ganz auf sich konzentriert.

Die Nachteile: keine Vergleichsmaßstäbe, keine Überprüfung und Rückmeldung über den eigenen Wissensstand, keine unterschiedlichen Meinungen und Sichtweisen auf Fragestellungen und Themen, kein Regulativ für Lernvermeidung, keine neuen Ideen zur Bewältigung von Lernproblemen.

Die Arbeit in der Gruppe kann sehr nützlich sein!

Sie haben Vergleichswerte, wissen besser, ob sie die Lerninhalte verstanden haben, „verbeißen sich nicht", lernen verschiedene Perspektiven zu einem Thema kennen, können sich bei Lernproblemen gegenseitig unterstützen und gemeinsame Lernziele verabreden, können sich Arbeit teilen und als Ausgleich für die Anstrengung auch gemeinsame Freizeitaktivitäten entfalten. Um sich die Vorteile zunutze zu machen, brauchen Sie Regeln, damit Sie mit Problemen besser umgehen können, z. B. Terminverbindlichkeit, Häufigkeit der Treffen, Dauer der Arbeitsphasen und Pausen, Festlegung und Vorbereitung der Inhalte, Diskussionsstil, Kritikfähigkeit untereinander.

Übrigens:
Diese Themen spielen später im Arbeitsalltag auch eine Rolle. Sie haben also ein zusätzliches Lernfeld für die berufliche Praxis. Auch dort ist es wichtig, Spielregeln für die Zusammenarbeit zu haben bzw. zuerst zu entscheiden, bei welchen Aufgaben Einzel- oder Gruppenarbeit zu bevorzugen ist.

Begriffsdefinitionen, Texte, Schemata – am besten einzeln und dann in der Gruppe!

Begriffsdefinitionen, Texte, Schemata sollten zwar zunächst in Einzelarbeit erschlossen werden, können allein aber nur selten sinnvoll überprüft und mit Kontextbezug vertieft werden. Bei schwierigen Texten gelangt man als Einzelarbeiter schnell an seine Verständnisgrenzen. Gemeinsam können Lücken schneller geschlossen werden. In der Gruppe können Sie sich differenzierter mit komplexen Sachverhalten auseinandersetzen.

Holen Sie sich bei Referaten, Hausarbeiten und in der Examensvorbereitung gezielt an bestimmten Stellen den Rat anderer!

Bei lang andauernden Arbeiten ist man vorwiegend einzeln tätig. An wichtigen Stellen sollten Sie jedoch den Rat anderer einholen. Das kann bei einem Brainstorming zur Themensuche und Materialsammlung ansetzen. Später könnten Sie Grobgliederungen und Textabschnitte kompetent von außen begutachten lassen. Wenn die Ausarbeitungen sehr speziell werden, sollten Sie die Kompetenz der anderen jedoch nicht überfordern. Und bitte achten Sie darauf, dass Sie Ihre möglichen Kritiker nicht mit „beleidigten Reaktionen" oder „langen Rechtfertigungen und Verteidigungen" mundtot machen.

Wenn Sie zum Beispiel den anderen immer wieder erklären müssen, „Mit dem Text wollte ich ausdrücken, dass …" kann das ein deutliches Zeichen sein, den Text zu überarbeiten, damit mündliche Erläuterungen nicht mehr notwendig sind.

Benennen Sie zur Prüfungsvorbereitung in der Arbeitsgruppe „Themenvorsitzende"!

Zur Prüfungsvorbereitung ist es günstig, sich einer Gruppe von maximal fünf Personen anzuschließen. Wenn ein umfangreiches Pensum zu erledigen ist, sollte man sich die Arbeit untereinander aufteilen. Jedes Gruppenmitglied übernimmt den „Themenvorsitz" für ein bestimmtes Fach oder Sachgebiet. Die „Themenvorsitzenden" haben ein Thema komplett in ihrer Hand und sind dann umfassend verantwortlich für:

- Erkundung der Fachliteratur auf diesem Gebiet,
- Erstellung einer Literaturliste,
- Materialsammlung = Bereitstellung von Kopien, Karteien, Skripten, Ausarbeitungen,
- Mündliche oder schriftliche Einführung in das Thema oder ein Kapitel durch Übersichtsreferate,
- Leitung der Fachdiskussionen.
- Tutorien: Bei Lernproblemen und Schwächen einzelner Gruppenmitglieder unterstützt er diese und erteilt Vertiefungshinweise.
- Stellen von Verständnisfragen zu Übungszwecken und Simulation von Prüfungsgesprächen.

Über so genannte „Themenvorsitzende" können sich alle aufeinander verlassen, gegenseitig entlasten und unterstützen. Der „Themenvorsitzende" wird auf seinem Fachgebiet zunehmend kompetenter und wirkt damit stabilisierend für den Rest der Gruppe.

So könnte eine Arbeitsgruppe zur Prüfungsvorbereitung funktionieren!

- Legen Sie gemeinsame Zeiträume und Termine für die Langzeitplanungsphasen (Wissensaneignung, Vertiefung, Überprüfung, Sicherheit, freie Tage vor der Prüfung) und die Kurzzeitplanung (Wochen- und Tagesplanung) fest.
- Stimmen Sie die Reihenfolge der einzelnen Lernfächer und -themen auch in ihrer Vernetzung und Abhängigkeit voneinander ab.
- Setzen Sie Termine fest, zu denen bestimmte Lernstoffe präsent sein müssen.
- Legen Sie wichtige Spielregeln für die Gruppe fest und verteilen Sie die Arbeit an „Themenvorsitzende".
- Fragen Sie Inhalte möglichst reihum ab. Stellen Sie dabei Verständnis- und Vertiefungsfragen.
- Sprechen Sie über Vor- und Nachteile der gelernten Inhalte, Themen, Methoden – auch für die Anwendung und Praxis.
- Sprechen Sie über Nachbar- und Überschneidungsbereiche der Themen und ziehen Sie Querverbindungen.

Lernen – einzeln und in der Gruppe

- Wiederholen und vertiefen Sie die Lerninhalte.
- Falls möglich, simulieren Sie Prüfungssituationen.
- Unterstützen Sie sich gegenseitig inhaltlich, emotional und moralisch.

Überprüfen und optimieren Sie Ihr Lernen und Ihre Zusammenarbeit.
Stellen Sie gemeinsame Regeln in der Gruppe auf, damit Sie mit evt. auftretenden Problemen besser umgehen bzw. die Zusammenarbeit optimieren können. Jeder von Ihnen ist für seine (Un-)Zufriedenheit verantwortlich. Folgende Problemstellungen und Themen können sich ergeben:

- Konsequenzen: Was passiert, wenn ein Mitglied Termine nicht einhält oder unregelmäßig teilnimmt, unpünktlich ist?
- Zügiger Start: Was sollte man vereinbaren, um zielgerichtet und zügig mit der Arbeit zu beginnen?
- Verursachungen: Wodurch kommt es zu Lernverzögerungen? Wodurch hat die Unzufriedenheit zugenommen? Was lässt sich ändern, was nicht?
- Arbeitsmenge: Sind die Arbeitsanteile inhaltlich und mengenmäßig gleich verteilt?
- Qualität: Wie ist die Qualität der Ausarbeitungen? Werden die Dinge gleichwertig bearbeitet?
- Arbeitsverteilung: Gibt es „Themenvorsitzende“ oder Spezialaufgaben? Wie zufrieden sind alle mit der Aufgabenverteilung?
- Leistungsorientierung: Besteht ausreichend Leistungsdruck? Ist er gerechtfertigt? Wer übt ihn aus? Wie können Sie Druck rausnehmen oder erhöhen?
- Ist das Arbeitsklima: angenehm, hilfreich, bedrückend, über- oder unterfordernd, konkurrierend … und wodurch?
- Umsetzung der Regeln: Welche Regeln werden eingehalten, welche nicht? Von wem? Warum nicht? Was sollte verändert werden?
- Feedback und Kritikfähigkeit: Geben wir uns ausreichend und klar gegenseitig Rückmeldung? Wie gehen Einzelne mit Anerkennung und Kritik um?
- Belohnung: Womit können Einzelne, aber besonders die Gruppe belohnt werden, wenn Ziele erreicht wurden?

1. Teil
Die Entstehung des Asylrechts

Bevor wir vertieft in das Thema dieses Skripts, dem Asyl- und Aufenthaltsrecht einsteigen empfiehlt es sich, die Entstehung des Asylrechts näher zu betrachten. Nur mit dem Wissen um die historische Entwicklung kann das heutige Regelungssystem in seiner Gänze verstanden werden. In diesem kurzen Kapitel soll daher zunächst untersucht werden, woher das Rechtsinstitut Asylkommt und wie es sich im Laufe der Jahrhunderte entwickelt hat. Dabei sollen lediglich die wesentlichen Meilensteine näher betrachtet werden. **1**

Der Begriff Asyl geht auf die griechische Antike zurück. Dort bedeutete er in etwa soviel wie „Zufluchtsstätte".[1] Asyl wurde zu dieser Zeit nicht, wie heutzutage, als ein subjektives Recht einer schutzsuchenden Person verstanden, sondern als ein objektives, an einen tatsächlichen Ort gebundenes Recht einer Person dort befristet Schutz zu erhalten.[2] Auf Grund dieser Objektbezogenheit des Asyls hatte der Einzelne auch keinen Anspruch auf Asylgewährung. Es existierten über die Schutzgewährung an Zufluchtsstätten hinaus auch kaum Regelungen zur Einreise und dem Aufenthalt von Ausländern. Vielmehr war das Asyl geprägt durch die sogenannte Territorialhoheit, nachdem die Staaten über ihr Territorium und die darauf befindlichen Personen unabhängig entscheiden können.[3] **2**

Die Territorialhoheit steht allerdings in einem Spannungsverhältnis zur sogenannten Personalhoheit, nach der die Staaten über ihre Bürger die Verfügungsgewalt haben und zwar unabhängig von deren Aufenthaltsort.[4] Zur Zeit der Antike überwog die Idee der Territorialhoheit, sodass Auslieferungen nur in den seltensten Fällen stattfanden. Die Landesgrenzen der benachbarten Staaten wurden respektiert, sodass eine Verfolgung über diese hinweg nicht erfolgte. Dies änderte sich mit der Entstehung des römischen Reichs. Dieses beachtete die Territorialhoheit anderer Staaten grundsätzlich nicht und verfolgte seine flüchtigen Bürger auch über die Staatsgrenzen hinweg auf fremdes Territorium. Die Entwicklung zurück, zur heute wieder vorrangig beachteten Territorialhoheit, begann erst in der Renaissance ab dem 11. Jahrhundert in den italienischen Stadtstaaten. **3**

Mit der Bildung der Nationalstaaten im 19. Jahrhundert erfuhr das Territorialprinzip in Europa umfassende Geltung. Zudem wurde, wie bereits in der Antike, das Verbot der Auslieferung politisch Verfolgter zu einer allgemeinen Regel des Völkerrechts.[5] Jedoch wurde das Asylrecht zu dieser Zeit noch als ein rein objektives Recht angesehen. Es existierte also noch immer kein Anspruch des Einzelnen auf Erteilung von Asyl. **4**

Ein weiterer wesentlicher Schritt in der Entwicklung des Asylrechts erfolgte mit der Weiterentwicklung der Nationalstaaten hin zu Sozialstaaten im frühen 20. Jahrhundert. Ein Sozialstaat, der sich vor allem dadurch auszeichnet, dass er seinem Volk Sozialleistungen gewährt, muss klar definieren, wer zu seinem Volk gehört und wer nicht. Es liegt gerade nicht im Inte- **5**

---

1 „Asyl" auf Duden online: https://www.duden.de/rechtschreibung/Asyl (Abgerufen am 2.6.2017).
2 *Heusch/Haderlein/Schönenbroicher* Rn. 1.
3 *Tiedemann* S. 2.
4 Vgl. *Tiedemann* S. 2.
5 Vgl. *Tiedemann* S. 5.

resse des Sozialstaats, auch solche Personen mit Leistungen zu unterstützen, die nicht Teil seines Volkes sind und demnach auch keine Leistungen für den Staat erbracht haben. Die Verhinderung der Erschleichung von Sozialleistungen durch (zum ersten Mal so bezeichnete) Ausländer wurde zu einem gesellschaftlichen Problem, welches eine politische Lösung erforderlich machte.

6 Der sogenannte Alien Act von 1905 in Großbritannien war in diesem Zusammenhang dann auch eines der ersten Ausländergesetze in Europa.[6] Dieses wurde vor dem Hintergrund des enormen Zustroms an Ausländern erlassen, die weiter in die USA reisen wollten oder zu dieser Zeit im heutigen Russland als Juden verfolgt wurden und Schutz suchten. Man unterschied hierbei bereits zwischen Wirtschaftsmigranten, die lediglich auf der Durchreise waren oder ihren Weg in die USA nicht fortführen konnten, und Asylsuchenden, die auf Grund von Verfolgung in ihrem Heimatstaat Schutz suchten. Letzteren wollte der englische Staat Asyl auf Grund ihrer Verfolgung im Herkunftsland gewähren. Ersteren hingegen nicht. Somit knüpfte der Alien Act als erstes Gesetz in Europa auch bereits an Verfolgungsgründe (hier Religion) an.[7]

7 Die nächste Zäsur im Asylrecht brachten die Weltkriege hervor. Erstmals ächzte Europa unter mehreren großen Flüchtlingsbewegungen. Dabei handelte es sich nicht um Fluchtbewegungen zwischen einzelnen Ländern. Vielmehr waren in ganz Europa Flüchtlinge auf der Suche nach Schutz vor den Auswüchsen der Kriege. Diese internationale Ausdehnung begünstigte sodann auch eine völkerrechtliche Auseinandersetzung mit dem Asylrecht, sodass sich bereits nach dem ersten Weltkrieg erste völkerrechtliche Verträge diesem Thema widmeten.[8]

8 Nach dem zweiten Weltkrieg waren es vor allem die Vereinigten Nationen (im Englischen UN oder UNO genannt), die das Asylrecht in der internationalen Politik vorantrieben. So wurde ein Asylrecht in die UN-Menschenrechtscharta vom 10.12.1948 aufgenommen und mit dem UNHCR am 14.12.1950 ein völkerrechtliches Institut gegründet, welches der Koordination und Versorgung internationaler Flüchtlinge bis heute dient. Im Jahre 1951 wurde darüber hinaus die Genfer Flüchtlingskonvention (kurz GFK) von der UN-Generalversammlung verabschiedet und bis heute von 146 Staaten ratifiziert. Sie stellt die völkerrechtlich wohl wichtigste Rechtsquelle des Asylrechts dar und hat als völkerrechtlich bindender Vertrag wesentlichen Einfluss auf die nationale Gesetzgebung. So wird uns diese Kodifikation, die auch in Deutschland Geltung beansprucht, in diesem Skript häufiger beschäftigen.

9 Unter dem Eindruck der beiden Weltkriege und der daraus erwachsenden moralischen Verpflichtung wurde auch in das Grundgesetz ein Asylrecht in Art. 16 Abs. 2 S. 2 (a.F.) GG aufgenommen.[9] Dieses war zunächst bewusst sehr offen, weit und vor allem als subjektives Recht gefasst. Mit dem sogenannten Jugoslawienkrieg ab 1991 und der Öffnung des Eisernen Vorhangs ab dem 2.5.1989 kam es erneut zu großen Flüchtlingswellen, die insbesondere Deutschland und sein offenes Asylrecht vor unerwartete Herausforderungen stellte. Ähnlich wie mit der Flüchtlingswelle im Jahre 2015 begann quasi über Nacht ein gesellschaftlicher und politischer Diskurs, mit teilweise hitzigen Debatten im Bundestag, über den Umgang und die rechtliche Handhabe der neuen Situation. Dabei war man sich zwar schnell einig, dass das grundrechtlich geschützte Asylrecht zu weit gefasst sei, mithin die Interessen des

---

6 *Tiedemann* S. 4.

7 Vgl. zur Entwicklung seit der Renaissance bis zu den Weltkriegen: *Tiedemann* S. 2.

8 Vgl. *Tiedemann* S. 5 f.

9 *Heusch/Haderlein/Schönenbroicher* Rn. 2.

Staates zu sehr in den Hintergrund traten. Man konnte sich aber zunächst nicht auf eine Anpassung der Rechtslage verständigen. Erst am 6.12.1992 verabschiedete der Bundestag nach jahrelanger Verhandlung den sogenannten Asylkompromiss der neben zahlreichen Gesetzesänderungen auch eine Verfassungsänderung beinhielt. Aus diesem Gesetzespaket gingen unter anderem das heutige Asylgesetz (AsylG) sowie das Asylbewerberleistungsgesetz (AsylbLG) hervor und die Neufassung des Art. 16a GG, als das neue Asylgrundrecht.[10]

Auch auf europäischer Ebene kam es nach dem Fall des Eisernen Vorhangs zu wesentlichen Veränderungen. Die durch den Vertrag von Maastricht vom 7.2.1992 ermöglichte gemeinsame europäische Außen- und Sicherheitspolitik öffnete auch den Weg zu einer gemeinsamen Migrations-, Asyl- und Zuwanderungspolitik. Diese begann zunächst im Rahmen der dritten Säule der Europäischen Union (Justiz und Inneres), wurde jedoch mit dem Vertrag von Amsterdam vom 1.5.1999 in die erste Säule übertragen, wodurch die Europäische Union in diesem Bereich eigene Kompetenzen erworben hat. Seitdem ist die Europäische Union über Art. 78 AEUV mit Rechtsetzungskompetenz ausgestattet und kann in einem ordentlichen Gesetzgebungsverfahren Maßnahmen in Bezug auf ein gemeinsames europäisches Asylsystem erlassen. Auf Grund dieser Norm wurde unter anderem die Dublin-III-Verordnung erlassen, die ebenfalls wesentliche Auswirkungen auf das nationale Asylrecht hat. 10

» Eine vertiefte Auseinandersetzung mit der Entwicklung des europäischen Rechtssystems finden Sie im Skript „Europarecht". «

JURIQ-Klausurtipp

Auch wenn der historische Ausblick an dieser Stelle lediglich einem besseren Verständnis für die nachfolgenden Kapitel dient, so sind folgende Aspekte auch für das heutige Asylrecht und deren praktischer Anwendung wichtig. Zunächst sollten Sie die Unterscheidung der Territorialhoheit und Personalhoheit verinnerlichen. Des Weiteren spielt auch die Ausgestaltung des Asylgrundrechts als subjektives Recht eine wesentliche Rolle für die Falllösung.

10 Vgl. *Tiedemann* S. 12.

2. Teil
Das allgemeine Ausländerrecht

11 Das Aufenthalts- und Asylrecht ist eine sehr vielschichtige Materie. Der Schwerpunkt dieses Skripts liegt dabei vor allem auf dem nationalen und europäischen Asylrecht. Das bedeutet allerdings nicht, dass wir das Aufenthaltsrecht außen vorlassen könnten. Viel mehr sind beide Regelungssysteme wichtig, da sie zum Teil aufeinander aufbauen und zum Teil sich gegenseitig bedingen. Der gesamte Komplex des Aufenthalts- und Asylrechts lässt sich aus Sicht dieses Skripts aber in ein allgemeines und ein besonderes Ausländerrecht aufteilen. Das allgemeine Ausländerrecht verkörpert das Aufenthaltsrecht, insbesondere das Aufenthaltsgesetz. Dieses Regelungssystem legt die Grundlagen fest, die für das Ausländerrecht in Deutschland gelten. Darauf aufbauen und dieses ergänzend kommt dann das Asylrecht als besonderes Ausländerrecht. Dieser Struktur folgend, beschäftigen wir uns zunächst mit dem Aufenthaltsgesetz, um uns das allgemeine Ausländerrecht und die gesetzliche Grundstruktur anzueignen. Mit diesem Wissen werden wir uns sodann den Besonderheiten des Asylrechts widmen.

A. Regelungsgegenstand und staatsrechtlicher Status

I. Regelungsgegenstand

» Lernen Sie aktiv mit diesem Skript und verschaffen Sie sich einen Überblick über die Gesetze und zitierten Normen, bevor Sie in den nachfolgenden Abschnitten die Erläuterungen lesen. «

12 Um sich mit dem Aufenthalts- und Asylrecht vertraut zu machen, ist es zunächst wichtig, sich ein Bild davon zu machen, welche Gesetze dieses Rechtsgebiet regeln. Dabei ist die Vielschichtigkeit dieses Rechtsgebiets zu beachten. Es ist geprägt von zahlreichen Kodifikationen auf den verschiedensten Ebenen. Wie uns die historische Einführung gezeigt hat, gilt es neben nationalen Regelungen auch europäische, bilaterale und völkerrechtliche Kodifikationen zu beachten. Als eine zumindest für die Bundesrepublik zentrale Kodifikation lässt sich allerdings das Aufenthaltsgesetz (AufenthG) ausmachen. Dieses regelt nicht nur die Einwanderung, sondern hat auch das Ziel, den Aufenthalt und die Beendigung desselben zu regeln. Zwar erfolgt dies bei weitem nicht abschließend. Insbesondere hinsichtlich der Problematik des Umgangs mit Asylsuchenden ist die zentrale Kodifikation auf Bundesebene das Asylgesetz (AsylG). Dennoch entspringt dem Aufenthaltsgesetz die wesentliche Struktur des Ausländerrechts in Deutschland.

13 In § 1 Abs. 1 AufenthG werden die Zwecke des AufenthG aufgelistet. Demnach dient das Aufenthaltsgesetz unter anderem der:

- Steuerung und Begrenzung des Zuzugs von Ausländern (Satz 1),
- Gestaltung des Zuzugs unter Berücksichtigung der Aufnahme- und Integrationsfähigkeit (Satz 2),
- Erfüllung humanitärer Verpflichtungen der Bundesrepublik Deutschland (Satz 3).

Zu diesen Zwecken soll das Aufenthaltsgesetz die Einreise, den Aufenthalt, die Erwerbstätigkeit und die Integration von Ausländern regeln. Unabhängig vom Zweck der Regelungen im Aufenthaltsgesetz hängt die Anwendbarkeit nach § 1 Abs. 1 AufenthG auch und vor allem vom Begriff des Ausländers ab. Nur auf solche Personen ist das Gesetz überhaupt anwendbar. Auf den nächsten Seiten wollen wir uns daher mit diesem Begriff näher auseinandersetzen.

II. Die staatsrechtlichen Status

Eine der ersten wichtigen Fragen, die es für die Anwendbarkeit des allgemeinen Ausländerrechts zu klären gilt, ist die nach der Definition des Ausländers. Es handelt sich um einen zentralen Begriff dieser Rechtsmaterie. Der § 2 Abs. 1 AufenthG liefert uns für die inhaltliche Bestimmung dieses Begriffs eine Legaldefinition: 14

Ausländer ist jeder, der nicht Deutscher im Sinne des Artikels 116 Abs. 1 Grundgesetz ist.

Deutscher im Sinne des Art. 116 Abs. 1 GG ist grundsätzlich jeder, der *die deutsche Staatsangehörigkeit besitzt*. Die Eigenschaft des Deutschen bzw. des Ausländers steht und fällt also mit dem staatsrechtlichen Status der jeweiligen Person.

Hinweis

Wie wir später noch sehen werden, kann ein Asylbewerber verschiedene *aufenthaltsrechtliche Status*, wie zum Beispiel eine Aufenthaltserlaubnis, erlangen. Dies ändert jedoch nichts an seinem *staatsrechtlichen Status*. Eine Person kann sowohl einen staatsrechtlichen als auch einen aufenthaltsrechtlichen Status besitzen. Entsprechend bleibt der staatsrechtliche Status eines Ausländers unverändert, wenn sich sein aufenthaltsrechtlicher Status ändert. Eine Änderung seines staatsrechtlichen Status ergibt sich beispielsweise dann, wenn der Ausländer einen Antrag auf Einbürgerung nach § 8 StAG bewilligt bekommt. Diese Unterscheidung ist elementar für das Ausländerrecht. Während der staatsrechtliche Status eine wesentliche Rolle für die Anwendbarkeit des AufenthG darstellt, kann aus dem Aufenthalt eines Ausländers in Deutschland je nach Sachlage ein aufenthaltsrechtlicher Status erst entstehen.

Unter einem **staatsrechtlichen Status** versteht man ein Bündel von Rechten und Pflichten, die durch die Verleihung des Status auf die betreffende Person übertragen werden.[1] 15

Aus dieser Definition folgt unmittelbar, dass ein staatsrechtlicher Status grundsätzlich von der Verleihung durch einen Staat abhängig ist. Ein solcher Status ist zum Beispiel die deutsche Staatsangehörigkeit. In Deutschland existieren neben der deutschen Staatsangehörigkeit noch weitere Status, die eine Person innehaben kann. Diese Status unterscheiden sich unter anderem in der Art der Erlangung bzw. Verleihung als auch im Umfang der Rechte und Pflichten, die mit ihnen verbunden sind. Die für das Aufenthalts- und Asylrecht relevanten werden in der Folge näher erläutert.[2]

1 *Tiedemann* S. 15.
2 Ausführlich zu allen verschiedenen Status: *Tiedemann* S. 15 ff.

Staatsrechtliche Status

Deutscher Staatsbürger,
Art. 116 Abs. 1 GG

EU-Ausländer,
Art. 10 Abs. 1 AEUV

Drittstaats-Ausländer

Staatenlosigkeit

» Lesen Sie die §§ 3 ff. StAG, um die Systematik des Erwerbs der deutschen Staatsbürgerschaft nachzuvollziehen. «

16 Der Status des deutschen Staatsbürgers ist hinsichtlich der Rechte und Pflichten, die er verleiht, der umfassendste staatsrechtliche Status. Wie bereits oben erwähnt, ist nach Art. 116 Abs. 1 GG Deutscher, wer die deutsche Staatsangehörigkeit besitzt. Den Erwerb dieser Staatsangehörigkeit regelt § 3 Staatsangehörigkeitsgesetz (StAG).

Beispiel So wird die deutsche Staatsbürgerschaft beispielsweise durch Geburt nach § 3 Abs. 1 Nr. 1 StAG erworben. Allerdings grundsätzlich nur dann, wenn mindestens ein Elternteil die deutsche Staatsangehörigkeit besitzt, vgl. § 4 Abs. 1 StAG.
Darüber hinaus kann die deutsche Staatsangehörigkeit nach § 3 Abs. 1 Nr. 5 StAG auch durch eine Einbürgerung erworben werden. Die Voraussetzungen der Einbürgerung sind in den §§ 8 bis 16 StAG erläutert. Unter den gesteigerten Voraussetzungen des § 10 StAG (unter anderem dauerhafter rechtmäßiger Aufenthalt über einen Zeitraum von acht Jahren) steht dem Ausländer ein Anspruch auf Erteilung der deutschen Staatsangehörigkeit zu. Zu dieser Kategorie können, wie wir noch sehen werden, unter anderem die Ausländer mit anerkannter Asylberechtigung oder zuerkannter Flüchtlingseigenschaft zählen. ■

17 Ein weiterer, insbesondere europarechtlich relevanter Status, ist der des EU-Ausländers. Hierbei handelt es sich um Personen, die Unionsbürger i.S.d. Art. 20 Abs. 1 AEUV und nicht Deutscher i.S.d. Art. 116 Abs. 1 GG sind. Ihre Rechte und Pflichten richten sich im deutschen Recht nach dem Freizügigkeitsgesetz/EU (FreizügG/EU).

Beispiel Ein spanischer Staatsangehöriger ist zwar aus deutscher Sicht ein Ausländer. Allerdings ist er als spanischer Staatsangehöriger ein Unionsbürger im Sinne des Art. 20 Abs. 1 AEUV. Als solcher ist er vom Anwendungsbereich des Aufenthaltsgesetzes nach § 1 Abs. 2 Nr. 1 AufenthG ausgenommen. Seine Rechte und Pflichten in Bezug auf seine Freizügigkeit in Deutschland richten sich stattdessen nach dem FreizügG/EU. ■

18 Sofern eine Person weder die deutsche Staatsbürgerschaft noch eine Unionsbürgerschaft innehat, könnte sie den Status eines Drittstaats-Ausländers besitzen. Dies ist bei Personen der Fall, die, ohne Deutsche oder Unionsbürger zu sein, die Staatsangehörigkeit eines anderen Staates besitzen. Zu dieser Gruppe gehören somit alle Personen, die von außerhalb der EU nach Deutschland einreisen. Ihre Rechte werden im Wesentlichen durch das Aufenthaltsgesetz (AufenthG) bestimmt.

Beispiel Die im Rahmen der Flüchtlingskrise seit 2015 nach Deutschland eingereisten Ausländer sind in der Regel solche Drittstaats-Ausländer, sofern sie nicht staatenlos sind (dazu gleich). ■

Letztlich kann aber auch der Fall vorliegen, dass eine Person keine Staatsangehörigkeit besitzt, also staatenlos ist. Ihre Rechte bestimmen sich in Deutschland im Wesentlichen nach dem Übereinkommen vom 28.9.1954 über die Rechtsstellung der Staatenlosen (StlÜK) und dem AufenthG. 19

Hinweis

Zu beachten ist, dass eine Staatenlosigkeit nach dem AufenthG gerade nicht vorliegen muss. Das AufenthG knüpft seine Anwendbarkeit lediglich an die Herkunft von außerhalb Deutschlands bzw. der EU an.

Wir sehen also, dass es verschiedene statusrechtliche Status gibt, die im Wesentlichen an eine Staatszugehörigkeit anknüpfen. Zwischen dem Status des deutschen Staatsbürgers und dem des Unionsbürgers existieren auf Grund des europarechtlichen Diskriminierungsverbotes keine wesentlichen Unterschiede. Zudem sind Unionsbürger vom Anwendungsbereich des Aufenthaltsgesetzes nach § 1 Abs. 2 Nr. 1 AufenthG grundsätzlich ausgenommen. Für das Aufenthalts- und Asylrecht beachtenswert sind somit vor allem die Status des Staatenlosen und des Drittstaat-Ausländers. 20

B. Einreise und Aufenthalt

Nach § 1 Abs. 1 AufenthG soll das Aufenthaltsgesetz den Zuzug von Ausländern rechtlich überhaupt erst ermöglichen und darüber hinaus steuern und begrenzen. Mit den einzelnen Instrumenten, die das Gesetz hierfür zur Verfügung stellt, werden wir uns später noch vertiefend beschäftigen. Hier wollen wir uns zunächst einen Überblick über die rechtlichen Rahmenbedingungen verschaffen, auf die unter anderem das Asylrecht aufbaut, mit dem wir uns später ausführlich beschäftigen werden. 21

I. Die Einreise

1. Voraussetzungen der Einreise

In erster Linie normiert § 3 Abs. 1 S. 1 AufenthG eine allgemeine Passpflicht für Ausländer. Demnach darf ein Ausländer in das Bundesgebiet nur dann einreisen (und sich dort aufhalten), wenn er einen anerkannten und gültigen Pass oder Passersatz besitzt. Dieses Erfordernis dient vor allem der Identifizierung und Registrierung des Ausländers. Darüber hinaus legt § 4 Abs. 1 S. 1 AufenthG fest, dass Ausländer für die Einreise und den Aufenthalt zusätzlich zum Pass oder Passersatz eines Aufenthaltstitels bedürfen. Ein solcher Titel stellt die Rechtsgrundlage für den Aufenthalt des Ausländers dar und regelt zugleich die Dauer und die jeweiligen, dem Titel entsprechenden Rechte und Pflichten der betroffenen Person. Hiervon macht § 4 Abs. 1 S. 1 a.E. AufenthG allerdings Ausnahmen. Nämlich dann, wenn auf Grund des Rechts der Europäischen Union, einer Rechtsverordnung oder des Assoziationsabkommen EWG/Türkei ein Aufenthaltsrecht besteht. Besteht kein solches Aufenthaltsrecht, so muss ein Aufenthaltstitel beantragt werden. Auf die in § 4 Abs. 1 S. 2 AufenthG genannten verschiedenen Aufenthaltstitel werden wir im nächsten Kapitel näher eingehen 22

» Lesen Sie die zitierten Normen, um ein Gefühl für die Regelungssystematik zu erhalten. «

Voraussetzungen der Einreise

- **§ 3 Abs. 1 S. 1 AufenthG** Passpflicht
- **§ 4 Abs. 1 S. 1 AufenthG** Aufenthaltstitel

Hinweis

Zu beachten ist auch hier wieder die genaue Terminologie. Ein Aufenthaltstitel i.S.d. § 4 Abs. 1 S. 1 AufenthG und eine Aufenthaltserlaubnis nach § 7 Abs. 1 AufenthG sind nicht das gleiche. Letztere stellt nur einen befristeten Aufenthaltstitel dar (vgl. § 7 Abs. 1 S. 1 AufenthG). An späterer Stelle werden wir diese Unterscheidung noch vertiefen.

2. Voraussetzung der Erteilung eines Aufenthaltstitels

23 Das Aufenthaltsgesetz geht dem Grunde nach davon aus, dass der Ausländer einen anerkannten Pass oder zumindest einen solchen Passersatz vorweisen kann, vgl. § 5 Abs. 1 Nr. 4 AufenthG. Daher widmet sich das Aufenthaltsgesetz in dieser Hinsicht vor allem der Erteilung eines Aufenthaltstitels. Die allgemeinen Erteilungsvoraussetzungen eines Aufenthaltstitels sind in § 5 AufenthG geregelt. Nach § 5 Abs. 1 AufenthG setzt die Erteilung eines Aufenthaltstitels in der Regel voraus, dass:

- der Lebensunterhalt gesichert ist (Nr. 1),
- die Identität bzw. Staatsangehörigkeit geklärt ist (Nr. 1a),
- kein Ausweisungsinteresse besteht (Nr. 2),
- keine Beeinträchtigungen der Interessen der Bundesrepublik zu erwarten sind, sofern nicht ein Anspruch auf Erteilung besteht (Nr. 3),
- die Passpflicht nach § 4 AufenthG erfüllt ist (Nr. 4).

24 Dem Merkmal der Sicherung des Lebensunterhaltes in § 5 Abs. 1 Nr. 1 AufenthG kommt hierbei besonderes Gewicht zu. Die Beanspruchung von öffentlichen Mitteln stellt dabei nicht nur für Drittstaat-Ausländer eine Hürde dar, sondern ist auch eine Grenze der Freizügigkeit für Unionsbürger. Eine zusätzliche Belastung der öffentlichen Haushalte soll durch diese Regelung vermieden werden. Insofern wirkt sich die historische Entwicklung der Nationalstaaten hin zu Sozialstaaten unmittelbar auf das heutige Aufenthaltsrecht aus. Wann der Lebensunterhalt gesichert ist, ist in § 2 Abs. 3 AufenthG legal definiert:

Sicherung des Lebensunterhalts: Der Lebensunterhalt eines Ausländers ist gesichert, wenn er ihn einschließlich ausreichendem Krankenversicherungsschutz ohne Inanspruchnahme öffentlicher Mittel bestreiten kann.

Beispiel Möchte ein Ägypter seinen Wohnort nach Deutschland verlegen, so muss er zunächst die allgemeinen Erteilungsvoraussetzungen des § 5 AufenthG erfüllen. Hierzu gehören unter anderem das Vorweisen eines anerkannten Passes nach §§ 5 Abs. 1 Nr. 4, 3 Abs. 1 S. 1 AufenthG. Darüber hinaus muss er aber nach § 5 Abs. 1 Nr. 1 AufenthG auch nachweisen können, dass sein Lebensunterhalt gesichert ist. Sind diese Voraussetzungen erfüllt, so muss er im nächsten Schritt einen Aufenthaltstitel nach § 4 Abs. 1 AufenthG beantragen. ■

II. Der Aufenthalt

Wir haben bereits gesehen, dass für den Aufenthalt eines Ausländers in der Bundesrepublik 25
Deutschland ein Aufenthaltstitel nach § 4 Abs. 1 S. 2 AufenthG erforderlich ist. Diese Norm stellt ein ganzes Bündel an möglichen Aufenthaltstiteln zur Verfügung. Es ist zu beachten, dass ein Aufenthaltstitel im Sinne des § 4 Abs. 1 S. 2 AufenthG grundsätzlich befristet ist und nicht zur Ausübung einer Erwerbstätigkeit berechtigt, wie sich aus § 4 Abs. 2 S. 1 AufenthG ergibt. Letzteres ist nur der Fall, wenn dies im Aufenthaltsrecht ausdrücklich normiert ist. Die Dauer der Befristung und die Möglichkeit einer Verlängerung ist nicht allgemein geregelt, sondern hängt vom jeweiligen Aufenthaltstitel ab.

Beispiel So ist zum Beispiel die Niederlassungserlaubnis nach § 9 Abs. 1 AufenthG ein auf Dauer, also unbefristet ausgelegter Aufenthaltstitel, der darüber hinaus auch zur Erwerbstätigkeit berechtigt.
Dem gegenüber ist die Aufenthaltserlaubnis nach § 7 Abs. 1 AufenthG ein befristeter Aufenthaltstitel, der mangels ausdrücklicher gesetzlicher Vorgabe nicht zur Erwerbstätigkeit berechtigt. ■

» Auf diese Thematik werden wir an anderer Stelle (Rn. 169) noch vertiefend eingehen. «

Darüber hinaus ermöglicht ein Aufenthaltstitel den Aufenthalt nur zu dem mit ihm verbun- 26
denen Zweck. Ändert sich dieser oder fallen bestimmte Voraussetzungen für die Erteilung des Aufenthaltstitels nachträglich weg, so kann dieser auch entzogen oder die Aufenthaltsfrist verkürzt werden (vgl. § 7 Abs. 2 AufenthG).

Zu beachten ist, dass ein Aufenthaltstitel nach § 4 Abs. 1 S. 1 AufenthG dann nicht erforder- 27
lich ist, wenn der Betroffene eines der dort genannten Aufenthaltsrechte besitzt. Ein solches Aufenthaltsrecht kann sich zum einen aus einer Rechtsverordnung und/oder dem Recht der EU ergeben, oder aus dem Assoziationsabkommen EWG/Türkei. Insbesondere das Letztere war für die jüngere deutsche Geschichte von besonderer Relevanz und soll daher kurz umrissen werden.

Das Assoziationsabkommen EWG/Türkei ist ein Abkommen zwischen der Europäischen Union (damals noch Europäische Wirtschaftsgemeinschaft) und der Türkei aus dem Jahre 1963. Das Abkommen sollte aus deutscher Sicht vor allem der Öffnung des Arbeitsmarktes für türkische Arbeitnehmer dienen, um dringend benötigte Arbeitskräfte in die Bundesrepublik Deutschland zu holen. In der Bundesrepublik herrschte nach dem Mauerbau im Jahre 1961 ein Arbeitskräftemangel. Die Türkei versprach sich durch das Abkommen zum einen Devisenzuflüsse, zum anderen eine Entlastung des eigenen Arbeitsmarktes. Vorrangiges Ziel des Abkommens war daher die schrittweise Herstellung einer Arbeitnehmerfreizügigkeit, geleitet von den Art. 48 bis 59 des Vertrages zur Gründung der Gemeinschaft (EWGV, heute inhaltsgleich Art. 45 ff. AEUV). Auf Grund dieses Abkommens ist unter anderem der Assoziationsratsbeschluss 1/80 (ARB 1/80) erlassen worden. Der Art. 6 I ARB 1/80 verbürgt den Anspruch türkischer Arbeitnehmer auf die Erteilung einer Arbeitsgenehmigung, soweit sie die Voraussetzungen der Norm erfüllen, sich ordnungsgemäß in einem Assoziationsstaat aufhalten und dort ebenso ordnungsgemäß erwerbstätig sind.[3]

3 Vertiefend zu diesem Thema: *Schwarz/Fuchs* Die Assoziationsfreizügigkeit türkischer Staatsangehöriger, ZAR 2016, 217.

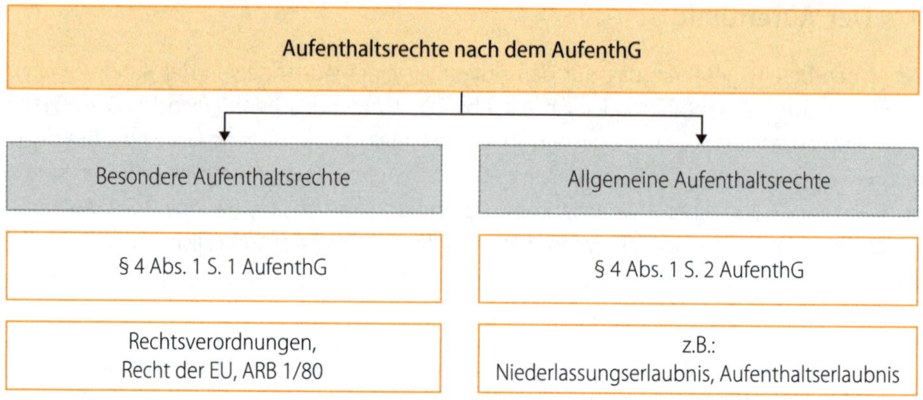

III. Die Aufenthaltstitel

28 Wir wissen mittlerweile, dass ein Ausländer nur dann nach Deutschland einreisen darf, wenn er über einen Pass und einen Aufenthaltstitel verfügt. Auch wissen wir, nach welcher Norm sich die Vergabe eines Aufenthaltstitels grundsätzlich richtet. Im Folgenden soll nun auf die verschiedenen, in § 4 Abs. 1 S. 2 AufenthG genannten Aufenthaltstitel eingegangen werden.

Hinweis

Die Unterscheidung der einzelnen Aufenthaltstitel ist dabei wichtig. Zum einen sind mit jedem Titel andere spezielle Voraussetzungen verknüpft. Zum anderen verleihen die verschiedenen Titel teilweise sehr unterschiedliche Rechte und Pflichten.

1. Das Visum

29 Der erste in § 4 Abs. 1 S. 2 AufenthG genannte Aufenthaltstitel ist das Visum. Die hiermit verbundenen Rechte und Pflichten werden in § 6 AufenthG näher geregelt. Das Visum wird grundsätzlich befristet erteilt und ermöglicht keinen dauerhaften Aufenthalt in Deutschland. Innerhalb des § 6 AufenthG wird unter anderem zwischen zwei Visen unterschieden. Zum einen das sogenannte Schengen-Visum gem. § 6 Abs. 1 und 2 AufenthG. Dies ist ein Visum, welches für die Durchreise oder den Aufenthalt im Hoheitsgebiet der Schengen-Staaten von nicht mehr als 90 Tagen in einem Zeitraum von 180 Tagen ausgelegt ist. Es verleiht keine Arbeitserlaubnis und ist keine taugliche Grundlage zur Beantragung einer (längerfristigen) Aufenthaltserlaubnis. Dies nicht zuletzt, da es sich hierbei um einen europäischen Aufenthaltstitel handelt. Zum anderen das nationale Visum gem. § 6 Abs. 3 AufenthG, welches zum Aufenthalt über einen Zeitraum von 90 Tagen hinaus ermächtigt und die Beantragung einer Aufenthaltserlaubnis ermöglicht (vgl. § 5 Abs. 2 S. 1 Nr. 1 AufenthG).

2. Die Aufenthaltserlaubnis

30 Ein weiterer wichtiger Aufenthaltstitel ist die Aufenthaltserlaubnis nach § 4 Abs. 1 S. 2 Nr. 2 AufenthG. Das Wesen und der Inhalt dieses Titels wird durch § 7 Abs. 1 AufenthG näher bestimmt. Die gesetzliche Systematik geht dabei davon aus, dass eine Aufenthaltserlaubnis von einer vorherigen Einreise mit wirksamen Visum abhängig ist, vgl. § 5 Abs. 2 S. 1 Nr. 1

AufenthG. Hiervon werden in § 5 Abs. 3 AufenthG jedoch Ausnahmen getroffen, die (wie wir noch sehen werden) für das Asylrecht von wesentlicher Bedeutung sind. Eine Aufenthaltserlaubnis wird entweder anknüpfend an einen bestimmten Aufenthaltszweck in den vom AufenthG vorgesehenen Fällen erteilt (§ 7 Abs. 1 S. 1 AufenthG) oder kann in begründeten Fällen auch für einen anderen als die normierten Aufenthaltszwecke erteilt werden (§ 7 Abs. 1 S. 2 AufenthG).

Beispiel Entsprechende Aufenthaltszwecke können eine Ausbildung (§§ 16–17b AufenthG) oder eine Erwerbstätigkeit (§§ 18–21 AufenthG) sein sowie völkerrechtliche, humanitäre, politische (§§ 22–26 AufenthG) oder familiäre Gründe (§§ 27–36 AufenthG). ■

Hinweis

Darüber hinaus gibt es in den §§ 37 bis 38a AufenthG noch besondere Rechtsgrundlagen, die ebenfalls eine Aufenthaltserlaubnis im Sinne des § 7 AufenthG begründen können. Auf Grund der fehlenden praktischen Relevanz wird auf eine vertiefende Betrachtung insoweit verzichtet.

3. Die Niederlassungserlaubnis

Die Niederlassungserlaubnis nach § 4 Abs. 1 S. 2 Nr. 3 AufenthG ist einer der wenigen Aufenthaltstitel, der zu einem dauerhaften Aufenthaltsrecht führt. Es handelt sich gemäß § 9 Abs. 1 AufenthG um einen unbefristeten Aufenthaltstitel. Darüber hinaus berechtigt die Niederlassungserlaubnis zur Ausübung einer Erwerbstätigkeit. Eine Niederlassungserlaubnis wird jedoch nur unter den besonderen Voraussetzungen des § 9 Abs. 2 AufenthG erteilt. So hängt die Erteilung unter anderem vom Besitz einer Aufenthaltserlaubnis nach § 7 AufenthG über einen Zeitraum von fünf Jahren ab oder davon, dass eine mindestens dreijährige Asylberechtigung bzw. internationale Schutzgewährung nach § 26 Abs. 3 AufenthG vorliegt. 31

4. Weitere

Neben den eben genannten Aufenthaltstiteln bietet das AufenthG noch weitere (vgl. Aufzählung in § 4 Abs. 1 S. 2 AufenthG), die jedoch für das vorliegende Skript nur untergeordnete Relevanz haben, sodass auf eine vertiefende Betrachtung verzichtet wird. An dieser Stelle ist jedoch noch zu erwähnen, dass das Asylverfahren zwei Sonderformen des Aufenthaltstitels kennt. Nach § 55 Abs. 1 AsylG wird jedem Ausländer für die Dauer des Asylverfahrens der Aufenthalt gestattet. Endet das Asylverfahren mit einer Abschiebungsanordnung, die aber aus rechtlichen oder tatsächlichen Gründen nicht vollzogen werden kann, so kann hieraus unter Umständen ebenfalls eine Aufenthaltserlaubnis erwachsen. Auf diese Thematik wird an späterer Stelle (Rn. 236) noch vertiefend eingegangen. 32

C. Beendigung des Aufenthalts

Neben der Einreise und dem Aufenthalt regelt das Aufenthaltsgesetz auch die Beendigung des Aufenthalts. In diesem Abschnitt wollen wir uns daher abschließend mit den gesetzlichen Vorgaben zur Beendigung des Aufenthalts, der Zurückweisung und den staatlichen Instrumenten der Durchsetzung entsprechender Entscheidungen vertraut machen, die das Aufenthaltsgesetz bietet. Im Bereich des Asylrechts bietet das AsylG zusätzliche Instrumente 33 zur Beendigung des Aufenthalts. Eine vertiefende Betrachtung der einzelnen Instrumente und deren Voraussetzungen erfolgt an gegebener Stelle (Rn. 169 ff.). Hier soll nur ein kurzer Überblick über die grundsätzlichen Instrumente des Aufenthaltsrecht verschafft werden.

I. Beendigung bei Besitz eines Aufenthaltstitels

34 Wie wir bereits weiter oben erörtert haben (Rn. 25), erfolgt die Erteilung eines Aufenthaltstitels grundsätzlich lediglich befristet. Aus diesem Grund ist eine Beendigung des Aufenthaltsrecht durch aktives staatliches Handeln in der Regel entbehrlich. Allerdings kann ein einmal erteilter Aufenthaltstitel auch wieder entzogen werden, bevor die Dauer seiner Wirksamkeit abläuft. Darüber hinaus können die zuständigen Behörden einen Ausländer auch trotz gültigem Aufenthaltsrecht unter bestimmten Voraussetzungen ausweisen.

1. Das Erlöschen

35 Wird ein Aufenthaltstitel entzogen, bevor seine Wirksamkeit auf Grund einer Befristung abläuft, so spricht das Aufenthaltsgesetz von einem „Erlöschen". Für ein Erlöschen kommen mehrere Gründe in Betracht. Zunächst einmal erlischt ein befristeter Aufenthaltstitel mit Ablauf seiner Geltungsdauer. Da es sich bei einem Aufenthaltstitel um einen Verwaltungsakt i.S.d. § 35 VwVfG handelt, kommt auch eine Rücknahme (§ 48 VwVfG) oder ein Widerruf (§ 52 AufenthG als lex specialis zu § 49 VwVfG) in Betracht. Darüber hinaus kann der Aufenthaltstitel auch mit Nebenbestimmungen versehen sein, sodass zum Beispiel auch der Eintritt einer auflösenden Bedingung vorliegen könnte. Es geltend die allgemeinen verwaltungsrechtlichen Grundlagen.

Hinweis

Wir werden weiter unten (Rn. 169 ff.) noch auf die Details von Rücknahme und Widerruf zu sprechen kommen.

Beispiel Stellt die zuständige Behörde nach Erteilung einer Aufenthaltserlaubnis fest, dass die vom Antragsteller gemachten Angaben nicht der Wirklichkeit entsprachen, sodass von vornherein kein Aufenthaltstitel hätte erteilt werden dürfen, so kann sie die Aufenthaltserlaubnis unter den Voraussetzungen des § 48 VwVfG zurücknehmen. ■

Hinweis

Erlischt ein Aufenthaltstitel, so befindet sich der Ausländer unerlaubt in der Bundesrepublik und ist gem. § 50 Abs. 1 AufenthG i.V.m. § 4 Abs. 1 AufenthG zur Ausreise verpflichtet.

2. Die Ausweisung

36 Der zuständigen staatlichen Stelle steht darüber hinaus das Mittel der Ausweisung nach § 53 AufenthG zur Verfügung.

Die **Ausweisung** ist die Pflicht, die Bundesrepublik zu verlassen, trotz gültigen Aufenthaltstitels oder gesetzlichem Aufenthaltsrecht.[4]

4 *Tiedemann* S. 23.

Unter welchen Voraussetzungen eine Ausweisung erfolgt, ist in § 53 Abs. 1 AufenthG geregelt. Das Gesetz geht dabei von einer Abwägungsentscheidung zwischen Ausweisungsinteresse (§ 53 AufenthG) und Bleibeinteresse (§ 55 AufenthG) aus. Auf der einen Seite muss der Ausländer die öffentliche Sicherheit und Ordnung, die freiheitlich demokratische Grundordnung oder sonstige erhebliche Interessen der Bundesrepublik gefährdet haben. Diese Worthülsen werden sodann in § 54 Abs. 1 AufenthG mit Leben gefüllt. So wiegt das Ausweisungsinteresse unter anderem dann besonders schwer, wenn der Ausländer bereits wegen mehrerer vorsätzlicher Straftaten rechtskräftig verurteilt wurde (§ 54 Abs. 1 Nr. 1 AufenthG). Demgegenüber ist das Bleibeinteresse unter anderem dann höher zu bewerten, wenn der Ausländer bereits im Besitz einer Niederlassungserlaubnis ist (§ 55 Abs. 1 Nr. 1 AufenthG).[5]

» Lesen Sie die zitierten Normen im Gesetz nach. Es handelt sich um sehr ausführliche Kodifikationen, die größtenteils selbsterklärend sind. «

Beispiel Ein Drittstaat-Ausländer, der als Student in Deutschland wohnhaft ist, kann trotz Aufenthaltserlaubnis nach §§ 4 Abs. 1 S. 2 Nr. 2, 7 Abs. 1 AufenthG i.V.m. § 16 Abs. 1 AufenthG auf Grund mehrerer rechtskräftiger Verurteilungen im Sinne des § 54 Abs. 1 Nr. 1 AufenthG über § 53 Abs. 1 AufenthG ausgewiesen werden, sofern er kein mindestens genauso schwerwiegendes Bleibeinteresse i.S.d. § 55 AufenthG nachweisen kann. ■

Hinweis

Das Regelungssystem der Ausweisung wurde mit Wirkung zum 1.1.2016 grundlegend geändert. Entsprechend ist die Lektüre von Rechtsprechung und Literatur, die vor diesem Datum veröffentlicht wurde, hinsichtlich dieses Themas nur eingeschränkt nutzbar.

II. Zurückweisung bereits an der Grenze

Die Bundespolizei kann gem. § 15 Abs. 1 AufenthG einem Ausländer bereits die Einreise an 37
der Grenze verweigern und ihn damit zurückweisen. Die Gründe für die Zurückweisung sind in § 15 Abs. 2 AufenthG und § 18 Abs. 2 AsylG gesetzlich normiert. Die Zurückweisung ist neben der Ausweisung (§§ 53 ff. AufenthG) auch von der Zurückschiebung (§ 57 AufenthG) zu unterscheiden. Bei letzterer ist der Ausländer bereits unerlaubt in das Bundesgebiet eingereist und wurde in unmittelbarem zeitlichen und räumlichen Zusammenhang mit der Einreise aufgegriffen (sog. Schleierfahndung). In diesem Fall soll der Ausländer innerhalb von sechs Monaten zurückgeschoben werden.

JURIQ-Klausurtipp

Das Aufenthaltsgesetz verfolgt demnach folgende Systematik: Ein Ausländer kann unter den Voraussetzungen des § 15 Abs. 1 AufenthG bereits an der Einreise gehindert werden. Verschafft er sich Zugang zur Bundesrepublik, ohne eine Grenzkontrolle zu passieren, kann er unter den Voraussetzungen des § 57 AufenthG zurückgeschoben werden. Zuletzt kann ein Ausländer, der rechtmäßig nach Deutschland eingereist ist und ein entsprechendes Aufenthaltsrecht innehat, nach §§ 53 ff. AufenthG ausgewiesen werden.

5 Vertiefend: *Göbel-Zimmermann/Eichhorn/Beichel-Benedetti* Rn. 963 ff.

III. Instrumente zur Durchsetzung

38 Wurde einem Ausländer, ob mit Aufenthaltstitel oder ohne, eine Ausreisepflicht auferlegt, so muss er dieser Folge leisten. Tut er dies nicht, steht mit der Abschiebung gem. § 58 AufenthG ein Instrument zur Verfügung, mit dem die Ausreisepflicht zwangsweise vollzogen werden kann.

> Die **Abschiebung** (§ 58 AufenthG) ist der zwangsweise Vollzug der Ausreisepflicht durch Verbringung des Ausländers über die Grenze in ein Land, in das er einreisen kann (i.d.R. das Land seiner Staatsangehörigkeit).[6]

Demnach ist zwingende Voraussetzung für die Abschiebung, dass eine Ausreisepflicht nach § 50 AufenthG vorliegt. Diese kann sich aus den oben genannten Gründen des Erlöschens einer Aufenthaltserlaubnis ergeben oder aus einer Ausweisung (§§ 53 ff. AufenthG). Darüber hinaus muss die Ausreisepflicht auch vollziehbar sein (§ 58 Abs. 1 AufenthG). Zudem dürfen keine Abschiebungsverbote (§ 60 AufenthG) vorliegen. Mit den Einzelheiten dieses Instrumentariums werden wir uns an späterer Stelle aus der Sicht des Asylrechts näher beschäftigen (Rn. 280 ff.).

Beispiel Fortsetzung des vorigen *Beispiels*: Mit der Erklärung der Ausweisung nach § 53 AufenthG erlischt der Aufenthaltstitel des Studenten nach § 51 Abs. 1 Nr. 5 AufenthG. In der Folge ist er wegen § 50 Abs. 1 AufenthG unverzüglich zur Ausreise verpflichtet. Kommt er dieser Pflicht nicht freiwillig nach, kann er über die §§ 58 AufenthG abgeschoben werden. ■

6 *Tiedemann* S. 25.

3. Teil
Das materielle Asylrecht

A. Einleitung

Nachdem wir uns sowohl mit der Geschichte des Ausländerrechts als auch mit den Grundzügen des heutigen Aufenthaltsrecht in Deutschland und auf völkerrechtlicher Ebene beschäftigt haben, soll in diesem Kapitel nun auf das materielle Asylrecht eingegangen werden. Wir werden sehen, dass das Asylrecht auf verschiedenen Rechtsquellen aufbaut und dass demnach auch verschiedene Asylrechte nebeneinander existieren, die zum einen sehr unterschiedliche materielle Anforderungen aufweisen und zum anderen sehr unterschiedliche Rechte und Pflichten begründen. Die ebenfalls wichtigen formellen Anforderungen an die Gewährung der jeweiligen Asylrechte bleiben hierbei noch außen vor und werden im nächsten Kapitel gesondert behandelt. 39

I. Überblick

Wie wir bereits in der historischen Einführung näher erörtert haben, meint Asyl seit der Antike Schutz vor Verfolgung. Wie man diesen Schutz erlangen kann, wo dieser gewährt wird und durch wen sind Fragen, deren Antworten sich im Laufe der Geschichte immer wieder verändert haben. Allerdings ging und geht das Asylrecht stets von einer Institution aus. Denn nur wer die Souveränität über ein Gebiet innehat, kann auf diesem auch Asyl gewähren. Daraus ergibt sich, dass auch heute noch das Asylrecht in erster Linie eine nationale Angelegenheit ist und bis dato kein europarechtliches oder gar völkerrechtliches Asylrecht existiert. 40

» Kennen Sie noch die Unterscheidung von Territorialhoheit und Personalhoheit? Nutzen Sie die Gelegenheit und wiederholen Sie die Rn. 2 ff. «

Hinweis

Es sei noch einmal gesondert verdeutlicht, dass ein Asylrecht nur von Staaten ausgehen kann. Zwar existieren auch europäische und andere völkerrechtliche Kodifikationen, die sich dem Asylrecht widmen. Diese verbriefen aber (mit Ausnahme von EU-Richtlinien) gerade kein eigenes subjektives Recht, auf das sich ein Betroffener berufen kann. Diese Kodifikationen wirken sich in der Regel nur mittelbar über eine nationale Norm auf das Asylrecht des Einzelnen aus. Daraus folgt, dass die EU zwar asylrechtlich relevante Kodifikationen erlassen kann, jedoch nur mit dem Ziel, das Asylrecht in den einzelnen Mitgliedstaaten mittelbar zu steuern.

Wie bereits in den vorangegangenen Kapiteln erwähnt, hat sich nach den Weltkriegen parallel zum nationalen auch ein völkerrechtliches und später auch ein europäisches Asylrechtsregime entwickelt. Dieses gilt es unter bestimmten Voraussetzungen auch im nationalen Recht zu beachten und zu gewährleisten. Das europäische Asylrechtsregime dient dabei dem Zweck der Harmonisierung und der Sicherung von grundsätzlichen Standards in den nationalen Rechtssystemen der Mitgliedstaaten. Daraus ergibt sich aber auch, dass das nationale Asylrecht nicht isoliert betrachtet werden kann, sondern dass es beeinflusst wird von supranationalen Normen, unabhängig davon, ob dies nun europarechtliche oder sonstige völker- 41 rechtliche Normen sind. Aus dem Zusammenspiel der verschiedenen Rechtsquellen hat sich dadurch mit der Zeit ein komplexes nationales Asylrechtsregime entwickelt, welches vom Schutz vor politischer Verfolgung auf Grund des Asylgrundrechts aus Art. 16a Abs. 1 GG bis hin zum sogenannten internationalen Schutz, der als Ausfluss des Völkerrechts in § 1 Abs. 1 Nr. 2 AsylG einfachgesetzlich normiert ist, reicht. Letzterer unterteilt sich dabei in den Schutz von Flüchtlingen i.S.d. Genfer Flüchtlingskonvention (GFK) und den subsidiären Schutz i.S.d. Art. 15 RL 2011/95/EU (sog. Qualifikationsrichtlinie).

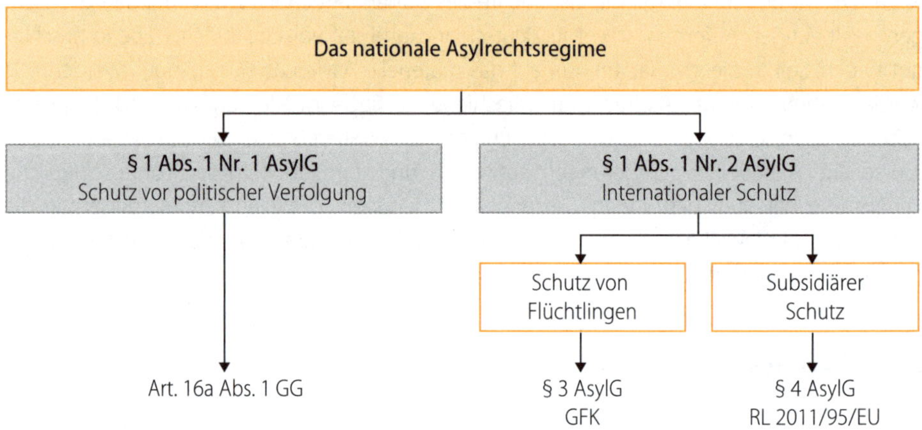

II. Rechtsquellen

» Zu den Einzelheiten des europäischen Rechtssystems wird auf das JURIQ-Skript „Europarecht" verwiesen. «

42 Bevor wir in das materielle Asylrecht tiefer einsteigen, soll vorab noch auf das eben angesprochene Verhältnis der verschiedenen Rechtsquellen etwas näher eingegangen werden. Hierbei sei vorweg darauf hingewiesen, dass die nationalen Normen, wie z.B. das Asylgesetz und das Aufenthaltsgesetz, selbstredend unmittelbar Anwendung finden. Als einfaches Recht stehen diese Regelungen allerdings unter dem Rang des Grundgesetzes und damit auch unter Art. 16a GG. Dem Asylgrundrecht kommt demnach eine vorrangige Rolle gegenüber dem internationalen Schutz zu. Dieser Systematik entspringt auch die inhaltliche Struktur des § 1 Abs. 1 AsylG.

43 Näherer Betrachtung bedürfen aber auch die europäischen und sonstigen völkerrechtlichen Normen, die Regelungen bezüglich des Asyls treffen. Denn diese haben, wie wir erörtert haben, wesentlichen Einfluss auf die nationalen Asylrechte. Allen voran ist im sogenannten Unionsasylgrundrecht, dem Art. 18 ChGrEU, die Gewährleistung von Asyl festgeschrieben.

Hinweis

Die EU-Grundrechtecharta beanspruchte zunächst keine rechtliche Bindung der Mitgliedstaaten der Union. Dies änderte sich im Jahre 2009 mit dem Vertrag von Lissabon. Mit diesem wurde in Art. 6 Abs. 1 EUV ein direkter Verweis auf die EU-Grundrechtecharta aufgenommen. In der Folge entfalten die Grundrechte der Charta grundsätzlich auch für die Mitgliedstaaten der Union unmittelbare Wirkung.

Darüber hinaus hat die EU zahlreiche Verordnungen und Richtlinien das Asyl- und Ausländerrecht betreffend erlassen, die hohe Praxisrelevanz aufweisen. Sofern es sich hierbei um Verordnungen, wie z.B. die Dublin-III-VO handelt, finden diese auf nationaler Ebene unmittelbar

Anwendung, wie sich aus Art. 288 Abs. 2 AEUV ergibt. Daraus folgt, dass die durch europäische Verordnungen festgelegten Rechte und Pflichten unmittelbar für jedermann in den europäischen Mitgliedsstaaten Geltung beanspruchen. Richtlinien hingegen, wie die Qualifikationsrichtlinie (RL 2011/95/EU), sind nur an die Mitgliedstaaten gerichtet und müssen von diesen erst in nationales Recht transformiert werden. Insoweit geben Richtlinien das erstrebte Ziel lediglich vor und dienen vor allem der Harmonisierung der verschiedenen nationalen Asylrechte der Mitgliedstaaten. Die Form und die Mittel der Umsetzung liegen in der Hand der Mitgliedstaaten, vgl. Art. 288 Abs. 3 AEUV. Entsprechend entfalten Richtlinien keine unmittelbare Wirkung für und gegen jedermann.

JURIQ-Klausurtipp

Merken sollten Sie sich an dieser Stelle, dass Europäische Verordnungen in den EU-Mitgliedstaaten unmittelbar geltendes Recht darstellen, auf die sich der Einzelne direkt berufen kann. Europäische Richtlinien bedürfen dagegen eines nationalen Umsetzungsaktes, sodass sich der Einzelne grundsätzlich nicht auf diese direkt berufen kann.

Über das europäische Recht hinaus muss wegen Art. 25 GG auch das allgemeine Völkerrecht 44
beachtet werden. Dem Wortlaut des Art. 25 GG folgend ist entsprechendes Völkerrecht Bestandteil des Bundesrechts und geht den (einfachen) Gesetzen vor.[1] Eines besonderen Umsetzungsaktes bedarf es hier also gerade nicht. Sofern Völkerrecht darüber hinaus in nationales Recht umgesetzt wurde, wie dies beispielsweise bei den Regelungen der GFK oder der EMRK geschehen ist, so gehen die nationalen Umsetzungsakte im Wege der Spezialität den völkerrechtlichen Regelungen vor. Allerdings ist dann aber eine völkerrechtsfreundliche Auslegung des nationalen Rechts nötig, um ein Zurückbleiben des nationalen Regelungsgehaltes hinter dem des Völkerrechts zu vermeiden.

Dieser einfache Grundsatz wirft dann Probleme auf, wenn sich bereits bei der Auslegung des Völkerrechts selbst Fragen ergeben. In diesem Fall muss zunächst geklärt werden, nach welchen Kriterien dieses auszulegen ist. Zur Auslegung völkerrechtlicher Verträge ist grundsätzlich das Wiener Vertragsrechtsabkommen (WVRK) vom 23.5.1969 heranzuziehen. Problematisch ist insoweit jedoch, dass nach Art. 4 WVRK diese selbst nur auf Verträge anwendbar ist, die nach seinem Inkrafttreten vereinbart wurden. Hiervon müssten sowohl die GFK als auch die EMRK ausgenommen sein, da sie vor 1969 vereinbart wurden. Allerdings könnte die WVRK über Art. 25 GG als allgemeines Völkerrecht zu beachten sein, und somit trotz des Art. 4 WVRK anwendbar sein. Nach der Rechtsprechung des *BVerfG*[2]sind allgemeine Regeln des Völkerrechts dann solche i.S.d. Art. 25 GG, wenn sie von wenigstens der überwiegenden Mehrheit der Völkerrechtssubjekte anerkannt wurden. Da die WVRK von 114 der 193 UN-Mitgliedern (= 59 %) ratifiziert wurde, stellt diese somit ein Bestandteil des allgemeinen Völkerrechts i.S.d. Art. 25 GG dar. Somit sind die Auslegungsregeln der WVRK auch auf die GFK und EMRK anzuwenden.

1 Vgl. BVerfGE 6, 309 (363).
2 BVerfGE 23,288 (317); 96, 68 (86); vgl. insgesamt zu diesem Thema: *Deutscher Bundestag* WD 3 – 3000 – 020/16.

B. Asylrecht für politisch Verfolgte

I. Allgemeines

45 Das Asylgrundrecht gewährt seinem Wortlaut nach Asyl für politisch Verfolgte. Entsprechend der Gesetzeshierarchie und der bereits angesprochenen Systematik des nationalen Asylrechts (Rn. 41) wird zunächst das Asylgrundrecht näher untersucht, bevor wir uns anschließend auch der internationalen Schutzgewährung bestehend aus dem Asylrecht von Flüchtlingen (Rn. 95 ff.) und dem subsidiären Schutz (Rn. 128 ff.) widmen. Bevor wir uns aber mit den materiell-rechtlichen Einzelheiten des Asylrechts aus Art. 16a Abs. 1 GG befassen, soll auf die rechtlichen Grundlagen dieses Artikels sowie seiner Einordnung in das nationale und das internationale Asylrechtsregime näher eingegangen werden.

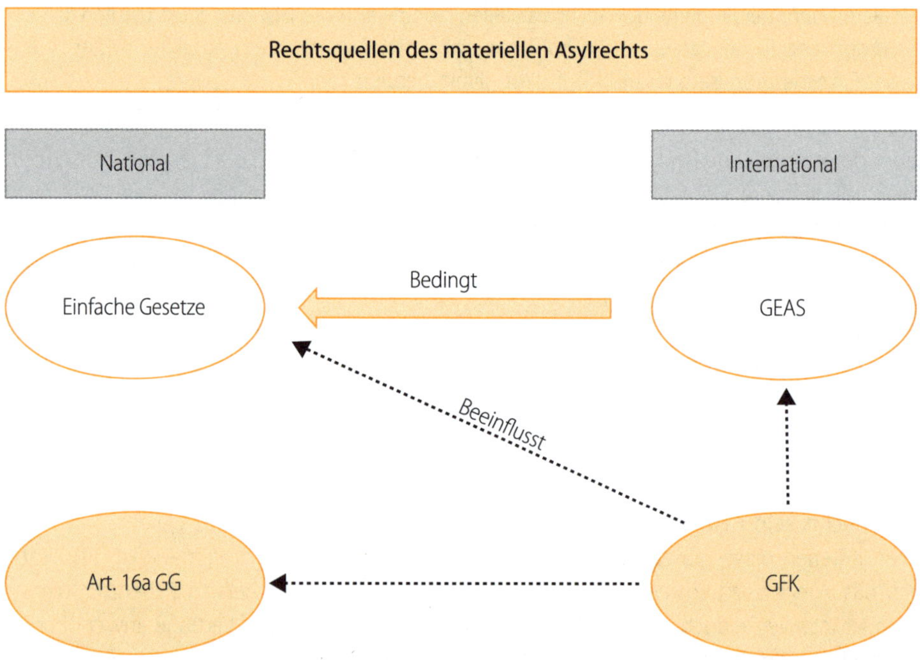

1. Asylrecht als subjektiv-öffentliches Recht

46 Das Asylgrundrecht aus Art. 16a Abs. 1 GG ist, wie die anderen Grundrechte auch, ein subjektiv-öffentliches Recht. Ein Betroffener im Anwendungsbereich des Grundgesetzes kann sich also gegenüber dem Staat auf die Gewährleistungen der Norm stützen. Zu diesem Ergebnis muss man bereits auf Grund der Auslegung des Wortlautes der Norm gelangen. So spricht Art. 16a Abs. 1 GG davon, dass der Betroffene Asyl „genießt".

Beispiel Demnach kann sich jede Person, die sich auf dem Territorium der Bundesrepublik aufhält oder an den deutschen Grenzen einreisen möchte, vor staatlichen Stellen auf sein Asylrecht berufen. Ob dieses dann auch einschlägig ist, gilt es in der Folge zu prüfen. ■

Mit Blick auf die historische Entwicklung des Asylrechts, nicht nur in Deutschland, ist dies keine Selbstverständlichkeit. Insbesondere im Streit um den Asylkompromiss in den Neunziger Jahren hat man sich aber bewusst für eine Fortgeltung des Art. 16a Abs. 1 GG im Sinne einer subjektiv-öffentlichen Regelung entschieden. Dafür wurden aber, wie wir noch sehen werden, die Voraussetzungen der Asylgewährung deutlich verschärft.

Hinweis

Die Transformation des Art. 16 Abs. 2 GG a.F. in den Art. 16a Abs. 1 GG im Wege des Asylkompromisses hat inhaltlich keine nennenswerten Veränderungen gebracht, sodass insbesondere die Rechtsprechung zu Art. 16 Abs. 2 GG a.F. auch auf den Art. 16a Abs. 1 GG weitestgehend anwendbar bleibt.

2. Leistungs- oder Abwehrrecht

Die Einordnung des Asylgrundrechts als Leistungs- oder Abwehrrecht wird in Literatur und Rechtsprechung nicht einheitlich beurteilt. Nach einer Ansicht handelt es bei Art. 16a Abs. 1 GG um ein Leistungsrecht.[3] Die Erteilung der Asylberechtigung auf Grund der Norm stelle demnach eine Leistung des Staates dar, die auf Antrag erteilt wird. Dieser Ansicht ist aber entgegen zu halten, dass die Eigenschaft der Asylberechtigung quasi erst durch die Entscheidung der Behörde im Einzelfall entstünde. Diese prüft aber lediglich das Vorliegen der Voraussetzungen, sodass ihre Entscheidung nur deklaratorischen Charakter hat und mithin eine Feststellung eines vorhandenen Zustandes ist. Unter anderem aus diesem Grund geht die wohl überwiegende Meinung in Literatur und Rechtsprechung davon aus, dass es sich bei Art. 16a Abs. 1 GG um ein Abwehrrecht handele.[4] Der Betroffene, dem grundsätzlich ein Asylrecht zusteht, soll sich gegen staatliche Eingriffe (z.B. die Weigerung der Anerkennung der Asylberechtigung) wehren können. 47

Für die Einordnung als Leistungsrecht spricht aus verfahrensrechtlicher Sicht, dass die Ausstellung eines Aufenthaltstitels eine Leistung des Staates darstellt. Unter den Voraussetzungen des Art. 16a GG und den mit ihm verbundenen einfachen Gesetzen hätte der Ausländer demnach einen Anspruch auf Ausstellung des Aufenthaltstitels. Dagegen kann man jedoch den Wortlaut des Art. 16a Abs. 1 GG anführen, der davon spricht, dass politisch Verfolgte Asylrecht „genießen". Ob der Ausländer asylberechtigt ist, ist zwar zunächst zu prüfen, aber dazu muss ihm die Möglichkeit der Berufung auf Art. 16a Abs. 1 GG zunächst einmal eingeräumt werden. Daraus würde zwar ebenfalls folgen, dass das Asyl erst auf Grund einer Leistung des Staates gewährt wird. Allerdings erfolgt die Erteilung der Asylberechtigung letztlich auf Grund von Merkmalen, die bereits bei Antragstellung vorliegen. Man könnte daher von einer nur deklaratorischen Entscheidung ausgehen oder aber hierin eine Vorwirkung der Entscheidung sehen. Letztlich ist aber nicht von der Hand zu weisen, dass der Staat mit negativen Asylentscheidungen in das Recht auf Asylgewährung des Betroffenen eingreift (subjektiv-öffentlicher Charakter der Norm). Entsprechend muss der Betroffene die Möglichkeit erhalten, diese Eingriffe abzuwehren. Hier stellt sich, dem Wortlaut des Art. 16a Abs. 1 GG nach, die Norm schützend vor den Betroffenen. Aus diesen Erwägungen folgert die wohl herrschende Meinung, dass es sich bei Art. 16a Abs. 1 GG um ein Abwehrrecht handeln muss.

3 *Stern/Becker* Art. 16a Rn. 62.

4 *Göbel-Zimmermann/Eichhorn/Beichel-Benedetti* Rn. 43; *Jarass/Pieroth* Art. 16a Rn. 28; *Dreier* Art. 16a Rn. 92; *Mangoldt/Klein/Starck* Art. 16a Rn. 117; BVerfGE 9, 174 (184).

3. Schranken des Asylgrundrechts

48 Das Asylrecht des Art. 16a Abs. 1 GG scheint auf den ersten Blick nicht schrankenlos gewährt zu sein. Seit der Übertragung des Art. 16 Abs. 2 S. 2 a.F. GG in Art. 16a Abs. 2 GG und der Erweiterung um die Absätze 2 bis 4 wird das Asylrecht nur noch unter besonderen Einschränkungen gewährt. Hierbei gilt es insbesondere folgende zu differenzieren:

- Die sog. Drittstaatenklausel in Abs. 2 GG beschränkt in Satz 1 den persönlichen Schutzbereich des Art. 16a Abs. 1 GG zuungunsten der Unionsbürger und stellt somit lediglich eine verfassungsunmittelbare Schranke dar,
- die sog. Herkunftsstaatenklausel in Abs. 3 ermöglicht eine Regelung, nach der Personen aus bestimmten Herkunftsstaaten von der Asylgewährung nach Art. 16a Abs. 1 GG ausgenommen sind.

Auf die einzelnen Beschränkungen und Ausnahmen soll an späterer Stelle noch vertieft eingegangen werden. Hier soll lediglich eine kurze Übersicht erfolgen.

49 Die Drittstaatenklausel in Abs. 2 S. 1 erklärt zunächst alle Mitgliedstaaten der Europäischen Union für als grundsätzlich sicher. Darüber hinaus ermöglicht Abs. 2 S. 2 die Schaffung einer Liste ebenfalls sicherer Drittstaaten. Ähnlich verhält es sich mit der Herkunftsstaatklausel in Abs. 3 S. 1. Auf Grund dieser kann der Bundesgesetzgeber Drittstaaten zu sicheren Herkunftsländern erklären. Diese Regelungen stellen jedoch keinen Einschränkungsvorbehalt dar, sondern dienen lediglich der Begrenzung des Schutzbereichs bzw. des Verfahrens und sind demnach nicht mehr als verfassungsunmittelbare Beschränkungen.[5]

JURIQ-Klausurtipp

Demnach unterliegt das Asylrecht aus Art. 16a Abs. 1 GG, wie zuvor auch jenes aus Art. 16 Abs. 2 S. 2 a.F. GG, keinen der Norm immanenten Gesetzesvorbehalten. Allerdings ist das Asylrecht damit nicht vorbehaltlos gewährt. Vielmehr ist möglicherweise kollidierendes Verfassungsrecht zu beachten und im Rahmen der Verhältnismäßigkeit eine entsprechende Abwägung der widerstreitenden Interessen vorzunehmen.

» Sollten Sie mit den Begrifflichkeiten nicht mehr vertraut sein, so empfiehlt es sich, die Dogmatik im Skript „Grundrechte" zu wiederholen. «

50 Das Asylgrundrecht ist damit aber nicht schrankenlos gewährt. Es sind auch bei Art. 16a Abs. 1 GG verfassungsimmanente Schranken zu beachten. Auf Grund der Entstehungsgeschichte der Norm, als Reaktion auf die Verletzung menschenrechtlicher Standards, soll Art. 16a Abs. 1 GG es den Betroffenen ermöglichen, sich einer entsprechenden Behandlung durch Flucht zu entziehen. Demnach vermittelt Art. 16a Abs. 1 GG eine Mindestgarantie in Bezug auf die Menschenwürde.[6] Dies ist im Rahmen einer Abwägungsentscheidung besonders zu berücksichtigen, sodass gerade bei der Prüfung des Art. 16a Abs. 1 GG die Menschenwürde aus Art. 1 Abs. 1 GG eine wichtige Schranke spielt.

51 Stuft man Art. 16a Abs. 1 GG als ein Leistungsrecht ein (vgl. Rn. 47), so ergibt sich bei der Suche nach Beschränkungen auch die Frage, ob die Inanspruchnahme des Asyls unter einem Kapazitätsvorbehalt steht. Dieser Vorbehalt entspringt letztlich der Überlegung, dass Ansprüche generell unter dem Vorbehalt des Möglichen stünden.[7] Problematisch ist insofern

5 *Dreier* Art. 16a Rn. 93; *Heusch/Haderlein/Schönenbroicher* Rn. 28 ff.
6 *Dreier* Art. 16a Rn. 47.
7 *Mangoldt/Klein/Starck* Art. 16a Rn. 146.

jedoch, ob dieser Gedanke auf das Asylgrundrecht übertragbar ist. Es geht letztlich insbesondere um menschenrechtliche Aspekte, die hier einer strikten Grenze entgegenstehen. Allerdings kann auch keine Hilfe über ein solches Maß hinaus gewährleistet werden, bei dem es zu einer grundsätzlichen Notsituation in der deutschen Bevölkerung kommt.

JURIQ-Klausurtipp

Es handelt sich um ein Problem, welches bei entsprechenden Hinweisen im Sachverhalt im Rahmen der Abwägungsentscheidung in der Verhältnismäßigkeit des Eingriffs zu berücksichtigen ist. Dabei steht der Kapazitätsvorbehalt in einem engen Spannungsverhältnis mit den im Einzelfall relevanten Aspekten der Menschenwürde.

4. Verhältnis zum GEAS

Das nationale Asylrecht wird trotz des großen Einflusses durch das europäische Asylrechtsregime (GEAS) und dessen nationale Ausformungen nicht gänzlich überlagert und verliert in Folge dessen auch nicht seine praktische Relevanz. So erscheint der Art. 16a Abs. 1 GG in der heutigen Asylrechtspolitik nur eine untergeordnete Rolle zu spielen, ist aber doch Dreh- und Angelpunkt, wenn es um die Gewährung von Asyl in Deutschland geht. Nicht zuletzt kommt dieser Norm auch die verfassungsprozessrechtliche Funktion zu, den Rechtsweg zum Bundesverfassungsgericht im Rahmen einer Verfassungsbeschwerde wegen Verletzung des Asylrechts zu ermöglichen. **52**

Dennoch ist festzustellen, dass in der Praxis die einfachgesetzlichen nationalen Regelungen sowie das GEAS zusammen mit einigen völkerrechtlichen Bestimmungen, wie der GFK, das Asylrechtsregime auf nationaler Ebene dominieren. Dies nicht zuletzt, da insbesondere auf Grund der GEAS die Anerkennung eines Verfolgten als Flüchtling in § 3 AsylG und die Gewährung subsidiären Schutzes in § 4 AsylG aufgenommen wurden. Darüber hinaus ist der Verfolgungsbegriff, den Art. 16a Abs. 1 GG voraussetzt, dem Flüchtlingsbegriff in Art. 1 A Nr. 2 GFK inhaltlich sehr ähnlich. Zudem erfolgt wegen § 2 Abs. 1 und 3 AsylG auf Rechtsfolgenseite eine faktische Gleichstellung von Asylberechtigten nach Art. 16a Abs. 1 GG und Flüchtlingen i.S.d. der GFK. Darauf wird später noch näher einzugehen sein. **53**

Nichtsdestotrotz ist Art. 16a Abs. 1 GG noch immer relevant. Im nationalen Asylrecht ist diese Norm quasi der Ausgangspunkt des deutschen Asylrechts überhaupt. Zudem steht einer parallelen Anwendung der GEAS und des Asylgrundrechts nichts im Wege. Vom Bundesamt für Migration und Flüchtlinge (kurz BAMF) wird grundsätzlich ein Aufenthaltsrecht nach beiden Rechtssystemen geprüft. Zudem ist Art. 16a Abs. 1 GG auch dort von Bedeutung, wo der Gewährleistungsumfang auf Grund anderer Rechtsnormen hinter dem des Asylgrundrechts zurückbleibt. **54**

5. Verhältnis zum Völkerrecht

Der Art. 16a Abs. 5 GG regelt das Verhältnis des Asylgrundrechts zu völkerrechtlichen Regelungen. Dabei stellt die Norm einen Völkerrechtsvorbehalt unabhängig davon auf, ob zwischen EU-Mitgliedsstaaten, unter Beteiligung eines solchen oder mit Drittstaaten in multilateralen oder bilateralen Verträgen Regelungen existieren. Es handelt sich demnach um eine **55**

Öffnungsklausel. Dies insofern, als dass völkervertragliche Zuständigkeiten Vorrang genießen und Entscheidungen von Abkommen-Staaten auch im nationalen Recht zu berücksichtigen sind.

Die Norm entfaltet allerdings nur geringe praktische Relevanz. Insbesondere das europäische Gemeinschaftsrecht findet bereits über die allgemeinen Grundsätze sowie den Art. 23 GG Anwendung. Als besonderer Regelungsgehalt bleibt für Art. 16a Abs. 1 GG somit noch die Vorgabe, dass die Einhaltung der GFK in den Abkommen-Staaten grundsätzlich sichergestellt sein muss.

56 Anzumerken ist noch, dass der Art. 16a Abs. 5 GG einen qualifizierten Gesetzesvorbehalt darstellt, der an völkerrechtliches Handeln anknüpft. Grundsätzlich ist es verfassungsrechtlich bedenklich, wenn Grundrechte auf Grund von internationalen Vereinbarungen eingeschränkt werden. Allerdings ist zu beachten, dass über Art. 59 Abs. 2 S. 1 GG zur innerstaatlichen Wirksamkeit internationaler Vereinbarungen ein Zustimmungsgesetz des Bundestages nötig ist, sodass sich die internationale Regelung in der Regel im nationalen Recht manifestiert.

6. Gewährleistungsumfang

57 Auf der Rechtsfolgenseite ist allgemein zu unterscheiden zwischen primären und sekundären Rechtsfolgen. Als primäre Rechtsfolge ergibt sich entweder die Erteilung einer Asylberechtigung und damit verbunden eines Aufenthaltstitels oder aber die Versagung eines solchen Titels. Als sekundäre Rechtsfolgen können sich unter anderem ein Auslieferungsverbot sowie ein vorläufiges Bleiberecht für die Dauer des Asylverfahrens sowie bei positiver Entscheidung auch die Möglichkeit der Gewährung von Familienasyl ergeben. Auf die einzelnen Rechtsfolgen wird an späterer Stelle (Rn. 274 ff.) noch vertieft eingegangen.

II. Voraussetzungen

» Nutzen Sie die Gelegenheit und wiederholen Sie den Prüfungsaufbau eines Abwehrrechts, dargestellt im Skript „Grundrechte". «

58 Nachdem wir uns mit den Grundlagen des Art. 16a Abs. 1 GG befasst haben, wollen wir uns nun mit den materiell-rechtlichen Voraussetzungen der Norm auseinandersetzen. Entsprechend dem gängigen Prüfungsschema von Grundrechtsverletzungen für Abwehrrechte werden wir uns vor allem mit dem Schutzbereich des Art. 16a Abs. 1 GG beschäftigen. Im Anschluss daran wollen wir die Frage klären, welchen Einschränkungen diese Schutzgewährung unterliegt. Hierbei werden wir zwischen gesetzlich normierten und ungeschriebenen Einschränkungen unterscheiden müssen.

Asylgrundrecht, Art 16a GG 59

I. Schutzbereich
1. Persönlich
2. Sachlich
   a) Verfolgung
      Unterscheidung nationaler und europäischer Verfolgungsbegriff Rn. 65
   b) Politisch
      Definition des Begriffs politisch Rn. 66
   c) Asylerhebliche Merkmale
   d) Verfolger
   e) Verfolgte
   f) Flucht wegen bzw. vor Verfolgung
   g) Verfolgungsprognose
3. Einschränkungen
   a) Drittstaatenregelung, Abs. 2
      Verweigerung der Einreise an Landesgrenze Rn. 77
      Kettenabschiebung Rn. 81
   b) Herkunftsstaatenregelung, Abs. 3
4. Ungeschriebene Einschränkungen
   a) Fluchtalternativen
   b) Nachfluchtgründe

II. Eingriff

III. Schranken
1. Gesetzesvorbehalt
   Vorbehaltlos gewährtes Grundrecht? Rn. 48
2. Verfassungsmäßigkeit der gesetzlichen Grundlage (nur bei Länderliste)
   Verfassungsmäßigkeit der Länderliste Rn. 80
3. Verfassungsmäßigkeit des Eingriffs

PRÜFUNGSSCHEMA

III. Schutzbereich

1. Persönlich

Das Asylrecht aus Art. 16a Abs. 1 GG dient der Asylgewährung von Ausländern innerhalb des Territoriums der Bundesrepublik. Demnach zielt der persönliche Schutzbereich der Norm hauptsächlich auf nichtdeutsche Personen ab. Bereits bei der Eröffnung des persönlichen Schutzbereichs wird daher die Ausländereigenschaft als Prüfungspunkt relevant. Diese ist nach den in den vorherigen Kapiteln getroffenen Grundsätzen dann zu bejahen, wenn die jeweilige Person keine deutsche Staatsbürgerschaft besitzt (Rn. 14 ff.). 60

Da Asyl grundsätzlich nur natürlichen Personen gewährt werden kann, ist ein Asylrecht für juristische Personen (auch) über Art. 16a Abs. 1 GG nicht denkbar. Ebenso können Familienangehörige einer politisch verfolgten Person sich nicht unmittelbar auf Art. 16a Abs. 1 GG berufen. Diese können aber eventuell über eine Person, die bereits in den Genuss eines Asyl- 61 rechts nach Art. 16a Abs. 1 GG gekommen ist, entsprechende Rechte geltend machen. Dieser Problemkreis des Familienasyls wird an späterer Stelle (Rn. 158 ff.) aber noch vertiefend zu behandeln sein.

62 Aus der Bedeutung des Begriffs Asyl folgt auch, dass die asylsuchende Person das Bundesgebiet bereits betreten haben oder sich zumindest im Grenzbereich aufhalten muss. Eine Asylbeantragung aus dem Ausland heraus ist vom Asylgrundrecht nicht vorgesehen und widerspräche auch dessen Telos.

Hinweis

Allerdings ist aus dem Ausland heraus bereits eine Beantragung eines Aufenthaltstitels wie z.B. dem Visum gerade der Regelfall.

Hinweis

Zwar ist das Asylrechtgrundrecht grundsätzlich so ausgerichtet, dass sich hierauf nur nichtdeutsche Personen berufen können. Allerdings ist hierbei auch Art. 16 Abs. 2 GG zu beachten. Dieser Artikel normiert eine Verpflichtung des deutschen Staates, keinen deutschen Staatsangehörigen an das Ausland auszuliefern. Im Falle einer Auslieferung eines deutschen Staatsbürgers an einen anderen Staat könnte dieser sich somit auch auf Art. 16a Abs. 1 GG berufen. Es handelt sich hierbei allerdings um ein sehr abstraktes Problem.

2. Sachlich

63 Das Asylgrundrecht ist seinem Wortlaut nach vor allem abhängig von der politischen Verfolgung der asylsuchenden Person. Wir werden feststellen, dass die Definition des Merkmals der Verfolgung eng mit dem Flüchtlingsbegriff der GFK verbunden ist. Demnach spielen insbesondere die Verfolgungsgründe aus der GFK eine wichtige Rolle für die Schutzbereichseröffnung des Art. 16a Abs. 1 GG.

a) Verfolgung

64 Für eine **Verfolgung** bedarf es zunächst einer Rechtsgutbeeinträchtigung der betroffenen Person in asylrechtlich relevanter Intensität.[8]

Als betroffene Rechtsgüter kommt grundsätzlich jedes Individualrecht in Betracht. Die Rechtsprechung hebt in diesem Zusammenhang insbesondere die Fallgruppen wirtschaftliche Betätigung, Ausübung einer Religion und kulturelles Leben hervor.[9] Allerdings ist zu beachten, dass ein bloßer Eingriff in den Schutzbereich eines Grundrechts grundsätzlich nicht genügt. Vielmehr muss das existenzielle Minimum des jeweiligen Individualrechts tangiert sein. Hierbei stellen sogar Folter und eine verhängte Todesstrafe per se keine Verfolgung dar, sondern entfalten lediglich Indizwirkung für diese.[10]

8 *Jarass/Pieroth* Grundgesetz, Art. 16a Rn. 7.
9 Vgl. zu alledem u.a. BVerfGE 9, 174 (180); 52, 391 (398); 80, 315 (335); BVerwGE 120, 16 (20).
10 BVerfGE 81, 141 (152).

Hinweis

Die nachfolgenden Unterpunkte stellen einzelne Aspekte des Verfolgungsbegriffs dar. Zum Teil bedingen sie sich daher gegenseitig oder überschneiden sich. Der Übersichtlichkeit wegen werden die Punkte jedoch einzeln erläutert.

Auf Grund der Parallelität des Verfolgungsbegriffs aus Art. 16a Abs. 1 GG und dem europäischen Asylrechtsregime sowie der GFK ist hier eine genaue Unterscheidung erforderlich. Der Art. 9 Abs. 1 Qualifikations-RL verweist auf den Verfolgungsbegriff der GFK. Darüber hinaus konkretisieren Art. 9 Abs. 1 lit. a und b Qualifikations-RL die Voraussetzungen des Verfolgungsbegriffs. Insbesondere nach lit. a genügt für eine Verfolgung demnach bereits eine „schwerwiegende Verletzung der grundlegenden Menschenrechte". Dies deckt sich auch mit den Anforderungen des Art. 16a Abs. 1 GG nachdem ein bloßer Eingriff in Grundrechte gerade nicht ausreichend ist. Allerdings genügen für die Begründung solch schwerwiegender Verletzungen nach Art. 9 Abs. 1 lit. b Qualifikations-RL bereits die Kumulation mehrerer Maßnahmen ähnlicher Intensität, die für sich genommen nicht den Anforderungen der lit. a erfüllen. In dieser Hinsicht ist der Begriff der Qualifikations-RL damit weiter gefasst als der des Art. 16a Abs. 1 GG ausgelegt wird. Hinzuweisen ist noch auf die in Art. 9 Abs. 2 Qualifikations-RL enthaltene Aufzählung an Merkmalen, die Indizwirkung für eine Verfolgung im Sinne des Abs. 1 entfalten können. 65

» Mit dem Problem, was „grundlegende Menschenrechte" sind, werden wir uns später noch beschäftigen (Rn. 100 ff.). **«**

b) Politisch

Darüber hinaus muss die Verfolgung dem Wortlaut des Art. 16a Abs. 1 GG nach politischer Natur sein. Das *BVerwG* interpretierte den Begriff früher als Fluchtmotiv und stellte entsprechend auf die Motivation der Verfolgung ab, die dem Asylbegehrenden widerfuhr bzw. widerfährt.[11] Dem gegenüber stellt das *BVerfG* objektive Merkmale in den Vordergrund. Nach ihm kommt es auf die Qualität der Verfolgungsmaßnahme an. Die objektiven Umstände, die dieser Qualität zu Grunde liegen, müssen an asylerhebliche Merkmalen anknüpfen.[12] Eine gewichtige Indizwirkung entfaltet hierbei die Intensität der Verfolgungsmaßnahmen. Mittlerweile ist davon auszugehen, dass wohl auch das *BVerwG* diesem Ansatz folgt.[13] 66

Hinweis

Es ist zu beachten, dass eine staatliche Verfolgung von strafrechtlich relevantem Verhalten keine politische Verfolgung im Sinne des Art. 16a Abs. 1 GG darstellt.[14] Strafrechtliche Sanktionen gelten für alle im Anwendungsbereich des Gesetzes gleichermaßen. Anders kann es allerdings sein, wenn die strafrechtliche Verfolgung willkürlich oder die Sanktionen außergewöhnlich erscheinen.[15]

11 BVerwGE 55, 82.
12 BVerfGE 76, 143 (157).
13 Vgl. BVerwGE 85, 139 (142); 87, 141 (146).
14 BVerfGE 80, 315 (338).
15 BVerfGE 80, 315 (336).

c) asylerhebliche Merkmale

67 Bei der Frage nach einer Definition einer politischen Verfolgung haben wir nach den vorherigen Ausführungen bereits festgestellt, dass diese immer wieder von sog. asylerheblichen Merkmalen abhängig gemacht wird. Wann solche wiederum gegeben sind, hängt von den objektiven Umständen der Flucht ab.[16] Diese vom *BVerwG* angewendete Praxis führt auf den Gedanken zurück, dass ein Staat kein Recht hat, aus seiner politischen (willkürlichen) Überzeugung heraus in Rechtsgüter des Einzelnen einzugreifen. Dementsprechend müssen die objektiven Umstände der Flucht dann auch solche sein, die sich auf unabänderliche persönliche Merkmale des Einzelnen beziehen. Unabänderlich deshalb, da es dem Betroffenen nur bei solchen unmöglich ist, sich dem staatlichen Willen zu beugen. Andernfalls bestünde kein hinreichender Grund, politische Flucht zu ergreifen.

Beispiel So zählt beispielsweise die religiöse Überzeugung einer Person zu seinen unabänderlichen persönlichen Merkmalen, soweit kein Zweifel daran besteht, dass die Person seiner Religion mit entsprechender Überzeugung auch nachgeht. Weitere Merkmale können auch Rasse oder Nationalität sein sowie die Zugehörigkeit zu einer bestimmten sozialen Gruppe. ■

d) Verfolger

68 Weiter stellt sich auch die Frage, wer oder was überhaupt tauglicher Verfolger sein kann, also von wem die politische Verfolgung ausgehen muss, damit eine solche i.S.d. Art. 16a Abs. 1 GG vorliegt. Nach der oben erläuterten Auslegung des Begriffs „politisch" anhand objektiver Merkmale scheint es zunächst auf der Hand zu liegen, dass diese nur von staatlichen (politischen) Stellen aus erfolgen kann. Dies entspricht auch dem grundsätzlichen Verständnis des Asylrechts. Allerdings ist mittlerweile auch eine staatsähnliche Verfolgung sowie eine solche von staatsähnlichen Organisationen anerkannt.[17] Während es sich bei staatsähnlichen Organisationen um solche handelt, die über ein eigenes Territorium die Verfügungsgewalt haben und den eigentlichen Staat insoweit verdrängt haben, meint die staatsähnliche Verfolgung Verfolgungshandlungen Dritter, die dem Staat zuzurechnen sind.

Beispiel Eine solche staatsähnliche Organisation stellte in jüngerer Vergangenheit beispielweise der Islamische Staat dar, der unter anderem einige Teile Syriens unter seine Gewalt brachte und dort wie ein Staat herrschte.

Eine Verfolgung durch Dritte stellt beispielsweise die Verfolgung einer religiösen Minderheit durch eine dominierende Religion dar. Stellt sich der Staat hierbei nicht schützend vor die Minderheit, so ist ihm die Verfolgung unter Umständen zuzurechnen. ■

e) Verfolgte

69 Neben der Klärung der Fragen, wann eine Verfolgung vorliegt und wann diese politisch ist, gibt es einige Merkmale, die sich erst auf den zweiten Blick eröffnen. So ist auch zu klären, ob der Asylsuchende überhaupt ein Verfolgter i.S.d. Art. 16a Abs. 1 GG ist. Es geht also um die Frage, ob er persönlich durch die politische Verfolgung betroffen ist. Zur Klärung dieser Frage kann auf die Verletzung eigener Rechte des Betroffenen abgestellt werden, aus der sich eine individuelle Verfolgung ergeben muss.

16 BVerwGE 80, 315 (352).

17 BVerfGE NVwZ 1994, 319 (392); BVerfGE 80, 315 (333).

Hinweis

Dieses Merkmal hat auf den ersten Blick gewisse Ähnlichkeiten mit der bereits geprüften Eröffnung des persönlichen Schutzbereichs. Während es dort allerdings nur um objektive Kriterien (wie z.B. die fehlende deutsche Nationalität) geht, kommt es hier auf eine konkrete persönliche Betroffenheit des Einzelnen an.

Darüber hinaus kann aber auch eine Verfolgung ganzer Gruppen denkbar sein. Nämlich 70 immer dann, wenn die Verfolgung an bestimmte Merkmale eines Kollektivs oder einer Gruppe anknüpft. Eine solche Gruppenverfolgung liegt in der Regel dann vor, wenn einzelne Mitglieder der Gruppe Rechtsgutbeeinträchtigungen in asylrechtlich relevanter Intensität und Häufigkeit erfahren, von der sich eine drohende Verfolgung jedes einzelnen Gruppenmitglieds ableiten lässt.[18] Insoweit ist dann die Frage zu klären, ob der Einzelne dieser Gruppe auch angehört.

f) Flucht wegen bzw. vor Verfolgung

Nicht zu vergessen ist, dass die Flucht auf Grund einer politischen Verfolgung erfolgt sein 71 muss. Das Gesetz fordert hier einen kausalen Zusammenhang. Ausschlaggebend ist hierfür grundsätzlich der Zeitpunkt der Verfolgung, sofern die Verfolgung bereits begonnen hat. Allerdings kann es auch sogenannte Nachfluchtgründe geben, die eine Verfolgung erst im Nachhinein begründen, unter Umständen sogar erst, wenn der Betroffene bereits im Zielstaat angekommen ist (vgl. insoweit auch das Merkmale der Verfolgungsprognose weiter unten). Auf diese Nachfluchtgründe wird weiter unten näher eingegangen (Rn 90).

Eine Flucht i.S.d. der GFK und damit auch des Art. 16a Abs. 1 GG liegt vor, wenn der Betrof- 72 fene auf Grund der politischen Verfolgung sein Herkunftsland verlässt, um im Zielstaat Schutz zu suchen. Es bedarf also eines Kausalzusammenhangs zwischen Ausreise und Schutzsuche. Herkunftsland ist dabei dasjenige Land, welches für den Schutzsuchenden eigentlich staatsrechtlich verantwortlich wäre.

g) Verfolgungsprognose

In der Regel stellt ein Betroffener gerade auf Grund einer politischen Verfolgung in seinem 73 Herkunftsland einen Asylantrag. Allerdings ist zu beachten, dass eine solche tatsächliche Verfolgung nicht zwingend nötig ist. Dies würde dem Schutzzweck des Asylrechts widersprechen. Denn einem Betroffenem kann es nicht zugemutet werden, eine Verfolgung erst zu erdulden, um im Anschluss Asyl zu erhalten. Aus diesem Grund genügt bereits eine gegenwärtig drohende Verfolgung.[19] Damit einher geht aber das Erfordernis einer Prognoseentscheidung durch die zuständigen Stellen und daran anschließend eine eventuelle gerichtliche Überprüfung. Demnach ist im Einzelfall zu untersuchen, ob im hypothetischen Falle der Rückkehr der Betroffene Verfolgungsmaßnahmen i.S.d. Art. 16a Abs. 1 GG zu erwarten hat. Es kommt also darauf an, ob bei Würdigung aller Umstände mit beachtlicher Wahrscheinlichkeit eine Verfolgung im Herkunftsstaat droht und deshalb die Rückkehr nicht zumutbar ist.

---

18 BVerfGE NVwZ 1991, 768 (769).

19 *BVerwG* vom 7.10.1975 – I C 34.71; *Mangoldt/Klein/Starck* Art. 16a Rn. 58.

IV. Gesetzliche Einschränkungen

» Nutzen Sie diese Gelegenheit und wiederholen die Grundsätze zur Beschränkbarkeit von Grundrechten. «

74 In der Anwendung des Art. 16a Abs. 1 GG ist zu beachten, dass dieser geschriebenen (Abs. 2 und 3) sowie ungeschriebenen verfassungsimmanenten Einschränkungen unterliegt. Zu beachten ist nicht nur die genaue Terminologie, sondern auch die inhaltliche Unterscheidung. Es handelt sich gerade nicht um verfassungsimmanente Schranken, also Regeln zur Einschränkbarkeit des Grundrechtsschutzes auf Grund eines zunächst eröffneten Schutzbereichs. Vielmehr handelt es sich hierbei um Einschränkungen bereits auf Schutzbereichsebene bzw. einer Modifizierung des verwaltungsrechtlichen Verfahrens.[20]

1. Die Drittstaatenregelung

75 Nach Art. 16a Abs. 2 GG sind bereits einige Schutzsuchende vom Anwendungsbereich des Art. 16a Abs. 1 GG ausgenommen, wenn sie aus einem bestimmten (normierten) Drittstaat eingereist sind. Hierbei wird unterschieden zwischen einer Einreise aus anderen EU-Ländern (Abs. 2 S. 1 Alt. 1) und anderen Ländern (Abs. 2 S. 1 Alt. 2). Da es sich bei der Herkunft aus einem solchen Land um ein in der Person des Schutzsuchenden liegenden Merkmals handelt, ist bei Vorliegen dieser Einschränkung bereits der persönliche Schutzbereich nicht eröffnet.[21]

76 Dieser Regelung liegt die Idee zu Grunde, dass der Betroffene in dem (sicheren Dritt-) Staat Schutz suchen soll, den er bereits vor der Bundesrepublik betreten hat. Insofern gibt es dann keinen Grund für eine (weitere) Flucht nach Deutschland. Allerdings muss gewährleistet sein, dass der entsprechende Staat ein gewisses Minimum an Sicherheit bieten kann. Dieses Minimum ist in diesem Fall eine Gewährleistung der Rechte, die sich aus der GFK und der EMRK ergeben. Ist dies im entsprechenden Staat nicht der Fall, kann eine weitere Flucht nach Deutschland legitim sein. Von diesem Grundsatz kann sich nach Art. 16a Abs. 5 GG auch eine Ausnahme ergeben. Nämlich dann, wenn sich die Zuständigkeit Deutschlands auf Grund von Völkerrecht ergibt. Hierzu zählen auch die sog. Dublin-VOen, auf die wir später noch vertiefend eingehen werden.

Ein **sicherer Drittstaat** liegt demnach vor, wenn die Rechte der GFK und EMRK anerkannt und auch in der Verwaltungspraxis angewendet werden (bei EU-Staaten unterstellt) bzw. wenn der Staat in der Länderliste nach Art. 16a Abs. 2 S. 2 GG aufgeführt ist.

77 Mit Berufung auf Art. 16a Abs. 2 GG kann einem Ausländer bereits die Einreise an der Landesgrenze verweigert werden. In diesem Fall hat er keine Möglichkeit, einen Asylantrag zu stellen. Der Grundrechtsschutz des Art. 16a Abs. 1 GG ist in diesem Fall auf ein absolutes Minimum verkürzt. So sieht es jedenfalls die Rechtsprechung, die ein entsprechendes Verhalten der zuständigen Behörde grundsätzlich toleriert, sofern die Einreise tatsächlich aus einem Drittstaat i.S.d. Art. 16a Abs. 2 GG erfolgte.[22]

Hinweis

Aus der Drittstaatenregelung folgt, dass das Asylgrundrecht lediglich noch für die Fälle Relevanz hat, in denen der Ausländer über den Luft- oder Seeweg direkt nach Deutschland gelangt, ohne zuvor das Territorium eines anderen Landes der EU zu betreten.

20 BVerfGE 94, 115 (133).
21 BVerfGE 94, 49 (95).
22 BVerfGE 94, 166.

a) Drittstaat

Bleibt allerdings die Frage offen, was denn nun ein Drittstaat i.S.d. Art. 16a Abs. 2 GG genau 78
ist. Ein sicherer Drittstaat ist zunächst jeder Mitgliedstaat der EU. Eine tiefere Überprüfung (auch anderer Normen, wie solche der GFK oder EMRK) ist hierbei nicht nötig, da es sich um eine gesetzliche Vermutung handelt. Ausnahmsweise kann von der Einschränkung abgesehen werden, wenn das Schutzniveau im Einzelfall unter den europäisch bzw. völkerrechtlich gesicherten Standard abrutscht.[23] Dann nämlich könnte eine Verletzung von Menschenrechten, nicht nur nach dem Grundgesetz, sondern auch nach Art. 3 und 13 EMRK gegeben sein, die wiederum ein Asylrecht begründen könnten.

Andere Drittstaaten i.S.d. Abs. 2 S. 1 Alt. 2 sind solche, in der die GFK und EMRK Anwendung 79
finden. Dies ist der Fall, wenn die Abkommen nicht nur ratifiziert wurden, sondern darüber hinaus auch eine der völkerrechtlichen Verpflichtung entsprechende Verwaltungspraxis vorherrscht. Dies ist wiederum der Fall, wenn die Möglichkeit besteht, ein Schutzgesuch zu stellen und dieses in einem nachprüfbaren Verfahren bearbeitet und beschieden wird.[24]

Als eine dritte Variante kann ein sicherer Drittstaat auch nach Art. 16a Abs. 2 S. 2 GG vorliegen. 80
Nach dieser Norm können per Bundesgesetz, mit Zustimmung des Bundesrates, Länder bestimmt werden, die den Anforderungen eines sicheren Drittstaates gerecht werden. Diese Länderliste ist dem AsylG als Anlage I beigefügt.

Zu beachten ist aber die rechtliche Wirkung dieser Normierung. In Abgrenzung zur Drittstaatenklausel nach Abs. 2 S. 1, bei der es sich um eine Beschränkung des persönlichen Schutzbereichs handelt, liegt hier eine grundgesetzliche Schranke vor. Das Bundesgesetz muss sich an den Vorgaben des Grundgesetzes messen lassen. Allerdings ist zu beachten, dass den Gesetzgeber bei der Erstellung und Änderung der Länderliste ein Einschätzungs- und Entscheidungsspielraum zur Verfügung steht. Das *BVerfG* hat hierzu entschieden, dass objektiv nachvollziehbare Erwägungen genügen, um einen Staat als sicher zu qualifizieren.[25] Objektive Gründe sind vor allem die Anwendung der GFK und EMRK im Drittstaat sowie eine grundsätzliche Gewährleistung der Rechtmäßigkeit der Verwaltung. So lange keine Hinweise vorliegen, dass dies nicht der Fall wäre, genügt dies als Annahme eines sicheren Drittstaates.

Es sei aber noch auf folgendes Problem hingewiesen: wendet der Drittstaat seinerseits Dritt- 81
staatsklauseln an, so kann es zu einer Kettenabschiebung kommen.[26] Da Sinn und Zweck der Asylnormen insgesamt die Schutzgewährung des Flüchtenden vor seinem Verfolger ist, muss eine solche Kettenabschiebung mit dem Resultat, dass der Flüchtende am Ende in eben diesem, seinem Herkunftsstaat landet, vermieden werden. Fraglich ist dabei aber, welche Anstrengungen die deutschen Behörden zu unternehmen haben, um eine solche Abschiebung zu vermeiden. Das *BVerfG* hat hierzu geurteilt, dass es nur darauf ankäme, dass im Viertstaat eine weitere Abschiebung faktisch unterbleibt.[27] In der Literatur wird dieser Maßstab teilweise als nicht ausreichend angesehen und zusätzlich eine rechtliche Verpflichtung des Viertstaates, eine Abschiebung in den Herkunftsstaat zu unterlassen, gefordert.[28]

23 BVerfGE 94, 49 (95).
24 *Mangoldt/Klein/Starck* Art. 16a Rn. 164.
25 BVerfGE 94, 49 (93).
26 Vgl. *Hailbronner* Rn. 497.
27 BVerfGE 94, 49 (92 f.).
28 *Mangoldt/Klein/Starck* Art. 16a Rn. 166 m.w.N.

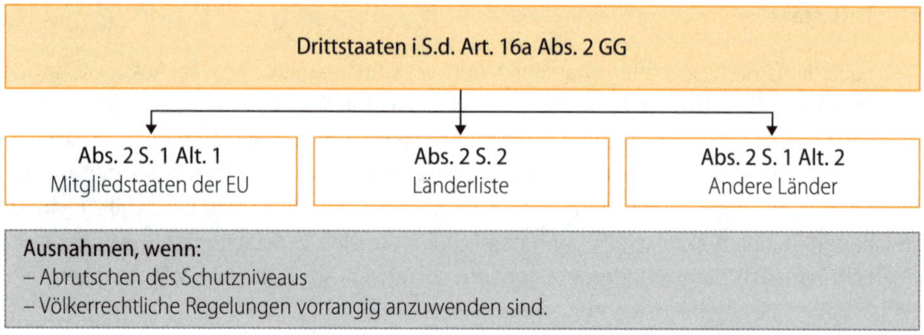

b) Einreise

82 Die Einreise eines Ausländers muss, um asylerheblich zu sein, dem Schutz vor Verfolgung dienen. Dieser kann auf Grund von Art. 16a Abs. 2 GG bereits auf Grund der Einreise über einen sicheren Drittstaat entfallen. Wie bereits erwähnt, kommt es hierfür auch nicht auf eine Stellung des Asylantrags an. Von einer Einreise kann allerdings nur dann die Rede sein, wenn der Ausländer auch das Gebiet der Bundesrepublik erreicht. Darüber hinaus ist zusätzlich zu fordern, dass für den Ausländer die Möglichkeit bestand, bei den zuständigen Behörden einen Asylantrag zu stellen. Dies ist typischerweise nicht der Fall bei Durchreiseverkehr mit Zug, Flugzeug oder LKW. Allerdings darf der Schutzsuchende auch nicht an der Unmöglichkeit der Asylantragstellung mitverantwortlich sein.

83 Zudem ist für die Einreise der Fluchtweg des Schutzsuchenden relevant. In der Praxis ist es häufig der Fall, dass der Fluchtweg nicht nachvollziehbar bzw. beweisbar ist, sodass die Bestimmung eines evtl. durchreisten Drittstaats häufig unmöglich ist und in der Konsequenz auf dessen Bestimmung verzichtet wird. Es kommt in diesen Fällen lediglich darauf an, dass nicht irgendein Drittstaat während der Flucht in die Bundesrepublik betreten wurde, der die Voraussetzungen des Art. 16a Abs. 2 GG erfüllt. Die Beweislast für eine entsprechende Einreise liegt, auf Grund der gesetzlichen Vermutung, beim Schutzsuchenden.

Beispiel Ein Flüchtling aus dem Mittelmeerraum, der in Deutschland Asyl beantragt, wird mit hoher Wahrscheinlichkeit über Griechenland, Italien oder aber zumindest Österreich nach Deutschland eingereist sein. Eine tatsächliche Klärung dieser Frage bedarf es insoweit nicht. Allerdings ist diese Vermutung nicht zwingend, weswegen der Flüchtling beispielsweise den Beweis antreten könnte, über die Nordsee direkt nach Deutschland gekommen zu sein. ■

Hinweis

Auf Grund der geografischen Lage werden die Flüchtenden, die in Deutschland ankommen, in der Regel durch einen anderen EU-Staat eingereist sein, der nach Art. 16a Abs. 2 S. 1 Alt. 1 GG als sicherer Drittstaat gilt. Anwendungsfälle verbleiben aber für die Einreise über den See- oder Luftweg.

2. Die Herkunftsstaatenregelung

Die zweite gesetzliche Einschränkung des Schutzbereichs des Art. 16a Abs. 1 GG stellt die sog. Herkunftsstaatenregelung nach Art. 16a Abs. 3 GG dar. Diese Regelung begründet eine widerlegbare Vermutung, dass bei Einreise aus den für sicher erklärten Staaten keine Verfolgung besteht.[29] 84

Als **sicherer Herkunftsstaat** können nur solche Staaten gelten, in denen weder politische Verfolgung (Parallele zu Abs. 1) noch unmenschliche oder erniedrigende Bestrafung oder Behandlung (Parallele zu Art. 3 EMRK) stattfinden.

Demnach dürfen im Herkunftsstaat keine asylrelevanten Verfolgungsmaßnahmen vorherrschen. Ob ein Staat diese Voraussetzungen erfüllt, muss aus der dortigen Rechtslage, der Rechtsanwendung und den allgemeinen politischen Verhältnissen geschlossen werden.

Die Herkunftsstaatenregelung aus Abs. 3 ist eng mit dem nachfolgenden Abs. 4 des Art. 16a GG verbunden. Beide zusammen haben insbesondere verfahrensrechtliche Bedeutung. So wird ein Asylantrag eines Ausländers aus einem sicheren Herkunftsstaat als offensichtlich unbegründet abgelehnt werden. Dies entspricht faktisch einer Verkürzung des Verfahrens bzw. des Bleiberechts. Da es sich allerdings um eine widerlegbare Vermutung handelt, kann der Ausländer, der grundsätzlich die Darlegungslast trägt, geltend machen, dennoch einer Verfolgung unterworfen zu sein. 85

Die Liste der sicheren Herkunftsstaaten nach Art. 16a Abs. 3 GG ergeht in Form eines Bundesgesetzes mit Zustimmung des Bundesrates. Wie auch die Liste sicherer Drittstaaten befindet sich diese Liste in den Anlagen zum AsylG. Ergänzt wird die nationale Länderliste durch die gemeinsame Minimalliste der EU-Staaten auf der Grundlage von Art. 29 der Verfahrens-RL. Wie bei der Festlegung der sicheren Drittstaaten hat der Gesetzgeber auch hier einen Entscheidungs- und Ermessensspielraum, den die Gerichte nur eingeschränkt überprüfen können. Eine gerichtliche Einstufung eines eigentlich als sicheres Herkunftsland vom Gesetzgeber eingestuften Landes ist aber unter engen Voraussetzungen dennoch möglich, nämlich dann, wenn sich die Verhältnisse im Herkunftsstaat wesentlich geändert haben oder besondere individuelle Umstände vorliegen.[30] 86

JURIQ-Klausurtipp

Während also die Drittstaatenregelung an den Weg der Einreise und die Durchquerung anderer, als sicher eingestufter Drittstaaten anknüpft, bezieht sich die Herkunftsstaatenregelung auf die Situation im Land, aus dem der Ausländer ursprünglich losgezogen ist.

29 *Tiedemann* S. 64; *Göbel-Zimmermann/Eichhorn/Beichel-Benedetti* Rn. 96.
30 BVerfGE 94, 115 (147).

Hinweis

Beide Regelungen (Dritt- und Herkunftsstaatenregelung) dienen damit offensichtlich der Vereinfachung des Asylverfahrens für die zuständigen Behörden und einer Regulierung der Zuwanderung unmittelbar durch den Gesetzgeber. Personen, die aus entsprechenden Ländern einreisen, können bereits an der Grenze abgewiesen werden und durchlaufen ein verkürztes Asylverfahren.

V. Ungeschriebene Einschränkungen

87 Neben den gesetzlich normierten verfassungsimmanenten Einschränkungen existieren auch ungeschriebene Einschränkungen. Hierbei handelt es sich insbesondere um die sogenannte inländische bzw. ausländische Fluchtalternative. Aber auch die bereits kurz erwähnten Nachfluchtgründe können das Recht auf Asyl beschränken.

1. Fluchtalternativen

88 Eine **inländische Fluchtalternative** besteht, wenn einem Ausländer zwar in bestimmten Teilen seines Heimatstaates eine Verfolgung droht, er aber in anderen Teilen des Staates unbehelligt leben könnte.[31]

Kann der verfolgte Ausländer Schutz im Herkunftsland finden, hat er grundsätzlich keinen Asylanspruch. Diese Konstellation kommt vor allem (aber nicht ausschließlich) bei Verfolgung durch nichtstaatliche Verfolger in Betracht und folgt letztlich aus der Schutzfunktion, die jeder Staat gegenüber seinem Volk besitzt.

Beispiel Die in der Türkei lebenden Christen werden als religiöse Minderheit häufig Ziel von asylrelevanten Repressalien. Allerdings sind diese lediglich lokal begrenzt und Betroffenen steht die „Flucht" in andere Teile der Türkei offen, in denen sie keine Verfolgung erfahren.[32] ■

Nach dem *BVerfG* muss die inländische Fluchtalternative aber dem Schutzsuchenden auch zumutbar sein[33]. Das heißt, in den inländischen Zufluchtsgebieten muss ein Leben unter solchen Umständen zumutbar sein, die ihrerseits nicht asylbegründend wirken würden.

Beispiel Nehmen wir das *Beispiel* von gerade eben und unterstellen, dass in den anderen Teilen des Landes Krieg herrscht oder eine Hungersnot das gesamte restliche Land bedroht. Unter diesen Umständen käme eine Flucht in ein anderes Land durchaus in Betracht. ■

89 Eine **ausländische Fluchtalternative** liegt vor, wenn der Schutzsuchende bereits in einem anderen Staat Sicherheit vor Verfolgung gefunden hat oder hätte finden können.[34]

---

31 *Mangoldt/Klein/Starck* Art. 16a Abs. 1 Rn. 91.
32 Vgl. BVerwGE 67, 314.
33 *BVerwG* NVwZ 1194, 1123.
34 *Mangoldt/Klein/Starck* Art. 16a Rn. 94.

Eine anderweitige Sicherheit vor Verfolgung liegt vor, wenn der Verfolgte im maßgeblichen Beurteilungszeitpunkt in einem dritten Staat Schutz vor Verfolgung gefunden hat oder eben hätte finden können (objektives Merkmal der Schutzbedürftigkeit).[35]

2. Nachfluchtgründe

90 Neben den Fluchtalternativen stellen auch die sogenannte Nachfluchtgründe ungeschriebene Einschränkungen des Asylrechts dar. Einschränkungen deshalb, da Nachfluchtgründe lediglich Ausnahmen von der grundsätzlichen Einschränkung ermöglichen können. Auf Grund von Nachfluchtgründen kann ein Asylrecht auch dann noch begründet werden, wenn der Schutzsuchende seinen Heimatstaat bereits verlassen hat. Unter Umständen kann sich ein Nachfluchtgrund sogar dann noch ergeben, wenn der Betroffene bereits im Zielstaat angekommen ist. Als Grundvoraussetzung für die Anwendbarkeit von Nachfluchtgründen sieht das *BVerfG* einen kausalen Zusammenhang zwischen der Verfolgung und der Flucht als erforderlich an.[36] Konsequenz dieses Kausalzusammenhangs ist, dass prinzipiell nur solche Gründe als Nachfluchtgründe angesehen werden können, die auch dem Telos des Art. 16a Abs. 1 GG entsprechen, mithin also asylerhebliche Merkmale darstellen. Hierbei wird zwischen objektiven und subjektiven Nachfluchtgründen unterschieden.

» Wissen Sie noch wann ein asylerhebliches Merkmal vorliegt? Wiederholen Sie eventuell die Ausführungen unter Rn 67. «

> **Objektive Nachfluchtgründe** sind externe Faktoren die vom Betroffenen erfahren werden, ohne hierauf eine Einflussmöglichkeit zu haben.[37]

Die Objektiven Nachfluchtgründe sind demnach von der Person des Schutzsuchenden unabhängige asylerhebliche Merkmale und genügen allein deshalb bereits als Nachfluchtgrund aus.

Beispiel Befindet sich eine Person bereits in Deutschland, ohne tatsächlich politisch verfolgt zu werden, so ist sein Asylantrag relativ aussichtslos. Ergibt es sich in dieser Situation nun aber, dass in seinem Herkunftsstaat das Regime wechselt und dieses neue Regime eine religiöse Minderheit verfolgt, der der Betroffene angehört, so stellt dies einen objektiven Nachfluchtgrund dar, der den Asylantrag rechtfertigen könnte. ■

91

> Demgegenüber sind **subjektive Nachfluchtgründe** solche, die der Betroffene selbst herbeigeführt hat.[38]

Diese reichen für die Begründung von Asyl nur ausnahmsweise aus. Dies nämlich nur dann, wenn sie sich als Ausdruck und Fortführung einer schon während des Aufenthalts im Heimatstaat vorhandenen und erkennbar betätigten festen Überzeugung darstellen, mithin als notwendige Konsequenz einer dauernden, die eigenen Identität prägenden und nach außen kundgegebenen Lebenshaltung erscheinen.[39]

» Beachten Sie die Parallelität zur Drei-Stufen-Theorie i.R.d. Art. 12 Abs. 1 GG. «

35 *Göbel-Zimmermann/Eichhorn/Beichel-Benedetti* Rn. 79.
36 BVerfGE 74, 51.
37 BVerfGE 74, 51 (64).
38 BVerfGE 74, 51 (65).
39 BVerfGE 74, 51 (66).

Hinweis

Hierbei ist zu beachten, dass nach Art. 5 Abs. 2 der Qualifikations-RL eine „Bestätigung" im Sinne der eben aufgeführten Definition nicht erforderlich ist. Die nationale Auslegung dieses Sachverhaltes ist demnach enger als der europäische.[40]

Beispiel Von der Rechtsprechung anerkannte subjektive Nachfluchtgründe sind zum Beispiel die exilpolitische Betätigung und ein Religionswechsel.[41] Wandert also ein oppositionell aktiver Bürger aus seinem Heimatland aus und betreibt diese politische Aktivität im Ausland weiter fort, so stellt dies einen subjektiven Nachfluchtgrund dar. ■

VI. Eingriff und Schranken

92 Hinsichtlich der Prüfung des Eingriffs in das Asylgrundrecht ergeben sich insoweit keine Besonderheiten im Vergleich zur Prüfung anderer Abwehrrechte. Klassische Eingriffe in das Asylgrundrecht sind die Verweigerung der Einreise, aufenthaltsbeendende Maßnahmen, Rücknahme und Widerruf einer Anerkennung als Asylberechtigter oder Beschränkungen der Freizügigkeit.

Bezüglich der Schranken des Asylgrundrechts haben wir gesehen, dass dieses grundsätzlich schrankenlos gewährt wird. Jedoch sind wie auch sonst üblich vor allem die verfassungsimmanenten Schranken zu beachten. Stellt der zu prüfende Sachverhalt auf eine Länderliste nach Abs. 2 oder 3 ab, so stellt diese Liste ein einfaches Gesetz dar, welches auf seine Verfassungsmäßigkeit hin zu überprüfen ist.

40 *Tiedemann* S. 40 f.
41 Vgl. *BVerwG* NVwZ 1996, 86.

VII. Übungsfall Nr. 1

„Der Widerstandskämpfer" 93

Der S ist afghanischer Staatsbürger und gehört einer dort lebenden religiösen Minderheit an. Diese Minderheit ist bereits seit längerem einer landesweiten systematischen Diskriminierung durch die Regierung ausgesetzt. Die unterdrückte Minderheit reagiert hierauf teils mit separatistischen Bestrebungen und Anschlägen auf staatliche Institutionen.

Die Regierung reagierte auf die Aktionen der Minderheit immer wieder mit Verschärfungen des Strafrechts. Darüber hinaus erfolgten vor allem im Norden des Landes, wo die meisten Anhänger der Minderheit leben ethnische Säuberungen.

Der S trat in der Folge einer Widerstandsbewegung bei, deren Ziel es war, für die Gleichberechtigung der Minderheit zu kämpfen. Im Auftrag der Bewegung klebte er Plakate und warb für deren Aktionen. Zunächst wegen der Organisation von Streiks, später im Zusammenhang mit Überfällen, die man der Widerstandsbewegung angelastet hat, wurde S mehrfach verhaftet und jeweils für mehrere Wochen festgehalten. Während der Inhaftierung kam es auch immer wieder zu körperlichen Misshandlungen.

Nachdem er seine letzte Gefängnisstrafe abgesessen hatte und wieder freigelassen wurde, reiste S auf dem Luftweg in die Bundesrepublik Deutschland. Am Flughafen wurde er von den zuständigen Behörden mangels Einreisepapiere zunächst festgehalten. In einer Anhörung erklärt er, dass er mit weiteren Verfolgungen gerechnet habe, wenn er in Afghanistan geblieben wäre. Zudem habe er Angst, erneut ins Gefängnis zu müssen und dort wieder Misshandlungen ausgesetzt zu sein. Seine Tätigkeit im Widerstand möchte er jedoch nicht aufgeben, da er für die Freiheit seines Landes und der religiösen Minderheit weiterkämpfen möchte. Er stellt daher einen Asylantrag.

Prüfen Sie, ob dem S ein Asylrecht aus Art. 16a Abs. 1 GG dem Grunde nach zusteht.

Lösung 94

Dem S könnte ein Recht auf Asyl aus Art. 16a Abs. 1 GG grundsätzlich dann zustehen, wenn der Schutzbereich des Grundrechts eröffnet ist.

I. Schutzbereich

1. Persönlich

Das Asylgrundrecht steht grundsätzlich nur nichtdeutschen natürlichen Personen zu. Deutscher ist gemäß Art. 116 Abs. 1 GG grundsätzlich derjenige, der die deutsche Staatsbürgerschaft besitzt. Der S ist ausweislich des Sachverhaltes jedoch afghanischer Staatsbürger, weshalb er als Nichtdeutscher (also Ausländer im asylrechtlichen Sinne) gilt. Darüber hinaus ist S auch eine natürliche Person. Da der S sich nunmehr auf deutschem Staatsgebiet aufhält, hat er auch vor Asylantragstellung das Bundesgebiet offensichtlich betreten.

Der persönliche Schutzbereich ist somit eröffnet.

2. Sachlich

Neben dem Hauptmerkmal der politischen Verfolgung müssen auch weitere Kriterien erfüllt sein, auf deren Prüfung es vorliegend ebenfalls ankommt.

a) Verfolgung

Eine Verfolgung besteht bei einer Rechtsgutbeeinträchtigung des Betroffenen in asylrechtlich relevanter Intensität.[42] Als Rechtsgüter kommen nach gängiger Rechtsprechung alle Individualrechte in Betracht, mithin die Ausübung einer Religion und der Schutz von Leib und Leben.[43]

Vorliegend greift der Herkunftsstaat des S in dessen Religionsfreiheit ein, wenn er diesen auf Grund seiner Zugehörigkeit zu einer reli-

42 *Jarass/Pieroth* Grundgesetz, Art. 16a Rn. 7.
43 BVerfGE 9, 174 (180); 52, 391 (398); 80, 315 (335).

giösen Minderheit verfolgt. Durch diesen Eingriff wird er in seiner Freiheit nicht nur beschränkt, sondern diese wird ihm mittelbar sogar verboten und er muss mit Sanktionen und Unterdrückung rechnen. Insofern kann von einer asylrechtlich relevanten Intensität ausgegangen werden.

Des Weiteren wird der S auf Grund seiner Beteiligung an einer Widerstandsbewegung verfolgt und inhaftiert. Dies allein mag allerdings noch keine Rechtsgutbeeinträchtigung in asylrechtlich relevanter Intensität begründen. Zwar wurden Gesetze verschärft, um die Minderheit leichter verfolgen zu können. Es fehlen aber jegliche Angaben hinsichtlich des Ausmaßes der Veränderung und einer evtl. Ungleichbehandlung. Insofern muss davon ausgegangen werden, dass die Inhaftierungen für sich genommen lediglich einer rechtmäßigen Strafverfolgung dienten.

Eine Rechtsgutbeeinträchtigung könnte sich allerdings durch die körperliche Misshandlung des S im Gefängnis ergeben. Eine solche greift in sein Recht auf körperliche Unversehrtheit ein. Unabhängig vom Grund der Inhaftierung stellt eine körperliche Misshandlung im Gefängnis eine erhebliche Rechtsgutverletzung dar, ist doch der Inhaftierte der staatlichen Gewalt in besonderem Maße ausgeliefert. Wird, wie hier, die Gewaltanwendung mit der Tätigkeit in einer Widerstandsbewegung verbunden, so ist darüber hinaus zu beachten, dass es sich in der Regel insofern um staatliche Maßnahmen handelt, die den Betroffenen einschüchtern sollen, um seine politische Gesinnung zu ändern. Es liegt insoweit also eine Rechtsgutverletzung in asylrechtlich relevanter Intensität vor.

Hinweis

Letztlich geht es hier vor allem um eine gute Argumentation, sodass im Ergebnis vieles vertretbar ist. Wichtig ist, dass Sie die Rechtsgutverletzung benennen und erläutern, warum diese Verletzung auch asylrechtlich relevante Intensität ausstrahlt.

b) Politisch

Ob eine Verfolgung politisch ist, richtet sich nach der Qualität der Verfolgungsmaßnahme. Dabei müssen die objektiven Umstände, die der Flucht zu Grunde liegen, an asylerhebliche Merkmalen anknüpfen.[44] Denn letztlich soll das Asylrecht dann Schutz gewähren, wenn der Betroffene aus einer willkürlichen politischen Überzeugung heraus verfolgt wird.[45] Im Umkehrschluss ergibt sich hieraus aber, dass die Verfolgung an unveränderliche persönliche Merkmale des Betroffenen anknüpft. Nur dann entsteht eine asylrechtlich relevante Intensität.

Die Verfolgung des S beruht vorliegend auf Zweierlei. Zum einen wird er als Angehöriger einer religiösen Minderheit verfolgt. Insoweit beruht die Verfolgung auf einem asylerheblichen Merkmal, nämlich der Religion. Seine religiösen Überzeugungen kann der S auch nicht einfach ändern. Die Religion einer Person gehört zu den unabänderlichen Merkmalen.

Zum anderen wird der S als Mitglied einer Widerstandsbewegung verfolgt. Insoweit erfolgt die Verfolgung auf Grund einer anderen politischen Gesinnung, die der Regierung missfällt. Hierbei unterdrückt diese die freie Meinungsäußerung und -bildung des S. Fraglich ist allerdings, ob es sich auch insoweit um ein unabänderliches persönliches Merkmal handelt. Die politische Überzeugung des S ist hier eng mit seiner Religion und der Verbundenheit mit einer entsprechenden Minderheit in seinem Herkunftsland verknüpft. Es ist ihm wichtig, anderen Angehörigen dieser Religion auch aus dem Ausland zu helfen, weswegen er seine exilpolitische Tätigkeit auch nicht einstellen wird und sich damit weiterhin einer Verfolgung im Heimatstaat aussetzt.

Hinweis

Auch insoweit ist vor allem eine schlüssige Argumentation wichtiger als das Ergebnis.

44 BVerfGE 76, 143 (157).
45 BVerwGE 80, 315 (352).

c) Verfolger

Vorliegend geht die Verfolgung von einer Regierung aus, mithin einer staatlichen Stelle. Es handelt sich damit um einen tauglichen Verfolger.

d) Verfolgte

Um als Verfolger im Sinne des Art. 16a Abs. 1 GG gelten zu können, muss er auch individuell von den Verfolgungsmaßnahmen betroffen sein. Auf Grund der Inhaftierung und der körperlichen Misshandlung ist er jedenfalls hinsichtlich seiner Tätigkeit in der Widerstandsbewegung unmittelbar und individuell betroffen. Aber auch hinsichtlich seiner Religiosität wurde er bereits Opfer von Verfolgungsmaßnahmen.

e) Flucht wegen bzw. vor Verfolgung

Darüber hinaus muss der S auch auf Grund der Verfolgung nach Deutschland geflohen sein. Es bedarf eines Kausalzusammenhangs, für dessen Bewertung auf den Zeitpunkt der Verfolgung abgestellt wird. Der S verließ sein Heimatland unmittelbar nach der Freilassung aus der Haft. Er hatte Angst, erneut inhaftiert zu werden, wenn er nur seine Tätigkeit in der Widerstandsbewegung fortsetzen würde. Diese Annahme wird auch dadurch untermauert, dass er bereits mehrfach in Haft saß.

f) Verfolgungsprognose

Die Verfolgung ist im Falle des S unmittelbar und gegenwärtig. Er wurde bereits Opfer der Verfolgung und sie droht auch bei Rückkehr in sein Heimatland.

Neben dem persönlichen ist somit auch der sachliche Schutzbereich eröffnet.

3. Einschränkungen

Im Rahmen des Asylgrundrechts ist zu beachten, dass der Schutzbereich durch gesetzlich normierte, aber auch ungeschriebene Einschränkungen beschränkt wird.

a) Gesetzliche Einschränkungen

aa) Drittstaatenregelung

Nach Art. 16a Abs. 2 GG sind Schutzsuchende vom Anwendungsbereich des Art. 16a Abs. 1 GG ausgenommen, wenn sie aus einem bestimmten Drittstaat eingereist sind. Hierbei ist zu unterscheiden, ob der Betroffene aus einem anderen EU-Land (Abs. 2 S. 1 Alt. 1) oder anderen vom Gesetzgeber normierten Ländern eingereist ist (Abs. 2 S. 1 Alt. 2). Da der S vorliegend direkt aus Afghanistan nach Deutschland gereist ist, ist er jedenfalls nicht über ein anderes EU-Land eingereist.

Bleibt zu erörtern, ob Afghanistan ein Land i.S.d. Art. 16a Abs. 2 S. 1 Alt. 2 GG ist. Dies richtet sich nach einer gesetzlichen Bestimmung, die von der Legislative nach Art. 16a Abs. 2 S. 2 GG getroffen wird. Diese Länderliste ergibt sich aus § 26a AsylG i.V.m. Anlage I AsylG. Dort ist Afghanistan allerdings nicht aufgezählt, weswegen der S nicht über einen sicheren Drittstaat i.S.d. Art. 16a Abs. 2 GG eingereist ist und die Beschränkung vorliegend nicht greift.

bb) Herkunftsstaatenregelung

Die Herkunftsstaatenregelung aus Art. 16a Abs. 3 GG stellt gerade keine Einschränkung des Asylgrundrechts dar, sondern ermöglicht vor allem ein beschleunigtes Verfahren in offensichtlich unbegründeten Fällen.

Wie auch bei der Drittstaatenregelung richtet sich die Herkunftsstaatenregelung nach einer von der Legislative normierten Länderliste. Diese findet sich in § 29a AsylG i.V.m. Anlage II AsylG. Allerdings ist auch in dieser Liste Afghanistan nicht aufgeführt und damit nicht als sicherer Herkunftsstaat normiert.

b) Ungeschriebene Einschränkungen

Vorliegend kommt, ausweislich des Sachverhaltes, eine inländische Fluchtalternative in Betracht. So scheint die Regierung vor allem im nördlichen Teil des Landes gegen die religiöse Minderheit vorzugehen. Allerdings geht die Regierung grundsätzlich gegen die Minderheit vor. Eine Flucht in andere Landesteile schützt den S jedenfalls nicht von einer Verfolgung.

II. Ergebnis

Der Schutzbereich des Asylgrundrechts ist eröffnet. Auch greifen keine Einschränkungen. Damit steht dem S grundsätzlich ein Asylrecht zu.

C. Asylrecht für Flüchtlinge

I. Der Flüchtlingsstatus

95 Nachdem wir das nationale Asylrecht aus Art. 16a GG näher untersucht haben, widmen wir uns nun den weiteren Formen des Asyls, die von einem Schutzsuchenden beantragt werden können. Allen voran soll hier auf den Flüchtlingsstatus eingegangen werden.

Hinweis

Um gleich zu Beginn Verwechslungen vorzubeugen, sei darauf hingewiesen, dass im Verhältnis zum Flüchtlingsstatus häufig auch der Begriff internationale Schutzberechtigung benutzt wird.[46] Dieser Begriff umfasst allerdings nicht nur den Flüchtlingsstatus, sondern auch den subsidiären Schutz, den wir im nächsten Kapitel besprechen werden.

Hinweis

Lediglich von semantischer, nicht aber von inhaltlicher Relevanz ist zudem die terminologische Unterscheidung von Anerkennung der Asylberechtigung nach Art. 16a Abs. 1 GG und der Zuerkennung der Flüchtlingseigenschaft nach AsylG. Diese Differenzierung folgt aus der Überlegung, dass die politische Verfolgung zum Zeitpunkt der Antragstellung bereits vorliegt und damit auch die Asylberechtigung. Die Entscheidung der zuständigen Behörde hat insofern lediglich deklaratorische Wirkung. Die Flüchtlingseigenschaft hingegen entsteht erst mit der positiven Entscheidung der Behörde, hat also konstitutive Wirkung.

II. Die Zuerkennung der Flüchtlingseigenschaft

» Lesen Sie die zitierte Norm! «

96 Den Flüchtlingsstatus können dem Wortlaut nach nur Flüchtlinge beanspruchen. Wer Flüchtling ist, ist in § 3 Abs. 1 AsylG legal definiert:

> Ein Ausländer ist **Flüchtling**, wenn er sich aus begründeter Furcht vor Verfolgung wegen seiner Rasse, Religion, Nationalität, politischen Überzeugung oder Zugehörigkeit zu einer bestimmten sozialen Gruppe außerhalb seines Herkunftslandes befindet, dessen Staatsangehörigkeit er besitzt und dessen Schutz er aus Furcht nicht beanspruchen kann oder will.

Hinweis

Diese Definition ist mit der europarechtlichen Definition in Art. 2 lit. d. Qualifikations-RL identisch. Beide Definitionen sind aus der GFK übernommen und sind entsprechend auch nach dem Telos der GFK zu interpretieren.

46 *Heusch/Haderlein/Schönenbroicher* Rn. 7.

Flüchtlingseigenschaft nach § 3 AsylG 97

I. Qualifizierte Verfolgung
1. Verfolgungshandlung
   - Definition Rn. 99
   - Ungeschriebene Voraussetzung eines Polit-Malus Rn. 103
2. Verfolgungsgründe
3. Zusammenhang von Verfolgungshandlung und -grund
4. Verfolgungsakteure
5. Schutzakteure
6. Verfolgungssubjekte
7. Schutzlosigkeit

II. Begründete Furcht
- Furcht vor Verfolgung bei inländischer Fluchtalternative Rn. 115

III. Aufenthalt außerhalb des Herkunftslandes
- Asylantrag in deutscher Botschaft Rn. 119

IV. Kein Ausschluss der Zuerkennung
- Auslegung des Begriffs einer schweren nichtpolitischen Straftat Rn. 123

V. Keine Versagung der Zuerkennung

PRÜFUNGSSCHEMA

Hinweis

Teilweise wird mit Bezug auf die genannten Tatbestandsmerkmale von Inklusionsklauseln als Abgrenzung zu Ausschlussgründen, die Exklusionsklauseln genannt werden, gesprochen.[47] Letztere werden wir noch gesondert behandeln.

1. Qualifizierte Verfolgung

Die eben erörterte begründete Furcht muss sich nach dem Wortlaut des § 3 Abs. 1 AsylG auf eine Verfolgung beziehen. Der Wortlaut des § 3 Abs. 1 AsylG konkretisiert hierbei, welche Anforderungen an die Verfolgung zu stellen sind. Es muss demnach eine qualifizierte Verfolgung vorliegen. Die einzelnen Kriterien werden in der Folge genauer dargestellt. 98

Hinweis

Die §§ 3 ff. AsylG normieren recht detailliert die einzelnen Anforderungen, die in den folgenden Abschnitten besprochen werden. Nutzen Sie das Gesetz und lesen Sie die zitierten Normen. Sie werden feststellen, dass sich alle relevanten Informationen direkt aus dem AsylG ergeben.

47 Vgl. *Tiedemann* S. 32.

a) Verfolgungshandlung

99 Wann eine Verfolgung vorliegt, hängt in erster Linie von der Handlung ab, die dem Betroffenen widerfährt. In § 3a Abs. 1 AsylG sind Verfolgungshandlungen legal definiert (lesen!). Diese Definition entspricht der Regelung der Qualifikations-RL. In § 3a Abs. 2 AsylG sind darüber hinaus Beispiele für Handlungen nach Abs. 1 aufgelistet. Auf diese Struktur soll nun vertiefend eingegangen werden.

aa) Verfolgungshandlungen nach § 3a Abs. 1 Nr. 1 AsylG

» Lesen Sie den § 3a AsylG und Art. 15 Abs. 2 EMRK! «

100 Nach § 3a Abs. 1 Nr. 1 AsylG sind Verfolgungshandlungen solche, die *„auf Grund ihrer Art oder Wiederholung so gravierend sind, dass sie eine schwerwiegende Verletzung der grundlegenden Menschenrechte darstellen, insbesondere der Rechte, von denen nach Art. 15 Abs. 2 EMRK keine Abweichung zulässig ist“.* Schwierigkeiten bereitet hierbei zunächst die Definition des Merkmals grundlegender Menschenrechte. Die Norm verweist zur näheren Konkretisierung auf die in Art. 15 Abs. 2 EMRK genannten Rechte. Hierbei handelt es sich um sog. notstandsfeste bzw. grundlegende Rechte. Die Annahme, es handele sich bei diesen Rechten um grundlegende Menschenrechte, liegt damit nicht fern. Allerdings ist zu beachten, dass der Wortlaut des § 3a Abs. 1 Nr. 1 AsylG im Zusammenhang mit seiner Verweisung auf den Art. 15 Abs. 2 EMRK von „insbesondere“ spricht. Die grundlegenden Menschenrechte müssen sich also inhaltlich von denen des Art. 15 Abs. 2 EMRK abgrenzen. Solche grundlegenden Menschenrechte mit wesensgleichen Gewährleistungen stellen nach herrschender Meinung die in Art. 4 Abs. 2, 11, 16 und 18 IPbürgR verbürgten Rechte dar.[48]

101 Von einer schwerwiegenden Verletzung i.S.d. § 3a Abs. 1 Nr. 1 AsylG ist dem Wortlaut der Norm nach die Rede, wenn die Verfolgungshandlung so gravierend ist, dass sie eine schwerwiegende Verletzung der grundlegenden Menschenrechte bewirkt. Wobei gravierend mit schwerwiegend gleichzusetzen ist, sodass diesem Begriff keine eigenständige Bedeutung bei der Prüfung der Merkmale zukommt. Wann eine Verletzungshandlung schwerwiegend ist, richtet sich nach der Art und Weise sowie einer etwaigen Wiederholung der Verfolgungshandlung.[49] Hierbei kann bereits ein einziger Verfolgungsakt genügen, wenn dieser besonders schwer wiegt (z.B. Angriff auf das Leben). Entsprechend wird bei geringerer Intensität eine erhöhte Quantität gefordert.

bb) Verfolgungshandlungen nach § 3a Abs. 1 Nr. 2 AsylG

102 Nach § 3a Abs. 1 Nr. 2 AsylG können Verfolgungshandlungen auch solche Handlungen sein, die *„in einer Kumulierung unterschiedlicher Maßnahmen einschließlich einer Verletzung der Menschenrechte bestehen, die so gravierend ist, dass eine Person davon in ähnlicher, wie der in Nummer 1 beschriebenen Weise betroffen ist“.* Der Verletzungserfolg muss also gerade darin bestehen, dass ein beliebiges Menschenrecht betroffen wird. Allerdings verlangt der Wortlaut hierbei nicht, dass jede Verfolgungshandlung für sich bereits ein Menschenrecht beeinträchtigen müsste. Vielmehr genügt es, wenn die Kumulation aus vielen verschiedenen Verfolgungshandlungen geringerer Intensität in einer Gesamtschau eine Verletzung von Menschenrechten darstellt.

48 Vgl. *Tiedemann* S. 35.
49 *Göbel-Zimmermann/Eichhorn/Beichel-Benedetti* Rn. 178.

103 Allerdings ist zu beachten, dass diese sehr offene Sichtweise dazu führt, dass Verfolgungshandlungen bereits jede rechtmäßige und menschenrechtlich nicht zu beanstandende Strafverfolgungen darstellen können. Als Korrektiv und damit einer Einschränkung wird ein sog. Polit-Malus gefordert.[50] Die staatliche Handlung muss ein diskriminierendes Element enthalten und auf einem für den Flüchtlingsbegriff relevanten Verfolgungsgrund aufbauen. Mit dieser Einschränkung unterfällt eine staatliche Strafverfolgung dem Begriff der Verfolgungshandlung nur dann, wenn diese nicht mehr zum Schutz der Rechtsordnung betrieben wird, sondern z.B. nur der Religion oder der Rasse des Betroffenen wegen betrieben wird.

cc) Verfolgungshandlungen nach § 3a Abs. 2 AsylG

104 Der § 3a Abs. 2 AsylG nennt einige Beispiele, wann eine Verfolgungshandlung i.S.d. Abs. 1 vorliegt und konkretisiert damit lediglich dessen Regelungen. Klärungsbedürftig sind allerdings die Definitionen der unbestimmten Rechtsbegriffe „unverhältnismäßig" und „diskriminierend" in § 3a Abs. 2 Nr. 3 AsylG. Von einer Unverhältnismäßigkeit im Sinne der Norm ist die Rede, wenn Menschenrechtsverletzungen in Rede stehen. Es gilt also ein absoluter Maßstab.[51] Bei der Diskriminierung hingegen wird ein lediglich relativer Maßstab gefordert. Denn eine Diskriminierung kann gerade ihrer Natur nach nur im Vergleich zu einem anderen entstehen. Auf eine Verletzung von Menschenrechten kommt es gerade nicht an. Es genügt bereits eine Ungleichbehandlung auf Grund der Zugehörigkeit zu einer bestimmten Gruppe.

Beispiel Das *BVerfG* geht in seiner Rechtsprechung (BVerfGE 54, 187) davon aus, dass eine lebenslange Haftstrafe für Mord verfassungswidrig ist, sofern es keine Möglichkeit einer frühzeitigen Entlassung gibt. Hierbei wird der absolute Maßstab deutlich. Das die Strafe auf der eigenen schwerwiegenden Handlung des Täters beruht, spielt insofern keine Rolle. ■

b) Verfolgungsgründe

105 Neben einer Verfolgungshandlung muss auch ein bestimmter Verfolgungsgrund vorliegen. Nicht jeder Grund vermag einen Schutzanspruch zu begründen. Nach der Definition des Flüchtlings in § 3 Abs. 1 AsylG sowie der Qualifikations-RL kommen als Verfolgungsgründe nur in Frage: Rasse, Religion, Nationalität, politische Überzeugung oder Zugehörigkeit zu einer sozialen Gruppe.

106 Eine Konkretisierung der Verfolgungsgründe findet sich in § 3b AsylG. Allen Verfolgungsgründen ist gemein, dass es sich um Merkmale handelt, die für den Einzelnen unverfügbar sind. Das bedeutet, dass der Betroffene das jeweilige Merkmal nicht durch eigenes Verhalten ändern oder beseitigen kann. Bei der Prüfung der Verfolgungsgründe ist zu beachten, dass es gerade nicht darauf ankommt, ob der Betroffene einen Verfolgungsgrund tatsächlich aufweist. Es genügt bereits, dass der Verfolgungsakteur dem Betroffenen den Verfolgungsgrund zuschreibt, vgl. § 3b Abs. 2 AsylG.

» Lesen Sie die Norm! «

50 So u.a. BVerfGE 80, 315 (339). Vertiefend *Tiedemann* S. 50.
51 BVerfGE 45, 187.

JURIQ-Klausurtipp

Wir stellen immer wieder fest, dass es bei der Verfolgung, sei es im Rahmen des Asylgrundrechts oder hier bei der Frage der Flüchtlingseigenschaft, darauf ankommt, ob subjektive oder objektive Gründe vorliegen. Subjektive dann, wenn der Ausländer Einfluss auf die Gründe hat, und objektive, wenn es sich um für den Ausländer unverfügbare Gründe handelt. In der Regel sind objektive Gründe immer asylerheblich. Umgekehrt reichen subjektive Gründe in der Regel allein nicht aus.

c) Verknüpfung von Verfolgungshandlung und -grund

107 Dem Wortlaut des § 3 Abs. 1 AsylG nach muss die Verfolgung gerade wegen eines Verfolgungsgrundes stattfinden. Es kommt also auf einen kausalen Zusammenhang an. Nach der Rechtsprechung des *BVerwG* richtet sich dieser nach der sog. Motivationstheorie[52]. Es käme demnach darauf an, ob der Verfolger mit der Verfolgungshandlung die Verfolgung des Betroffenen gezielt beabsichtigte. Dieser Interpretation ist das *BVerfG* ausdrücklich entgegengetreten. Dieses vertritt vielmehr die sog. finale Theorie.[53] Demnach spiele die Motivation des Verfolgers gerade keine Rolle, sondern es kommt lediglich auf die objektiven Umstände der Maßnahme an. Es soll also bereits genügen, wenn die Verfolgungshandlung an für den Flüchtlingsbegriff relevante Verfolgungsgründe anknüpft.

Beispiel Demnach liegt eine Verknüpfung von Verfolgungshandlung und Verfolgungsgrund bereits dann vor, wenn eine religiöse Minderheit nicht deshalb verfolgt wird, weil das Regime etwas gegen die Religion an sich einzuwenden hätte, sie aber auf Grund der Intoleranz der religiösen Mehrheit und der daraus resultierenden öffentlichen Unruhe unterdrückt wird.[54] ■

d) Verfolgungsakteure

108 Weiter ist zu prüfen, ob überhaupt ein tauglicher Verfolgungsakteur vorliegt. Hierbei ist zu beachten, dass sowohl der § 3 AsylG als auch die Qualifikations-RL und die GFK (auf den der § 3 AsylG letztlich zurück geht) grundsätzlich eine zielgerichtete menschliche Handlung fordern. Mit diesem einschränkenden Merkmal werden Naturkatastrophen oder Systemmängel (z.B. fehlende Infrastruktur) von vornherein ausgenommen.

» Beachten Sie die Parallelität zu den Verfolgungsakteuren nach Art. 16a Abs. 1 GG, oben Rn. 68. «

109 Wer Verfolger sein kann, wird auf nationaler Ebene durch § 3c AsylG konkretisiert. Die dortige Aufzählung ist allerdings nicht als abschließend anzusehen. Dem Wortlaut nach („kann") können weitere Verfolgungsakteure je nach den Umständen der Flucht in Betracht kommen. Grundsätzlich können demnach sowohl staatliche als auch nichtstaatliche Akteure Verfolger sein.

Beispiel In der Regel handelt es sich bei Verfolgern um Staaten, Parteien, Organisationen oder um nichtstaatliche Akteure (sofern der Staat nicht in der Lage oder Willens ist, Schutz zu gewähren) sowie in Einzelfällen auch um Einzelpersonen ■

52 BVerwGE 67, 184.
53 BVerfGE 76, 143 (166).
54 Ebd.

e) Schutzakteure

Weiter gilt es die Frage zu klären, wer den beanspruchten Schutz überhaupt bieten kann. 110
Dies ist in § 3d AsylG geregelt. Diese Norm ist inhaltlich nahezu identisch mit dem Art. 7 der Qualifikations-RL. Entsprechend dieser Norm können Schutzakteure Staaten (Abs. 1 Nr. 1) sowie Parteien und Organisationen, einschließlich internationaler Organisationen, die einen wesentlichen Teil des Staatsgebiets beherrschen (Abs. 1 Nr. 2), sein. Inhaltlich deckt sich diese Aufzählung somit mit der der Verfolgungsakteure in § 3c AsylG.

Nach § 3d Abs. 2 S. 1 AsylG können die genannten Institutionen aber nur dann Schutz 111
gewähren, wenn der Schutz vor Verfolgung tatsächlich wirksam und nicht nur vorübergehender Natur ist. Wann dies der Fall ist, konkretisiert § 3d Abs. 2 S. 2 AsylG. Im Rahmen der behördlichen Entscheidung kommt es insofern darauf an, dass insbesondere die Funktionsweise der Institutionen und die Anwendung der grundlegenden Menschenrechte überprüft wird.

f) Verfolgungssubjekte

Grundsätzlich gilt als verfolgt nur derjenige, den die Verfolgungshandlungen unmittelbar 112
getroffen haben oder treffen bzw. treffen sollen. Demnach können z.B. Familienangehörige nur dann Opfer von Verfolgung sein, wenn sie wegen der Zugehörigkeit zur gleichen Gruppe (wie der Schutzsuchende) ebenfalls der Verfolgung ausgesetzt sind. Entsprechend ist auch die Rechtsprechung zur Gruppenverfolgung im Rahmen des Art. 16a Abs. 1 GG auf den Flüchtlingsschutz übertragbar. Gehört der Verfolgte zu einer Gruppe, deren Mitglieder teilweise bereits Opfer von Verfolgungshandlungen wurden, so ist auch jedes andere Mitglied als (zumindest potentielles) Verfolgungsopfer anzusehen.[55]

Hinweis

Auf Grund des Wortlautes des § 3 Abs. 1 AsylG ist der Zeitpunkt der Entscheidung über den Asylantrag für die Beurteilung der Frage nach der Verfolgung maßgeblich. Besteht zu diesem Zeitpunkt eine Furcht vor Verfolgung, so ist dies zu berücksichtigen, selbst wenn der Flüchtende sein Heimatland zu einer Zeit verlassen hat, zu der diese Furcht noch nicht bestand (sog. Flüchtling-sur-place).[56]

g) Schutzlosigkeit

Damit eine Schutzbedürftigkeit besteht, bedarf es nicht nur der begründeten Furcht vor Ver- 113
folgung. Darüber hinaus muss es dem Betroffenen auch verwehrt sein, in seinem Heimatstaat Schutz zu erlangen. Dieses Merkmal entspringt dem völkerrechtlichen Gedanken, dass Staaten auf Grund ihrer Souveränität über Territorium und Volk Garant für deren Bestand und Sicherheit sind, bevor dann, quasi subsidiär, Schutz in anderen Staaten beansprucht werden kann. Erfolgt die Verfolgung gerade durch die Institutionen des Verfolgerstaates, so ist eine Schutzlosigkeit grundsätzlich anzunehmen. Anders lässt sich dies aber unter Umständen beurteilen, wenn die Verfolgung von nichtstaatlichen Akteuren ausgeht.[57]

55 BVerfGE 83, 216 (232).
56 *Hailbronner* Rn. 1301.
57 *Tiedemann* S. 51.

Beispiel Bereits im Rahmen des Asylgrundrechts hatten wir das *Beispiel* erörtert, indem es dem Flüchtenden grundsätzlich möglich ist, in andere Teile seines Heimatstaates zu fliehen (inländische Fluchtalternative, Rn. 88). Gleiches gilt auch hier im Rahmen der Prüfung der Flüchtlingseigenschaft. ■

2. Begründete Furcht

114 Eine Furcht im Sinne der Definition aus § 3 Abs. 1 AsylG meint die subjektive seelische Verfassung des Betroffenen, die sodann begründet, also durch objektive Tatsachen gerechtfertigt sein muss.[58] Bei der Beurteilung dieses Umstandes hat sich eine subjektiv-objektive Betrachtungsweise durchgesetzt. Nach dieser kommt es darauf an, ob in Anbetracht der objektiven Umstände bei einem vernünftig denkenden und besonnenen Menschen in der Lage des Flüchtenden eine Verfolgungsfurcht hervorgerufen werden kann.[59] Indizien für die Beurteilung dieser Frage können dabei sowohl eine bereits (nachweislich) erlittene persönliche Verfolgung oder die bereits stattfindende Verfolgung von Verwandten oder Angehörigen (welche auf eine Gruppenverfolgung hinweist) darstellen.

» Lesen Sie die zitierte Norm! «

115 In diesem Zusammenhang ist auch der sogenannte interne Schutz bzw. inländische Fluchtalternative zu beachten (vergleichen Sie die Ausführungen oben, Rn. 88). Bezieht sich die Furcht vor Verfolgung nicht auf das gesamte Staatsgebiet des Herkunftsstaates, bestehen also Fluchtmöglichkeiten innerhalb des Territoriums dieses Staates, so befindet sich der Flüchtende gerade nicht wegen seiner Furcht vor Verfolgung im Ausland. Für diesen speziellen Fall ist aber § 3e AsylG zu beachten. Als einschränkendes Kriterium wird nach § 3e Abs. 1 Nr. 2 AsylG darauf abgestellt, ob von dem Flüchtenden vernünftigerweise erwartet werden kann, sich in dem sicheren Teil seines Herkunftslandes niederzulassen.[60]

Hinweis

Dies kann aber dann nicht erwartet werden, wenn in diesem Gebiet eine Hungersnot herrscht (es mangelt bereits am wirtschaftlichen Existenzminimum). Allerdings ist dies wiederum kein tauglicher Ausschlussgrund, sofern die Hungersnot im gesamten Herkunftsstaat wütet, denn die Hungersnot per se ist kein Verfolgungsgrund.[61]

116 Dementsprechend ist eine umfangreiche Sachverhaltsaufklärung nötig, die regelmäßig auch eine Prognoseentscheidung erforderlich macht. Allerdings sind die zuständigen Stellen hierbei in ihrer Entscheidung nicht völlig frei. Um willkürliche Entscheidungen zu verhindern, müssen diese nachvollziehbar sein. Trotz des grundsätzlich gewährten Entscheidungs- und Prognosespielraums der zuständigen Stellen muss eine gerichtliche Überprüfung möglich sein. Auf Grund dessen ist dann aber die Frage zu klären, welchen Maßstab man zur Entscheidung heranzieht. Nach der Rechtsprechung des *BVerwG* kommt es auf eine Verfolgung des Betroffenen mit „beachtlicher Wahrscheinlichkeit" zum Zeitpunkt der Entscheidung über den Schutzantrag an.[62]

58 Handbuch und Richtlinien über Verfahren und Kriterien zur Feststellung der Flüchtlingseigenschaft (kurz UNHCR Handbuch) von 1979, Rn. 38.
59 So vor allem BVerfGE 79, 143 (150).
60 *Tiedemann* S. 52.
61 Ebd.
62 BVerwGE 140, 1.

URIQ-Klausurtipp

Beachten Sie den Zeitpunkt, auf den die Rechtsprechung abstellt. Es kommt gerade nicht auf den Zeitpunkt der Flucht aus dem Herkunftsland an, sondern auf den Zeitpunkt der Entscheidung im Verwaltungsverfahren über den Schutzantrag

117 Der Versuch, das Merkmal der beachtlichen Wahrscheinlichkeit mit statistischen Werten zu untermauern, wurde mittlerweile aufgegeben. Eine von der Rechtsprechung entwickelte Praxis, eine Wahrscheinlichkeit von mindestens 50% zu fordern (inhaltliche Gleichsetzung einer beachtlichen mit einer überwiegenden Wahrscheinlichkeit) wurde auf Grund der rein objektiven Betrachtungsweise wieder aufgegeben.[63] Letztlich ist jeder Fall so individuell, dass die objektiven Faktoren nur einen Aspekt der finalen Entscheidung sein können und somit in eine Gesamtabwägung einfließen müssen. Insoweit hat sich die nationale Rechtsprechung auch der des *EGMR* angepasst. Dieser fordert innerhalb einer Gesamtabwägung ein „real-risk of being subjected to treatment".[64]

Hinweis

Vor diesem Hintergrund ist die Lektüre von Literatur und Rechtsprechung vor dem 1.12.2013 mit Blick auf die Definition von begründeter Furcht mittlerweile veraltet. Vor dem genannten Stichtag enthielt der Gesetzestext des § 3 Abs. 1 AsylG den Zusatz *„aus begründeter Furcht"* nicht. Demnach war eine rein objektive Betrachtungsweise ausdrücklich maßgeblich, weil als Flüchtling derjenige angesehen wurde, der Bedrohungen nach § 60 Abs. 1 AufenthG ausgesetzt war. Diese Interpretation des Fluchtbegriffs stand aber im Widerspruch zur GFK und dem Unionsrecht. Durch die nationale Gesetzesänderung wurde mit dem oben genannten Stichtag eine subjektiv-objektive Betrachtungsweise eingeführt.[65]

3. Aufenthalt außerhalb des Herkunftslandes

118 Bei der Prüfung der Flüchtlingseigenschaft spielt das Herkunftsland des Betroffenen eine wesentliche Rolle. Damit eine Schutzbedürftigkeit überhaupt entstehen kann, muss der Betroffene sein Herkunftsland aber zunächst verlassen. Eine Asylantragsstellung in Deutschland aus einem anderen Land heraus ist nicht statthaft.

119 In diesem Zusammenhang stellt sich jedoch die Frage, ob ein Schutzsuchender nicht einen Asylantrag in einer deutschen Botschaft in seinem Herkunftsland stellen kann. Dem steht aber das Territorialprinzip entgegen. Dieses ermöglicht es jedem Staat, über sein Herrschaftsgebiet zu verfügen. Ist ein Flüchtling in sein Herrschaftsgebiet geflohen, kann er ihm, entsprechend seiner Souveränität im Bezug zu anderen Staaten, Asyl gewähren. Hier zeigt sich die völkerrechtliche Dimension, da dem Verfolgerstaat der Zugriff auf den Flüchtling verwehrt wird. Eine diplomatische Behörde innerhalb des Territoriums des Verfolgerstaates befindet sich aber gerade nicht im Herrschaftsgebiet des Fluchtstaates. Beansprucht der Fluchtstaat dem zum Trotz das Gebiet der Botschaft als sein Staatsgebiet und gewährt einem

63 So noch *BVerwG* Urteil vom 21.4.2009 – 10 C 8.08.
64 *EGMR* Urteil vom 11.1.2007 – 1948/04; und mittlerweile auch BVerwGE 149, 65.
65 *Tiedemann* S. 34.

Flüchtenden dort Asyl, so greift er in die Souveränität des Verfolgerstaates ein. Ein solcher Eingriff ist völkerrechtlich jedoch nicht akzeptiert, weshalb eine Schutzgewährung durch eine ausländische Botschaft im Herkunftsstatt nicht möglich ist.[66]

III. Ausschlussgründe

» Wie immer sollten Sie die zitierten Normen lesen! «

120 Nachdem wir nun den Flüchtlingsstatus näher kennengelernt und uns mit seinen Anforderungen auseinandergesetzt haben, werden wir uns nun noch mit den Ausschlussgründen (o.a. Exklusionsgründe) befassen, die die Zuerkennung der Flüchtlingseigenschaft verhindern. Allen voran sind in § 3 Abs. 2 AsylG und § 3 Abs. 3 AsylG Ausschlussgründe normiert. Sind diese einschlägig, kann dem Ausländer die Flüchtlingseigenschaft nicht zuerkannt werden. Auch diese Normen entspringen dem völkerrechtlichen Gedanken der GFK und sind demnach auch dort und auch in Art. 12 der Qualifikations-RL zu finden.

1. Völkerrechtsverbrechen

121 Nach § 3 Abs. 2 S. 1 Nr. 1 AsylG wird die Flüchtlingseigenschaft nicht zuerkannt, wenn schwerwiegende Gründe die Annahme rechtfertigen, dass der Ausländer Verbrechen gegen den Frieden, die Menschlichkeit oder Kriegsverbrechen begangen hat, wobei für die Definition der einzelnen Verbrechen auf die „internationalen Vertragswerke" verwiesen wird. Ein solches internationales Vertragswerk stellt insbesondere das Römische Statut des Internationalen Strafgerichtshofs vom 17.7.1998 dar, auf welches auch das *BVerwG* zur Auslegung zurückgreift[67]. Von besonderer Relevanz ist die Tatsache, dass ein Beweis für die Annahme nicht nötig ist. Es genügt dem Wortlaut nach, wenn die schwerwiegenden Gründe die Annahme rechtfertigen.

2. Schwere nichtpolitische Straftat

122 Dem Wortlaut des § 3 Abs. 2 S. 1 Nr. 2 AsylG nach darf einem Ausländer, der eine schwere nichtpolitische Straftat begangen hat (z.B. Kapitalverbrechen), die Flüchtlingseigenschaft nicht zuerkannt werden. Eine solche liegt vor, wenn mit der Strafverfolgung private Rechtsgüter geschützt werden und nicht die politische Grundordnung oder territoriale Integrität des Staates. Fraglich ist insofern allerdings, wie es sich mit nichtpolitischen Straftaten verhält, die politisch motiviert waren. Hierbei kommt ganz auf eine Analyse der Motivationslage des Täters und einer sich daran orientierenden Abwägungsentscheidung an.[68] Für eine Verhältnismäßigkeitsprüfung ist dagegen kein Raum, da eine Straftat in der Regel keine verhältnismäßige Handlung darstellt.

123 Das Problem um die Auslegung der Tätermotivation spitzt sich an der Diskussion zu, ob auch terroristische Straftaten als nichtpolitische Straftaten im Sinne des § 3 Abs. 2 S. 1 Nr. 2 AsylG zu behandeln sind. Der *EuGH*[69] hat bereits entschieden, dass terroristische Straftaten, die gegen die Zivilbevölkerung gerichtet sind, auch dann nichtpolitische Straftaten sind, wenn die Täter

66 Vgl. *Tiedemann* S. 33 ff.

67 So u.a. *BVerwG* Urteil vom 24.11.2009 – 10 C 24/08.

68 Eine Orientierung zur Auslegung bzw. Analyse der Tätermotivation liefert das UNHCR Handbuch von 1979, Rn. 152.

69 Vgl. *EuGH* Urteil vom 9.11.2010, C-57/09 und C-101/09.

mit der Handlung politische Ziele verfolgen. Darüber hinaus hat der *EuGH* auch festgestellt, dass allein die Zugehörigkeit zu einer terroristischen Vereinigung im Zeitpunkt der Flucht die Zuerkennung der Flüchtlingseigenschaft nicht ausschließt. Vielmehr muss dann nachgewiesen werden können, dass der Ausländer eine eigene schwerwiegende Handlung vorgenommen hat.

3. Zuwiderhandlung

Die von § 3 Abs. 2 S. 1 Nr. 3 AsylG angesprochenen Ziele und Grundsätze der Vereinten Nationen sind in Art. 1 und 2 der UN-Charta normiert. Diese verpflichten aber nur die Mitgliedsstaaten und gerade nicht die Bürger. Daraus resultiert, dass Handlungen, die unter diese Norm fallen, nur von einer Person begangen werden können, die in einem UN-Mitgliedsstaat eine entsprechende Position innehat, auf Grund derer sie für den Staat handeln kann. 124

Hinweis

Als Reaktion auf die Ereignisse am 11.9.2001 hat der UN-Sicherheitsrat erklärt, dass Akte des internationalen Terrorismus ebenfalls den Zielen und Grundsätzen der Vereinten Nationen zuwiderlaufen, sodass der UNHCR in der Folge terroristische Handlungen ebenfalls unter die entsprechenden Klauseln subsumiert.[70] Dem hat sich auch der *EuGH* in der bereits zitierten Entscheidung angeschlossen, wobei er feststellt, dass die Mitgliedschaft in einer terroristischen Organisation alleine nicht ausreicht. Es bedarf der Feststellung, dass der Betroffene tatsächlich einen eigenständigen, hinreichend schweren Tatbeitrag geleistet hat.

4. Schutz einer Institution

Nach § 3 Abs. 3 S. 1 AsylG kann einem Ausländer die Flüchtlingseigenschaft nicht zuerkannt werden, wenn er den Schutz oder Beistand einer Organisation oder einer Einrichtung der Vereinten Nationen genießt. Eine entsprechende Organisation der Vereinten Nationen ist allein die UNRWA (United Nations Relief and Works Agency). Dieses Flüchtlingshilfswerk dient vor allem den Palästina-Flüchtlingen. 125

IV. Versagung der Zuerkennung

Zuletzt ist auch die Versagung der Zuerkennung der Flüchtlingseigenschaft unter bestimmten Voraussetzungen denkbar. Denn nach § 3 Abs. 4 AsylG ist es grundsätzlich möglich, dass ein Ausländer zwar die Voraussetzungen der Flüchtlingseigenschaft i.S.d. § 3 Abs. 1 AsylG erfüllt, ihm die Zuerkennung aber aus bestimmten Gründen dennoch versagt werden kann. Zur Konkretisierung dieser Gründe verweist der § 3 Abs. 4 AsylG auf den Tatbestand des § 60 Abs. 8 S. 1 AufenthG. Dieser normiert einen Ausschlussgrund für das in § 60 Abs. 1 S. 1 AufenthG normierte Abschiebungsverbot. Dieses Abschiebungsverbot bezieht sich auf Fälle, in denen das Leben, die Freiheit und andere wichtige Rechtsgüter bedroht sind (wir werden auf die Einzelheiten dieser Norm später noch vertiefend eingehen). 126

» Lesen Sie die zitierten Normen, um ein Verständnis für das Regelungssystem zu bekommen. «

70 Resolution 1377 des UN-Sicherheitsrates vom 12.11.2001.

127 Die Ausschlussvorschrift des § 60 Abs. 8 S. 1 AufenthG macht von diesem Abschiebungsverbot für den Fall eine Ausnahme, dass der Ausländer aus schwerwiegenden Gründen als eine Gefahr für die Sicherheit der Bundesrepublik oder eine Gefahr für die Allgemeinheit anzusehen ist, weil er wegen eines Verbrechens oder besonders schweren Vergehens rechtskräftig zu einer Freiheitsstrafe von mindestens drei Jahren verurteilt worden ist. Insoweit wird das Wohl der Allgemeinheit und die Ordnung der Bundesrepublik über das Wohl des Ausländers gestellt.

Hinweis

Die Regelung des § 3 Abs. 4 AsylG bewegt sich damit zwar wohl im Rahmen des Art. 14 Abs. 4 und 5 der Qualifikations-RL. Es ist aber dennoch fraglich, ob sie mit Art. 31 Abs. 2 GFK vereinbar ist. Nach dieser Vorschrift muss jedem Flüchtling, sofern er in keinem anderen Staat Aufnahme findet, ein Status verliehen werden.[71]

D. Der subsidiäre Schutz

128 Nachdem wir im materiellen Asylrecht nun schon die Anerkennung der Asylberechtigung und die Zuerkennung der Flüchtlingseigenschaft kennengelernt haben, werden wir uns in diesem Kapitel mit der Schutzgewährung auf Grund des sog. subsidiären Schutzes befassen, dem zweiten Schutzstatus innerhalb der internationalen Schutzgewährung.

129 Der subsidiäre Schutz ist eine asylrechtliche Kategorie, die erst greift, wenn weder eine Asylberechtigung nach Art. 16a Abs. 1 GG besteht (also keine politische Verfolgung vorliegt) noch die Flüchtlingseigenschaft zu bejahen ist. Letztere knüpft an die bereits besprochenen Verfolgungsgründe bzw. asylerheblichen Merkmale an. Nun sind aber auch Situationen denkbar, in denen eine schwerwiegende Verletzung von grundlegenden Menschenrechten droht, ohne dass ein Verfolgungsgrund i.S.d. Fluchtbegriffs vorliegt. Diese Fälle können unter den subsidiären Schutzstatus fallen. Normiert ist diese Rechtsfigur in § 4 AsylG, wobei die Regelung erneut eng verknüpft ist mit der Qualifikations-RL (dort Art. 2 lit. f) und der GFK.

Hinweis

Es sei bereits an dieser Stelle auf eine terminologische Stolperfalle hingewiesen. In der einschlägigen Literatur kann man unter anderem den Begriff „nationaler subsidiärer Schutz" finden. Dieser Begriff hat allerdings nichts mit dem hier besprochenen „internationalen subsidiären Schutz" zu tun, sondern beschreibt lediglich nationale Abschiebungsverbote. Auf diese wird noch gesondert eingegangen.

71 Vgl. *Tiedemann* S. 57.

I. Voraussetzungen

Subsidiäre Schutzberechtigung nach § 4 AsylG 130

PRÜFUNGS-SCHEMA

I. Nichterfüllung der Flüchtlingseigenschaft
- Erforderlichkeit des Tatbestandsmerkmals Rn. 131

II. Ernsthafter Schaden
- Unterscheidung von Folter, unmenschlicher und erniedrigender Behandlung Rn. 136
- Ernsthafte Individuelle Bedrohung Rn 138

III. Kein Ausschluss

1. Nichterfüllung der Flüchtlingseigenschaft

Nach § 4 Abs. 1 AsylG kommt es für die Gewährung des subsidiären Schutzes vor allem auf das Drohen eines ernsthaften Schadens an. Über dieses Erfordernis hinaus wird von Art. 2 lit. f der Qualifikations-RL gefordert, dass die Voraussetzungen für die Anerkennung als Flüchtling nicht vorliegen. Da es sich hierbei aber um europäisches Recht handelt, stellt sich die Frage, wie sich diese Abweichung bei der Beurteilung nationaler Fälle auswirkt. 131

Betrachtet man lediglich die nationalen Normen zum subsidiären Schutz, so wäre es denkbar, dass ein Ausländer lediglich nach § 4 AsylG eben diesen beantragen könnte. Dem widerspricht aber der Wortlaut des § 13 Abs. 2 AsylG. Dieser verlangt, dass ein Asylantrag immer auf die Anerkennung als Asylberechtigter (Art. 16a Abs. 1 GG) und auf internationalen Schutz (Zuerkennung der Flüchtlingseigenschaft und subsidiärer Schutz) gerichtet sein muss.

Allerdings ist zu beachten, dass der Antragsteller die Prüfung zumindest auf den internationalen Schutz beschränken kann. Da diesem aber eben auch die Zuerkennung als Flüchtling inhärent ist, stellt auch dies keine isolierte Prüfung des subsidiären Schutzes dar. Faktisch wird somit der Prüfung des subsidiären Schutzes immer auch eine Prüfung der Flüchtlingseigenschaft vorangehen. Dies folgt aber auch aus einem anderen Grund. Der internationale Schutz im Rahmen des AsylG entspringt letztlich der Qualifikations-RL und stellt daher nur eine Umsetzung derselben dar. Somit müssen aber auch die Vorgaben der Qualifikations-RL beachtet werden, weshalb die Nichtzuerkennung der Flüchtlingseigenschaft auch aus diesem Grund zu prüfen ist.[72]

Darüber hinaus ließe sich dieses Ergebnis auch mit einer systematischen und teleologischen Auslegung erreichen: § 4 AsylG steht hinter den §§ 3 ff. AsylG, die die Voraussetzungen zur Anerkennung als Flüchtling normieren. Zudem würde § 3 AsylG ohne Anwendungsbereich bleiben, würde man unabhängig von der Flüchtlingseigenschaft jedem Ausländer, der § 4 AsylG erfüllt, subsidiären Schutz gewähren. Denn in der Rechtsfolge sind beide Status nahezu identisch. 132

72 Vgl. *Heusch/Haderlein/Schönenbroicher* Rn. 96.

Hinweis

Beachten Sie auch an dieser Stelle die Terminologie. Allein das Vorliegen der Voraussetzungen der Flüchtlingseigenschaft genügt gerade nicht. Es muss die Anerkennung als Flüchtling fehlen. Die Anerkennung hängt neben dem Vorliegen der Voraussetzungen der Flüchtlingseigenschaft auch von dem negativen Tatbestandsmerkmal des Fehlens von Versagungsgründen ab.

2. Ernsthafter Schaden

133 Wann ein ernsthafter Schaden vorliegt ist in § 4 Abs. 1 S. 2 AsylG normiert, der deckungsgleich mit Art. 15 Qualifikations-RL ist. Diese Norm wiederum verweist auf den Art. 2 lit. f Qualifikations-RL, sodass ein ernsthafter Schaden unter anderem anzunehmen ist bei Todesstrafe, Folter bzw. unmenschlicher/erniedrigender Behandlung sowie einer ernsthaften individuellen Bedrohung des Lebens. Der Schaden durch die aufgeführten Behandlungen muss im Herkunftsland auch tatsächlich drohen. Auf Grund der hohen praktischen Relevanz soll auf die genannten Merkmale kurz näher eingegangen werden.

a) Todesstrafe

134 Nach § 4 Abs. 1 S. 2 Nr. 1 AsylG kann ein ernsthafter Schaden in Form der Verhängung der Todesstrafe in Betracht kommen. Hierbei spielt es keine Rolle, ob diese nach der Rechtsordnung des Herkunftslandes rechtmäßig verhängt wurde oder nicht. Das 13. Protokoll zur EMRK vom 3.5.2002 verbietet Todesstrafen generell, sodass bereits die Androhung der Todesstrafe genügt.

b) Folter, unmenschliche bzw. erniedrigende Behandlung

135 Auch das Merkmal der Folter bzw. unmenschlicher Behandlung aus § 4 Abs. 1 S. 2 Nr. 2 AsylG kann mit Rückgriff auf die EMRK näher ausgelegt werden. Vom Wortlaut her besteht bereits ein Bezug zu Art. 3 EMRK.[73] Entsprechend reicht bereits die drohende Abschiebung in ein Land, in der dem Ausländer Maßnahmen entgegen Art. 3 EMRK drohen.

136 Die Unterscheidung von Folter, unmenschlicher Behandlung und erniedrigender Behandlung i.S.d. Art. 3 EMRK hat der *EGMR* zwar bislang nicht eindeutig geklärt, aber folgende grundsätzliche Unterscheidungen unternimmt er in seiner Rechtsprechung.[74] Eine unmenschliche Behandlung ist ein absichtlich i.S.v. vorsätzlich zugefügtes intensives physisches Leiden. Eine Rechtfertigung solcher Behandlungen ist grundsätzlich nicht möglich. Folter ist eine besondere Form der unmenschlichen Behandlung, die sich durch eine besonders grausame Durchführung auszeichnet. Für eine erniedrigende Behandlung sind physische oder psychische Leiden keine zwingende Voraussetzung. Aber die Maßnahme muss geeignet sein, Gefühle hervorzurufen, die den physischen oder moralischen Widerstand des Betroffenen zu brechen geeignet sind. Diese Rechtsprechung bezieht sich zwar auf die EMRK, aber diese muss von den nationalen Gerichten bei der Auslegung ihrer Rechtssätze beachtet werden, sodass sie sich auf die nationale Ebene durchschlägt.

73 So auch *EGMR* Urteil vom 7.7.1989 – 14038/88.

74 Ebd.

c) Ernsthafte individuelle Bedrohung

Eine ernsthafte individuelle Bedrohung nach § 4 Abs. 1 S. 2 Nr. 3 AsylG ist hingegen ein **137**
umstrittenes Merkmal. Grundsätzlich sollen hierüber Menschen geschützt werden, die bewaffneten Konflikten ausgesetzt sind, wobei deren Bedrohung individuell sein muss und die Gefahr willkürlich. Eben diese Erläuterung ist aber widersprüchlich, denn es stellt sich die Frage, ob eine Bedrohung individuell sein kann, wenn sie gleichzeitig willkürlich jeden treffen könnte. Vielmehr müsste man insofern von einer latenten allgemeinen Gefahr sprechen.

Der *EuGH* hat den Anwendungsbereich der Norm dahingehend konkretisiert, dass eine ernsthafte individuelle Bedrohung dann vorliegt, wenn der Grad willkürlicher Gewalt so hoch ist, dass stichhaltige Gründe für die Annahme sprechen, dass eine Zivilperson in dem betroffenen Land allein durch ihre Anwesenheit tatsächlich Gefahr läuft, einen ernsthaften Schaden hinsichtlich Leben oder Unversehrtheit zu erleiden.[75]

Die Rechtsprechungen divergieren jedoch hinsichtlich der Anforderungen an die jeweiligen **138**
am Konflikt beteiligten Akteure.

Das *BVerwG* geht davon aus, dass der bewaffnete Konflikt im Sinne des § 4 Abs. 1 S. 2 Nr. 3 AsylG anhand des Völkerrechts auszulegen sei, also so wie er in der GFK und den Zusatzprotokollen vom 8.6.1977 definiert wird.[76] Nach Art. 1 des Zusatzprotokoll II muss es sich demnach um einen Konflikt handeln, bei dem (u.a.) auf einer Seite staatliche Streitkräfte beteiligt sind. Kämpfen nur verschiedene Bevölkerungsgruppen gegeneinander, so liegt nach dieser Auslegung kein bewaffneter Konflikt vor, unabhängig davon, wie viele Menschenleben er kostet.

Der *EuGH* ist hingegen der Ansicht, dass ein bewaffneter Konflikt bereits dann vorliegt, wenn zwei oder mehrere bewaffnete Gruppen aufeinandertreffen und es zu bewaffneten Auseinandersetzungen kommt, unabhängig von Beteiligung staatlicher Akteure.[77] Entscheidend soll demnach lediglich der Grad der jeweiligen Gefährdung durch den Konflikt sein.

Abschließend ist zu erwähnen, dass die Frage nach den Schutz- und Verfolgungsakteuren im **139**
Rahmen des § 4 AsylG nicht anders beurteilt wird als im Rahmen des § 3 AsylG. Es gelten die Regelungen der §§ 3c bis 3e AsylG (vgl. § 4 Abs. 3 S. 1 AsylG). Da diese Normen bereits im vorherigen Kapitel erläutert wurden, wird auf die dortigen Ausführungen verwiesen.

II. Ausschlussgründe

Wie auch bei dem Asylrecht aus Art. 16a Abs. 1 GG und der Prüfung der Flüchtlingseigenschaft **140**
nach § 3 AsylG existieren Ausschlussgründe, die einen subsidiären Schutz ausschließen. Zentrale Norm hierbei ist der § 4 Abs. 2 AsylG. Dort ist geregelt, unter welchen Voraussetzungen der subsidiäre Schutz ausgeschlossen ist. Der unter Nr. 1 bis 4 genannte Katalog an Ausschlussgründen deckt sich mit denen des Art. 17 der Qualifikations-RL, der wiederum auf den Art. 2 lit. f der Qualifikations-RL verweist. Ebenso existiert eine Parallele zu den bereits oben angesprochenen Ausschlussgründen im Rahmen der Flüchtlingseigenschaft nach § 3 Abs. 2 AsylG. Auch insofern wird daher auf die bereits oben ausgeführten Erläuterungen verwiesen.

» Lesen Sie die zitierten Normen. Die Ausschlussgründe und deren Merkmale ergeben sich bereits aus dem Wortlaut. «

75 *EuGH* Urteil vom 17.2.2009 – C-465/07.
76 *BVerwG* Urteil vom 24.6.2008 – 10 C 43/07.
77 *EuGH* Urteil vom 30.1.2014 – C-285/12.

III. Rechtsfolgen

141 Auf Grund der Nachrangigkeit des subsidiären Schutzes und der geringeren inhaltlichen Anforderungen stellt sich abschließend noch die Frage, wie ein entsprechend Schutzberechtigter seiner Rechtsfolge nach im Vergleich zu einem Asylberechtigten oder anerkannten Flüchtling gestellt wird. Wurde einem Ausländer der subsidiäre Schutz nach § 4 AsylG zuerkannt, so genießt er nahezu dieselben Rechte wie der Asylberechtigte (Art. 16a GG) oder anerkannte Flüchtling (§ 3 AsylG).

142 Unterschiede ergeben sich aber unter anderem bei der Dauer des Aufenthaltes. Nach § 26 Abs. 1 S. 2 AufenthG erhalten Asylberechtigte und anerkannte Flüchtlinge eine Aufenthaltserlaubnis befristet auf drei Jahre. Subsidiär Schutzberechtigte erhalten nach § 26 Abs. 1 S. 3 AufenthG eine Aufenthaltserlaubnis befristet auf nur ein Jahr. Allerdings besteht die Möglichkeit einer Verlängerung um zwei Jahre.

Unterschiede ergeben sich auch nach Ablauf der befristeten Aufenthaltserlaubnis. Asylberechtigte und anerkannte Flüchtlinge erhalten nach Ablauf der dreijährigen Aufenthaltserlaubnis eine Niederlassungserlaubnis, sofern die Voraussetzungen für einen Widerruf oder Rücknahme des jeweiligen Bescheids nicht vorliegen (vgl. § 73 Abs. 2a AsylG). Subsidiär Schutzberechtigte können frühestens nach sieben Jahren eine Niederlassungserlaubnis erhalten und selbst das nur dann, wenn die Voraussetzungen des § 9 Abs. 2 Nr. 2 bis 6 AufenthG erfüllt sind (vgl. § 26 Abs. 4 AufenthG).

Im Übrigen ergeben sich keine nennenswerten Unterschiede im Vergleich zur Rechtsstellung des Asylberechtigten oder anerkannten Flüchtling. Auf die soeben genannten Folgen wird im Einzelnen noch an anderer Stelle einzugehen sein.

IV. Übungsfall Nr. 2

„Flucht aus Syrien" 143

Der S ist syrischer Staatsangehöriger, Kurde und sunnitischer Religionszugehörigkeit. Er reiste im August 2016 in die Bundesrepublik Deutschland ein und stellte einen Asylantrag.

Bei der darauffolgenden persönlichen Anhörung führte der S aus, dass verheiratet sei und Vater von sechs Kindern. Seine Familie lebe noch in seinem Heimatort. Er sei LKW-Fahrer für einen landwirtschaftlichen Betrieb gewesen. Auf Grund des Krieges in Syrien sei insbesondere in seiner Heimatregion keine Landwirtschaft mehr betrieben worden. Infolgedessen wurde er arbeitslos. Im Sommer 2016 habe er dann den Entschluss gefasst, nach Deutschland zu flüchten. Er sei unter anderem über die Türkei und Griechenland gereist.

Auf Nachfrage, ob er die Auswirkungen des Krieges auch in anderer Form zu spüren bekommen habe, erklärt der S, dass einen Monat vor seiner Ausreise eine Autobombe in unmittelbarer Nähe zu seinem Wohnhaus explodiert sei. Durch die Explosion fing das Haus Feuer und brannte ab. Er habe danach mit seiner Familie eine Mietwohnung bezogen. Seit dem Anschlag könne er nicht mehr ruhig schlafen und auch seine Familie leide unter diesem traumatischen Erlebnis. Darüber hinaus fürchte er, dass der Islamische Staat, der für den Anschlag verantwortlich gewesen sei, weitere Anschläge in dem Gebiet, in dem er lebe, durchführen werde.

Nachdem sich die Situation derart zugespitzt hatte, musste er nach eigenen Angaben täglich damit rechnen, von der Armee eingezogen zu werden. Mit dieser Situation konnte er nicht länger leben und floh, wie bereits geschildert, nachdem er auch seine Arbeit verloren hatte, nach Deutschland. Er fürchte, bei seiner Rückreise drohe ihm wegen seiner Flucht entweder die Inhaftierung und Folter oder die Zwangsrekrutierung in die syrische Armee.

Hat der S einen Anspruch auf internationalen Schutz (Zuerkennung der Flüchtlingseigenschaft und/oder subsidiärer Schutz)?

Lösung[78] 144

A. Flüchtlingseigenschaft, § 3 AsylG

Nach § 3 Abs. 1 AsylG i.V.m. der GFK ist ein Ausländer ein Flüchtling, wenn er sich aus begründeter Furcht vor Verfolgung wegen seiner Rasse, Religion, Nationalität, politischen Überzeugung oder Zugehörigkeit zu einer bestimmten sozialen Gruppe außerhalb seines Herkunftslandes befindet. Mangels deutscher Staatsangehörigkeit ist der S Ausländer, vgl. Art. 116 Abs. 1 GG. Die weiteren Merkmale der genannten Definition bedürfen einer genaueren Überprüfung.

I. Qualifizierte Verfolgung

Als Verfolgung i.S.d. § 3 Abs. 1 AsylG gelten die in § 3a Abs. 1 AsylG genannten Handlungen. Ob eine solche Handlung dem Schutzsuchenden auch tatsächlich droht, ist anhand einer Prognose zu beurteilen, die von einer zusammenfassenden Betrachtung des zur Prüfung gestellten Lebenssachverhaltes auszugehen und die Wahrscheinlichkeit künftiger Geschehensabläufe bei einer hypothetisch zu unterstellenden Rückkehr in den Heimatstaat zum Gegenstand hat.[79] Eine Verfolgung liegt nach § 3a Abs. 1 Nr. 1 AsylG vor allem bei Handlungen vor, die aufgrund ihrer Art und Wiederholung so gravierend sind, dass sie eine schwerwiegende Verletzung der grundlegenden Menschenrechte darstellen, insbesondere der Rechte, von denen nach Art. 15 Abs. 2 EMRK keine Abweichung zulässig ist.

78 Der Fall orientiert sich am Urteil des *OVG Saarlouis* vom 2.8.2018 – 2 A 694/17.

79 *OVG* Urteil vom 2.8.2018 – 2 A 694/17, Rn. 20.

1. Verfolgung wegen Flucht

Vorliegend stellt sich der Sachverhalt jedoch so dar, dass der S unverfolgt aus seinem Heimatstaat ausgereist ist. In der Anhörung gab er an, keine Arbeit mehr zu haben und Opfer eines terroristischen Anschlags geworden zu sein. Eine konkrete Verfolgungshandlung hat er nicht vorgetragen. Weder der syrische Staat noch der Islamische Staat haben ihn bislang gezielt verfolgt. In einem solchen Fall liegt eine Verfolgungsgefahr nur dann vor, wenn ihm bei verständiger Würdigung der gesamten Umstände seines Falls mit beachtlicher Wahrscheinlichkeit eine Verfolgung droht, weswegen ihm die Rückkehr in den Heimatstaat nicht zumutbar ist.[80] Die bloße Ausreise aus dem Heimatland, die Asylantragstellung und der Aufenthalt im Ausland genügt hierfür grundsätzlich nicht. Entsprechende Hinweise, die eine beachtliche Wahrscheinlichkeit einer Verfolgung begründen, trägt der S nicht vor.

2. Verfolgung bei Rückkehr

Fraglich ist jedoch, ob der S bei einer hypothetischen Rückkehr als Regimegegner mit Inhaftierung, Folter und Zwangsrekrutierung durch den Syrischen Staat rechnen muss. Es liegt jedoch fern der allgemeinen Lebenserfahrung, dass alle etwa fünf Millionen geflüchteten Syrer Regimegegner seien. Vielmehr liegt es auf der Hand, dass die geflohenen Menschen sich wegen des andauernden Bürgerkriegs aus dem Land begeben haben und gerade nicht, da sie sich gegen das System gewendet haben. Dies ist so offenkundig, dass auch die syrischen Behörden nur diesen Schluss ziehen können. Den deutschen Behörden ist ein entsprechendes Vorgehen der syrischen Behörden auch nicht bekannt. Ohne weitere Anhaltspunkte vermag dieses Vorbringen daher eine Verfolgungshandlung nicht erkennen lassen.[81] Insbesondere das Vorbringen des S, er sei in Folge des Krieges arbeitslos geworden, stütze die Vermutung, dass er gerade nicht wegen oppositioneller Betätigung das Land verlassen habe.

80 Ebd. Rn. 23.
81 Ebd. Rn. 23.

3. Verfolgung wegen Wehrdienstverweigerung

Weiter macht der S geltend, er würde zwangsrekrutiert werden und müsse für die syrische Armee seinen Kriegsdienst antreten. Jedoch ist zu beachten, dass der S durch seine Flucht die Gefahren einer Sanktionierung dieses Verhaltens bei Rückkehr in den Heimatstaat selbst geschaffen hat. Ob entsprechende Maßnahmen von der syrischen Regierung tatsächlich aufgegriffen würden, sei nicht erwiesen. Der Militärdienst ist für sich genommen jedenfalls nicht tauglich, einen Fluchtgrund zu begründen. Dies entspricht der gängigen Rechtsprechung.[82]

4. Zwischenergebnis

Es mangelt demnach bereits an einer Verfolgungshandlung. Die Flüchtlingseigenschaft aus § 3 AsylG ist demnach nicht einschlägig.

B. Subsidiärer Schutz, § 4 AsylG

Auch wenn dem S die Flüchtlingseigenschaft nicht zuerkannt wurde, so könnte er noch immer subsidiär Schutzberechtigter i.S.d. § 4 AsylG sein.

I. Nichterfüllung der Flüchtlingseigenschaft

Auf die Frage, ob der subsidiäre Schutz nur dann Anwendung finden kann, wenn das Nichtvorliegen der Flüchtlingseigenschaft aus § 3 AsylG positiv festgestellt wurde, kommt es vorliegend nicht an. Dem S kann, wie oben gezeigt, mangels Verfolgung im Heimatland die Flüchtlingseigenschaft nicht zuerkannt werden. Die Prüfung des subsidiären Schutzes nach § 4 AsylG ist demnach statthaft.

II. Ernsthafter Schaden

Damit der S subsidiären Schutz beanspruchen könnte, müsste er geltend gemacht haben, dass ihm bei der hypothetischen Rückkehr in sein Heimatland ein ernsthafter Schaden i.S.d. § 4 Abs. 1 S. 2 AsylG drohe. Aus der Zusammenschau von § 4 Abs. 1 S. 2 AsylG sowie Art. 15 und 2 lit. f der Qualifikations-RL ergibt sich, dass ein ernsthafter Schaden dann anzu-

82 Ebd. Rn. 27.

nehmen ist, wenn dem Betroffenen die Todesstrafe, Folter, unmenschliche bzw. erniedrigende Behandlungen oder eine ernsthafte individuelle Bedrohung seines Lebens drohen.

1. Todesstrafe, § 4 Abs. 1 S. 2 Nr. 1 AsylG

Für die Annahme einer drohenden Todesstrafe fehlen vorliegend jegliche Anhaltspunkte.

2. Folter und unmenschliche bzw. erniedrigende Behandlung, § 4 Abs. 1 S. 2 Nr. 2 AsylG

Der S macht geltend, ihm drohe bei der Rückkehr in sein Heimatland Folter bzw. eine entsprechende Behandlung bei der ihm drohenden Inhaftierung. Nach dem Wortlaut der Norm und der gängigen Rechtsprechung ist für die Auslegung der Merkmale Folter, unmenschliche und erniedrigende Behandlung auf den Art. 3 EMRK abzustellen.

Nach der Rechtsprechung[83] zu dieser Norm liegt eine unmenschliche Behandlung dann vor, wenn diese auf absichtlich i.S.v. vorsätzlich zugefügtem physischen Leiden beruht. Es muss sich um eine solch schwerwiegende Behandlung handeln, dass eine Rechtfertigung grundsätzlich ausscheidet. Die Folter ist eine besondere Form der unmenschlichen Behandlung, die sich durch eine besonders grausame Durchführung der Behandlung auszeichnet. Dem gegenüber ist für eine erniedrigende Behandlung physisches Leiden nicht erforderlich. Selbst psychische Leiden müssen nicht zwangsläufig vorliegen. Die Behandlung muss jedoch geeignet sein, Gefühle hervorzurufen, die den physischen oder moralischen Widerstand des Betroffenen zu brechen geeignet sind.

Nachdem Vorbringen des S bestand zu keiner Zeit eine absichtliche physische Einwirkung auf den S, weswegen weder von einer unmenschlichen Behandlung noch von Folter die Rede sein kann. Zu diskutieren ist lediglich, ob in den erlebten Handlungen eine erniedrigende Behandlung zu erkennen ist. Jedoch sind weder der von S erlebte Anschlag noch die Folgen oder der Verlust des Arbeitsplatzes in Folge des Krieges solche Behandlungen, die einen physischen oder moralischen Widerstand des S brechen sollten.

3. Ernsthafte individuelle Bedrohung, § 4 Abs. 1 S. 2 Nr. 3 AsylG

Zuletzt könnte ein ernsthafter Schaden im Sinne einer ernsthaften individuellen Bedrohung des Lebens oder der Unversehrtheit einer Zivilperson vorliegen, der infolge willkürlicher Gewalt im Rahmen eines internationalen oder innerstaatlichen bewaffneten Konflikts auftritt. Problematisch ist insofern jedoch die Handhabe des Merkmals der willkürlichen Gewalt im Kontext einer individuellen Bedrohung. Wenn die Gewalt willkürlichen jeden treffen kann, dann ist sie gerade nicht mehr individuell. Das Merkmal der Willkür ist daher einschränkend auszulegen.[84] Eine ernsthafte individuelle Bedrohung ist erst dann gegeben, wenn der Grad willkürlicher Gewalt so hoch ist, dass stichhaltige Gründe für die Annahme sprechen, dass eine Zivilperson in dem betroffenen Land allein durch ihre Anwesenheit tatsächlich Gefahr läuft, einen ernsthaften Schaden hinsichtlich Leben oder Unversehrtheit zu erleiden.

In der Heimatregion des S kommt es nach seinen Angaben bereits seit längerem zu Ausschreitungen und offenen Konflikten zwischen der syrischen Armee und dem Islamischen Staat. Auch hat der S von einem terroristischen Anschlag berichtet, dem er nur knapp entgehen konnte, jedoch wurde sein Wohnhaus in der Folge zerstört und er musste mit seiner Familie in eine Mietwohnung ausweichen. Die Angaben des S stützen daher die Vermutung, dass der Konflikt zwischen den Parteien bereits einen solch hohen Grad an Willkür erreicht hat, dass Unbeteiligte stets Gefahr laufen, einen ernsthaften Schaden hinsichtlich ihres Leben oder ihrer Unversehrtheit zu erleiden.

Auf die Frage, ob der bezeichnete Konflikt auch ein solcher i.S.d. § 4 Abs. 1 S. 2 Nr. 3 AsylG ist, braucht insofern nicht näher eingegangen

83 *EGMR* Urteil vom 7.7.1989 – 14038/88.

84 *EuGH* Urteil vom 17.2.2009 – C-465/07.

zu werden, als dass mit der syrischen Armee auf einer Seite ein staatlicher Akteur beteiligt ist und somit ein entsprechender Konflikt im Sinne der GFK vorliegt.[85]

4. Zwischenergebnis

Dem S droht damit bei seiner hypothetischen Rückkehr ein ernsthafter individueller Schaden im Sinne des § 4 Abs. 1 S. 2 Nr. 3 AsylG.

III. Kein Ausschluss

Der subsidiäre Schutz nach § 4 Abs. 1 AsylG dürfte vorliegend nicht nach § 4 Abs. 2 AsylG ausgeschlossen sein. Hierzu müssten schwerwiegende Gründe die Annahme rechtfertigen, dass der S Handlungen im Sinne der § 4 Abs. 2 S. 1 Nr. 1 bis 3 AsylG begangen hat oder nach § 4 Abs. 2 S. 1 Nr. 4 AsylG eine Gefahr für die Allgemeinheit oder für die Sicherheit der Bundesrepublik Deutschland darstellt. Mangels entsprechender Hinweise ist davon auszugehen, dass im vorliegenden Fall keiner dieser Gründe einen Ausschluss des subsidiären Schutzes rechtfertigt.

C. Ergebnis

Mangels Verfolgung im Heimatland kann der S zwar keine Zuerkennung der Flüchtlingseigenschaft nach § 3 Abs. 1 AsylG beanspruchen. Wohl aber steht ihm der subsidiäre Schutz nach § 4 Abs. 1 S. 2 Nr. 3 AsylG wegen einer ernsthaften individuellen Bedrohung zu.

85 *BVerwG* Urteil vom 24.6.2008 – 10 C 43/07.

E. Abschiebungsverbote

145 Erhält der Ausländer keinen der oben näher erläuterten Status (Asylberechtigung, Zuerkennung der Flüchtlingseigenschaft, Zuerkennung der subsidiären Schutzberechtigung), so droht ihm die Abschiebung. Allerdings nur dann, wenn keine Abschiebungsverbote einschlägig sind (vgl. auch § 34 Abs. 1 S. 1 AsylG). In § 60 AufenthG werden in den Absätzen 2 bis 7 zwei verschiedene Arten von Abschiebungsverboten unterschieden. Zum einen die nationalen Abschiebungsverbote in § 60 Abs. 5 und 7 AufenthG. Diese weisen eine gewisse Parallelität zu den Ausschlussgründen des § 4 Abs. 2 AsylG auf, weswegen in diesem Zusammenhang mitunter auch vom sogenannten nationalen subsidiären Schutz gesprochen wird. Zum anderen finden sich in § 60 Abs. 2, 3 AufenthG die sogenannten unionsrechtlichen Abschiebungsverbote. Die Bezeichnung als unionsrechtlich beruht dabei auf dem Umstand, dass diese Normierungen Ausfluss des Art. 15 der Qualifikations-RL sind. Vom Entscheidungsrahmen des BAMF sind jedoch lediglich die nationalen Abschiebungsverbote nach § 60 Abs. 5 und 7 AufenthG erfasst, vgl. § 31 Abs. 1 S. 4, Abs. 3 S. 1 AsylG. Auf diese wird vorliegend auch der Schwerpunkt gelegt.

» Lesen Sie die zitierten Normen. Die Anforderungen ergeben sich weitgehend aus dem Wortlaut. «

146 Soweit die Abschiebungsverbote aus § 60 Abs. 5 und 7 AufenthG an die Umstände im Herkunftsland des betroffenen Ausländers anknüpfen, ist § 31 Abs. 3 S. 1 AsylG i.V.m. § 29 Abs. 1 AsylG zu beachten. Erfolgt die Abschiebung auf Grund eines unzulässigen Asylantrags nach § 29 Abs. 1 Nr. 1 bis 4 AsylG, so kommt es nach Ansicht des *BVerwG* für die Beurteilung der Umstände auf die Situation in dem nach dieser Norm sicheren Zielstaat der Abschiebung an.[86]

I. Das unionsrechtliche Abschiebungsverbot aus § 60 Abs. 2 AufenthG

147 Nach § 60 Abs. 2 AufenthG darf ein Ausländer nicht in einen Staat abgeschoben werden, in dem ihm der in § 4 Abs. 1 AsylG bezeichnete ernsthafte Schaden droht. Im Rahmen des subsidiären Schutzes haben wir bereits festgestellt, dass es für die Auslegung der einzelnen Varianten des § 4 Abs. 1 S. 2 Nr. 1 bis 3 AsylG entscheidend auf Art. 3 EMRK ankommt (vgl. oben Rn. 135 ff.). Insofern ergibt sich eine gewisse Überschneidung mit dem nationalen Abschiebungsverbot aus § 60 Abs. 5 AufenthG. Diese Norm verweist insgesamt auf die EMRK.

Dieses Abschiebungsverbot unterscheidet sich von den nationalen Abschiebungsverboten auch dadurch, dass es nur dann vom BAMF geprüft wird, wenn der Betroffene sich auf § 60 Abs. 2 AufenthG als Abschiebungsverbot beruft. Die nationalen Abschiebungsverbote muss das BAMF von Amts wegen prüfen, vgl. § 31 Abs. 1 S. 4, Abs. 3 S. 1 AsylG.

II. Abschiebungsverbot aus § 60 Abs. 5 AufenthG

148 Dem Wortlaut des § 60 Abs. 5 AufenthG nach darf ein Ausländer nicht abgeschoben werden, soweit sich aus der Anwendung der EMRK ergibt, dass die Abschiebung unzulässig wäre. Der Verweis auf die EMRK erfolgt allgemein und nicht unter Verweis auf einzelne Normen, sodass die gesamte EMRK nach Gründen für eine Unzulässigkeit zu untersuchen ist.

86 *BVerwG* Urteil vom 3.4.2017 – 1 C 9/16.

Beispiel So kann z.B. Art. 8 EMRK relevant werden, der das Recht auf Achtung des Privat- und Familienlebens normiert. Wird nur ein Ehepartner abgeschoben, der andere aber nicht, ist zu prüfen, ob die eheliche Lebensgemeinschaft hierdurch gefährdet ist und insgesamt als schutzwürdiger anzusehen ist, als das Abschiebungsinteresse des Staates.

Wegen Art. 6 EMRK kann eine Abschiebung beispielweise auch daran scheitern, dass dem Ausländer in seinem Herkunftsland ein unfairer Prozess droht. ■

149 Das *BVerwG* unterscheidet in seiner Rechtsprechung die Abschiebungsverbote der EMRK nach zielstaatsbezogenen (z.B. Art. 3 EMRK oder Art. 6 EMRK) und inlandsbezogenen (z.B. Art. 8 EMRK) Verboten.[87] Diese Unterscheidung entspringt einem praktischen Nutzen. Denn nach § 60a Abs. 2 AufenthG kann auch die Ausländerbehörde die Abschiebung unterbinden, solange diese aus tatsächlichen oder rechtlichen Gründen unmöglich ist. Insofern ist auch die Ausländerbehörde dazu verpflichtet, die Abschiebung unter rechtlichen Gesichtspunkten zu prüfen. Es kommt also zu einer doppelten Prüfung des gleichen Sachverhalts, einmal durch das BAMF und einmal durch die Ausländerbehörde. Um dies zu verhindern, wird § 60 Abs. 5 AufenthG so ausgelegt, dass dieser sich nur auf zielstaatsbezogene Abschiebungsverbote bezieht. Das *BVerwG* nimmt diese Einschränkung vor, da dem BAMF als Bundesbehörde die größere Expertise bei der Klärung von Sachverhalten mit Auslandsbezug zugeschrieben wird. Der Ausländerbehörde als oberster Landesbehörde verbleibt demgegenüber die Prüfung der inlandsbezogenen Abschiebungsverbote. Sie bietet sich als sach- und in der Regel auch ortsnähere Behörde zur Prüfung dieser Fragen besser an.

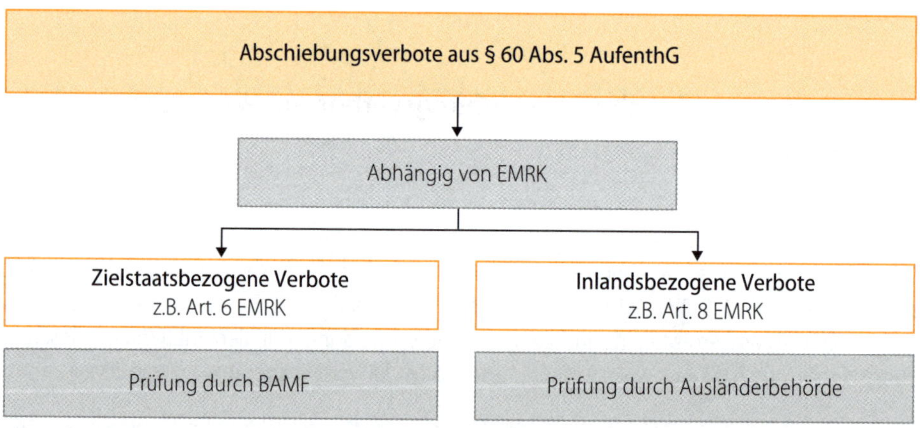

150 Es ist noch darauf hinzuweisen, welche Konsequenz sich aus der Verweisung in § 60 Abs. 5 AufenthG auf Art. 3 EMRK im Verhältnis zum weiter oben im Rahmen der subsidiären Schutzberechtigung besprochenen § 4 Abs. 1 S. 2 Nr. 2 AsylG ergibt. Wie oben beschrieben, verweist die Norm auf Grund ihres vergleichbaren Wortlautes zumindest mittelbar auf Art. 3 EMRK. Allerdings stellt § 4 Abs. 2 AsylG Ausschlussgründe auf, weswegen der subsidiäre Schutz verweigert werden kann. Solche Ausschlussgründe kennt § 60 Abs. 5 AufenthG aber gerade nicht. Es kann also durchaus passieren, dass ein Ausländer zwar grundsätzlich subsidiären Schutz nach § 4 AsylG beanspruchen könnte, auf Grund von Ausschlussgründen aber nicht erhält, dann aber doch nicht wegen § 60 Abs. 5 AufenthG abgeschoben werden darf.[88]

87 Vgl. u.a. BVerwGE 104, 254; 105, 322.
88 Vgl. *Tiedemann* S. 77.

III. Abschiebungsverbot nach § 60 Abs. 7 AufenthG

Ein weiteres nationales Abschiebungsverbot findet sich in § 60 Abs. 7 AufenthG. Diese Norm ermöglicht es, die Abschiebung zu unterbinden, wenn dem Ausländer im Zielstaat eine erhebliche konkrete Gefahr für Leib, Leben oder Freiheit droht. Es handelt sich bei dieser Vorschrift dem Wortlaut nach um eine „Soll"-Vorschrift, also eine solche mit gebundenem (o.a. intendiertem) Ermessen. Entsprechend hat der Ausländer aber auch keinen Rechtsanspruch auf Abschiebungsschutz nach dieser Vorschrift. **151**

Der Ausländer muss von den in § 60 Abs. 7 S. 1 AufenthG genannten Gefahren individuell betroffen sein. Dies folgt aus § 60 Abs. 7 S. 4 AufenthG, der in Fällen von allgemeinen Gefahren für eine Bevölkerungsgruppe, welcher der Ausländer angehört, auf § 60a AufenthG verweist. Auf Grund dieses Erfordernisses und der großen inhaltlichen Überschneidung mit den Merkmalen von § 60 Abs. 5 AufenthG i.V.m. EMRK und § 4 AsylG verbleibt für die Anwendung des § 60 Abs. 7 AufenthG nur wenig Raum. **152**

Allerdings knüpft § 60 Abs. 7 AufenthG nicht wie die anderen Normen an eine menschliche Handlung bzw. Behandlung an. Unter § 60 Abs. 7 AufenthG können somit auch nichtmenschliche Gefahren subsumiert werden. Somit ist § 60 Abs. 7 AufenthG insbesondere dann relevant, wenn die soziale Infrastruktur fehlt bzw. unzureichend ist oder Naturkatastrophen im Herkunftsland herrschen. **153**

Beispiel Fehlt eine medizinische Grundversorgung im Herkunftsland, sodass sich der Gesundheitszustand eines bereits kranken Ausländers nach der Abschiebung voraussichtlich verschlechtern wird, so kann § 60 Abs. 7 AufenthG greifen. ■

IV. Ausschlussgründe

Wie bereits oben kurz erwähnt, unterliegen die Abschiebungsverbote aus § 60 AufenthG selbst keinen Ausschlussgründen. Sogar Straftäter dürfen demnach nicht abgeschoben werden, wenn eine der beiden Normen greift. Allerdings ist in diesem Fall der § 25 Abs. 3 AufenthG zu beachten. Dieser versagt einem Ausländer, der eines der Merkmale in § 25 Abs. 3 S. 3 AufenthG erfüllt, die Erteilung einer Aufenthaltserlaubnis. **154**

Beispiel Hat ein Ausländer im Herkunftsland eine Straftat von erheblicher Bedeutung (§ 25 Abs. 3 S. 3 Nr. 2 AufenthG) begangen, so darf er zwar unter Umständen wegen § 60 Abs. 5 oder 7 AufenthG nicht abgeschoben werden, eine Aufenthaltserlaubnis erhält er aber auch nicht. ■

In der Konsequenz dieser Regelungssystematik wird der Aufenthalt eines entsprechenden Ausländers in Deutschland damit zwar hingenommen, aber er hat keinen rechtlichen Aufenthaltsstatus, sodass er sich illegal in der Bundesrepublik aufhält. Infolgedessen kann er aber auch keine Erwerbstätigkeit aufnehmen oder eine Wohnung beziehen. Dies führt allerdings auch dazu, dass der Ausländer sich nicht in die Gesellschaft integrieren kann bzw. darf. **155**

V. Rechtsfolgen

Das BAMF hat nach Maßgabe des § 31 Abs. 3 AsylG die Entscheidung über das Vorliegen eines Abschiebungshindernisses nach § 60 Abs. 5 und 7 AufenthG festzustellen. Liegt ein solches vor, erhält der Ausländer nach § 25 Abs. 3 S. 1 AufenthG eine nach **156**

§ 26 Abs. 1 S. 4 AufenthG auf mindestens ein Jahr befristete Aufenthaltserlaubnis, sofern wiederum kein Ausschlussgrund nach § 25 Abs. 3 S. 3 AufenthG vorliegt. Im Übrigen besteht die Möglichkeit, nach § 26 Abs. 4 S. 1 i.V.m. § 9 Abs. 2 S. 1 AufenthG eine Niederlassungserlaubnis zu erhalten.

157 Entsprechend dem Wortlaut des § 25 Abs. 3 AufenthG ermächtigt die Aufenthaltserlaubnis jedoch nicht zur Ausübung einer Erwerbstätigkeit (vgl. Regelung für internationale Schutzberechtigte und Asylberechtigte in § 25 Abs. 1 S. 4 und Abs. 2 S. 2 AufenthG). Die Vorschriften des Familienasyls (§ 26 AsylG) können ebenfalls nicht angewandt werden. Sie setzen die Anerkennung als international Schutzberechtigter (Flüchtling oder subsidiärer Schutz) voraus, § 26 Abs. 5 S. 1 AsylG. Wird ein Abschiebungsverbot nach § 60 Abs. 5 und 7 AufenthG hingegen nicht festgestellt, erlässt das BAMF eine Abschiebungsanordnung, vgl. § 34 Abs. 1 S. 1 AsylG.

F. Familienasyl

158 Neben den in den vorherigen Kapiteln besprochenen direkten Möglichkeiten, Asyl bzw. Schutz in der Bundesrepublik zu erlangen, besteht über die Rechtsfigur des Familienasyls die Möglichkeit, Asyl von einer anderen Person abzuleiten, die für sich bereits Asyl beanspruchen kann.

I. Rechtsgrundlagen

159 Weder die GFK noch Art. 16a GG regeln die Ansprüche der Familienangehörigen von Asylberechtigten und anerkannten Flüchtlingen. Auf der Ebene des Völkerrechts wurde lediglich eine unverbindliche Empfehlung ausgesprochen, die Einheit der Familie des Flüchtlings möglichst aufrecht zu erhalten.[89] Auf der anderen Seite verbürgen Art. 6 GG und Art. 8 EMRK besondere Schutzpflichten für die Ehe und Familie, ohne dabei aber konkret zu benennen, wie dies im Falle von Asylberechtigten oder Flüchtlingen zu erfolgen hat. So unterliegen die Regelungen des Familienasyls weitgehend dem Ermessen des nationalen Gesetzgebers. Eingeschränkt wird dieses lediglich durch Art. 23 der Qualifikations-RL, der die Mitgliedsstaaten dazu verpflichtet, dafür Sorge zu tragen, dass der Familienbund aufrecht erhalten wird. Der deutsche Gesetzgeber hat entsprechende Regelungen zum Familienasyl in § 26 AsylG festgeschrieben.

II. Abgrenzung zum Familiennachzug

160 Das Familienasyl nach § 26 AsylG ist vom Familiennachzug in § 29 AufenthG zu unterscheiden. Zwar muss in beiden Fällen der Stammberechtigte (also derjenige, von dem das Asyl abgeleitet werden soll) bereits einen Aufenthaltstitel besitzen. Allerdings ist die Voraussetzung für das Familienasyl, dass der Angehörige bereits vor der Anerkennung des Stammberechtigten in die Bundesrepublik eingereist ist und sich noch dort aufhält. Umgekehrt ist eine grundsätzliche Voraussetzung des Familiennachzugs, dass der Angehörige sich gerade (noch) nicht in der Bundesrepublik aufhält.

89 Vgl. UNHCR Handbuch von 1979, Rn. 181 ff.

III. Voraussetzungen

Familienasyl nach § 26 AsylG 161

PRÜFUNGSSCHEMA

I. Anwendbarkeit (Akzessorietät)
1. Angehöriger mit tauglichem aufenthaltsrechtlichem Status
2. Status unanfechtbar

II. Vorliegen einer Fallgruppe
1. Ehegatten und Lebenspartner
2. Kinder
3. Eltern und Geschwister

III. Kein Ausschluss

In den ersten drei Absätzen des § 26 AsylG werden insgesamt drei Konstellationen unterschieden, auf die in den folgenden Abschnitten näher eingegangen wird. Vorweg muss aber zunächst geklärt werden, unter welchen Umständen das Familienasyl aus § 26 AsylG überhaupt Anwendung findet.

1. Anwendbarkeit

162 Zunächst ist festzustellen, dass § 26 Abs. 1 bis 3 AsylG sowohl für den Asylberechtigten i.S.d. Art. 16a Abs. 1 GG (vgl. § 26 Abs. 1 AsylG) gilt als auch für den international Schutzberechtigten i.S.d. §§ 3 AsylG und 4 AsylG (vgl. § 26 Abs. 5 AsylG). Ausgeschlossen vom Familienasyl sind demnach nur die Angehörigen desjenigen Ausländers, der lediglich nationalen subsidiären Schutz genießt (Abschiebungsverbot nach § 60 Abs. 5 oder 7 AufenthG). Dieser erhält gerade kein Asyl, sondern hält sich von Rechts wegen sogar illegal in Deutschland auf. Wird in der Folge also von Asylberechtigten gesprochen, so wird hiermit gem. § 26 Abs. 5 AsylG auch der international Schutzberechtigte gemeint.

» Lesen Sie die zitierten Normen für ein besseres Verständnis. «

163 Als weitere Anforderung folgt aus § 26 Abs. 1 S. 1 Nr. 1 AsylG, dass die Erteilung des Status des Ausländers, von dem das Asyl abgeleitet werden soll, unanfechtbar sein muss. Damit dies der Fall ist, muss dem Ausländer aber zunächst ein Status zugewiesen werden. Das Familienasyl der Angehörigen ist somit akzessorisch zum Status desjenigen, von dem sie ihren Status ableiten wollen.

2. Fallgruppen

a) Familienasyl für Ehegatten und Lebenspartner

164 Nach § 26 Abs. 1 AsylG kann unter den Voraussetzungen der Nr. 1 bis 4 Familienasyl beantragen, wer Ehegatte oder Lebenspartner eines Asylberechtigten ist. Die Ehe muss bereits vor der Einreise in die Bundesrepublik bestanden haben. Ist dies nicht der Fall, so kann kein Familienasyl gewährt werden.[90] In diesem Fall könnte aber ein Ehegattennachzug gem. § 30 Abs. 1 AufenthG (als spezielle Form des Familien*nachzugs*) möglich sein. Dieser

90 *Tiedemann* S. 81.

ist aber nur unter strengeren Voraussetzungen möglich. So muss z.B. nach § 30 Abs. 1 S. 1 Nr. 2 AufenthG der Ehegatte „... *sich zumindest auf einfache Art in deutscher Sprache verständigen* ...“ können.

b) Familienasyl für Kinder

165 Nach § 26 Abs. 2 AsylG kann ein minderjähriges lediges Kind eines Asylberechtigten ebenfalls Familienasyl erhalten. Ob das Kind minderjährig ist, richtet sich nach deutschem Recht. Hierbei ist zu beachten, dass es auf den Zeitpunkt der Antragstellung durch das Kind ankommt. Wird es im Laufe des Asylverfahrens volljährig, so ist dies nach dem Wortlaut des § 26 Abs. 2 AsylG unschädlich. Als Kinder im Sinne der Norm gelten nur die leiblichen Kinder des Asylberechtigten, nicht seine Stiefkinder. Wobei letzteres unter dem Stichwort „Familienasyl zweiten Grades“ strittig ist.[91]

Hinweis

Hierbei handelt es sich um eine wesentliche Abweichung vom sonst geltenden prozessualen Grundsatz, dass die Anspruchsvoraussetzungen im Zeitpunkt der letzten mündlichen Verhandlung vorliegen müssen. Dies ist zum einen so, um den Zweck des Familienasyls zu stärken, und zum anderen, um zu verhindern, dass sich eine längere Verfahrensdauer negativ auf das Familienasyl auswirkt.[92]

c) Familienasyl für Eltern und Geschwister

166 Unter den besonderen Voraussetzungen des § 26 Abs. 3 S. 1 AsylG können Eltern und nach § 26 Abs. 3 S. 2, 1 AsylG auch Geschwister eines minderjährigen ledigen Asylberechtigten (oder eines anderen Erwachsenen i.S.d. Art. 2 lit. j der Qualifikations-RL) als Asylberechtigte anerkannt werden. Die Voraussetzungen ergeben sich ohne weiteres aus dem Wortlaut der Norm.

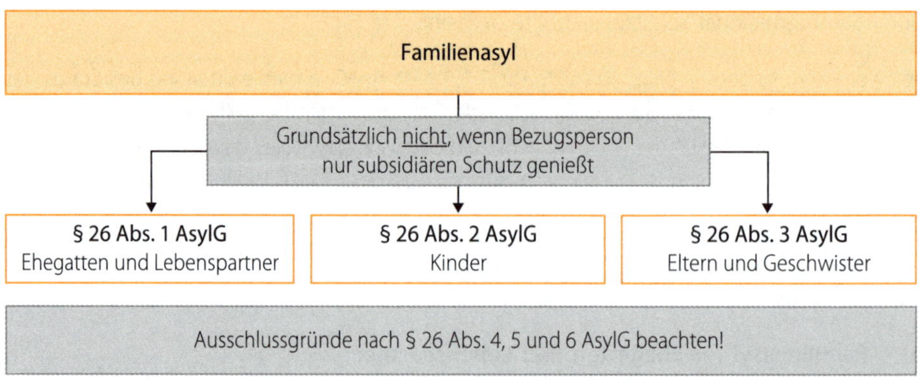

91 Vgl. *Kluth/Heusch* AsylG, § 26 Rn. 22 f.
92 BVerwGE 117, 283.

IV. Ausschlussgründe

167 Wie auch hinsichtlich des direkten Asyls bestehen auch für das abgeleitete Familienasyl Ausschlussgründe. Diese finden sich in den § 26 Abs. 4, 5 und 6 AsylG. Nach § 26 Abs. 4 S. 1 AsylG sind zunächst solche Familienangehörige vom Familienasyl ausgenommen, die die Voraussetzungen des § 60 Abs. 8 S. 1 AufenthG (u.a. Gefahr für die Sicherheit oder Allgemeinheit) oder § 3 Abs. 2 AsylG (u.a. nichtpolitische Straftat) erfüllen. Ebenso wird kein Familienasyl gewährt, wenn ein Abschiebungsverbot nach § 60 Abs. 1 AufenthG lediglich wegen § 60 Abs. 8 S. 3 AufenthG nicht ausgesprochen wurde. Die weiteren Ausschlussgründe aus § 26 Abs. 5 und 6 AsylG unterbinden die Ableitung von Familienasyl in Fällen, in denen der Stammberechtigte selbst lediglich Familienasyl oder aber internationalen subsidiären Schutz genießt. Insofern kann auf den Wortlaut der zitierten Normen verwiesen werden.

V. Rechtsfolgen

168 Dem Wortlaut des § 26 Abs. 1 AsylG nach wird der Angehörige i.S.d. Norm als Asylberechtigter anerkannt. Im Lichte des § 26 Abs. 5 AsylG bedeutet dies, dass der Angehörige den gleichen Status erlangt wie der Familienangehörige, von dem er seinen Status ableitet. Damit erlangt der Angehörige aber auch die gleichen Rechte und Pflichten hinsichtlich der Aufenthaltsberechtigung und der Erwerbstätigkeit. Lediglich ein von ihm abgeleitetes Familienasyl ist nicht möglich, da er selbst sein Recht von einem anderen Stammberechtigten ableitet.

Auf Grund der Akzessorietät des Familienasyls hängt der Aufenthaltsstatus des Angehörigen von dem des Stammberechtigten ab. Wird dem Stammberechtigten seine Aufenthaltserlaubnis widerrufen oder zurückgenommen, so gilt dies auch für die Aufenthaltserlaubnis des Familienasylberechtigten.

G. Beendigung des Schutzstatus

169 Im achten Abschnitt des AsylG wird das nachträgliche Erlöschen der Rechtsstellung des Ausländers geregelt. Auf diesen Problemkreis soll nun abschließend eingegangen werden, nachdem wir uns mit den zahlreichen Möglichkeiten des Erlangens eines Aufenthaltstitels beschäftigt haben und bereits die wichtigsten Hindernisse kurz erläutert haben.

170 Das AsylG unterscheidet zunächst zwischen dem Erlöschen (§§ 72, 73a), dem Widerruf (§§ 73 Abs. 1 und 2b, 73b Abs. 1, 73c Abs. 2) und der Rücknahme (§§ 73 Abs. 2, 73b Abs. 3, 73c Abs. 1) eines Aufenthaltstitels. Weiter muss unterschieden werden, ob es sich um die Asylberechtigung bzw. die Zuerkennung der Flüchtlingseigenschaft (§§ 72, 73, 73a), den subsidiären Schutz (§ 73b) oder um ein Abschiebungsverbot (§ 73c) handelt.

Unterscheidung nach Instrument		
Erlöschen	Widerruf	Rücknahme
§§ 72, 73a	§ 73 Abs. 1, 2b § 73b Abs. 1 § 73c Abs. 2	§ 73 Abs. 2 § 73b Abs. 3 § 73c Abs. 1

Unterscheidung nach Schutzstatus		
Asylberechtigung und Flüchtlingseigenschaft	Subsidiärer Schutz	Abschiebungsverbot
§§ 72, 73, 73a	§ 73b	§ 73c

I. Unterschiede zum VwVfG

» Das AsylG ergänz und modifiziert insoweit lediglich das VwVfG. Ist Ihnen die Systematik des VwVfG hinsichtlich Widerruf und Rücknahme geläufig? Nutzen Sie die Gelegenheit und arbeiten diese im JURIQ-Skript „Allgemeines Verwaltungsrecht" nach. «

171 Ein Aufenthaltstitel ist seiner Rechtsnatur nach ein Verwaltungsakt. Insofern ist zu beachten, dass neben dem AsylG auch das allgemeine Verwaltungsrecht, allen voran das Verwaltungsverfahrensgesetz (VwVfG) Anwendung finden könnte. Im Verhältnis von VwVfG zu AsylG stellt letzteres aber ein Spezialgesetz dar, weshalb das AsylG in jedem Fall vorrangig zu prüfen ist. Dieser Vorrang gilt insbesondere hinsichtlich Rücknahme (§ 48 VwVfG) und Widerruf (§ 49 VwVfG). Jedoch wird die Anwendbarkeit insbesondere von § 48 VwVfG nicht komplett ausgeschlossen (vgl. Wortlaut des § 73 Abs. 4 S. 1 AsylG), sondern ist im Verfahren des Widerrufs unter Umständen zu beachten.

172 Eine Besonderheit stellt das Erlöschen des Aufenthaltstitels nach §§ 72, 73a AsylG dar. Das Erlöschen eines Verwaltungsaktes ist im VwVfG nämlich nicht vorgesehen. Statt einer behördlichen Handlung wie bei Rücknahme und Widerruf erforderlich, genügt für das Erlöschen bereits eine Handlung des Betroffenen selbst.

173 Des Weiteren stellt § 73 Abs. 2a S. 1 AsylG eine wesentliche Abweichung von den allgemeinen Verwaltungsverfahrensgrundsätzen dar. Nach dieser Norm ist die jeweils zuständige Behörde angehalten, spätestens drei Jahre nach dem Eintritt der Unanfechtbarkeit der Entscheidung über den Aufenthaltstitel zu überprüfen, ob diese nicht zurückzunehmen oder zu widerrufen ist. Eine derartige, gesetzlich normierte Überprüfung eines Verwaltungsaktes kennt das VwVfG ebenfalls nicht.

Beispiel Wurde einem Ausländer die Flüchtlingseigenschaft des § 3 Abs. 1 AsylG wegen eines Krieges in seinem Heimatland zuerkannt und ist dieser Krieg mittlerweile beendet, so kann die Ausländerbehörde (vgl. § 73 Abs. 2a S. 2 AsylG) bei ihrer Überprüfung nach § 73 Abs. 2a AsylG die Zuerkennung unter Umständen widerrufen. ■

II. Erlöschen der Asylberechtigung

Ein Erlöschen der Asylberechtigung i.S.d. § 72 AsylG liegt vor, wenn der Ausländer eine der in § 72 Abs. 1 Nr. 1 bis 4 AsylG beschriebenen Handlungen vorgenommen hat. Diese Handlungen entspringen dem Wortlaut des Art. 1 C 1-4 GFK und finden sich in nahezu identischer Form auch in Art. 11 Abs. 1 a–d der Qualifikations-RL. Der Wortlaut der Norm ist dabei weitestgehend selbsterklärend, weshalb hier nur auf die Variante der Erneuerung des Nationalpasses eingegangen wird. Der Ausländer muss mit der Erneuerung seines Nationalpasses gerade die Wiedererlangung des diplomatischen Schutzes des ausstellenden Staates bezwecken. Erneuert der Ausländer seinen Pass lediglich um z.B. heiraten zu können, so unternimmt er die Erneuerung gerade nicht, um den diplomatischen Schutz dieses Staates zu erlangen.[93] 174

III. Widerruf der Asylberechtigung

Der Aufenthaltstitel kann auch durch die zuständige Stelle widerrufen werden. Unter einem Widerruf versteht man grundsätzlich die Aufhebung eines Verwaltungsaktes i.S.d. § 35 VwVfG, der zum Zeitpunkt seines Erlasses rechtmäßig war. Insoweit weichen die Regelungen des AsylG nicht von denen des allgemeinen Verwaltungsrechts ab. Ändern sich nachträglich die Umstände, die zur Grundlage des Erlasses des Verwaltungsaktes geworden sind, so kann dieser unter Einhaltung der gesetzlichen Vorgaben widerrufen werden. Zentrale Norm ist im allgemeinen Verwaltungsrecht § 49 VwVfG. Im Bereich des Asylrechts finden sich in den §§ 73 ff. AsylG zahlreiche Sonderregelungen, die dem § 49 VwVfG insoweit vorgehen, als sie den gleichen Regelungsbereich umfassen. Dem Wortlaut des § 73 Abs. 1 S. 1 AsylG folgend ist die Asylberechtigung bzw. der Flüchtlingsstatus zu widerrufen, wenn die Voraussetzungen für ihre Erteilung nicht mehr vorliegen. Es handelt sich hierbei um eine gebundene Entscheidung, weswegen die Behörde insoweit kein Ermessen hat. 175

Beispiel Nehmen wir an, die Anerkennung der Asylberechtigung eines Ausländers beruhte auf dem Umstand, dass er einer religiösen Minderheit angehört, die in seinem Herkunftsstaat systematisch verfolgt wird. Auf Grund eines Regimewechsels wurden diese Verfolgungen nun aber eingestellt. Evtl. wurde aus der Minderheit sogar eine mittlerweile eine Mehrheit. In jedem Fall läge damit keine politische Verfolgung mehr vor und die Voraussetzungen des Art. 16a Abs. 1 GG wären nicht länger erfüllt. Die Ausländerbehörde wird die Asylberechtigung daher nach § 73 Abs. 1 AsylG widerrufen. ■

Sofern dem Ausländer bereits eine Aufenthaltserlaubnis oder Niederlassungserlaubnis erteilt wurde, so ist diese gesondert zu behandeln. Nach § 52 Abs. 1 S. 1 Nr. 4 AufenthG kann die Aufenthaltserlaubnis in entsprechenden Fällen widerrufen werden. Die Entscheidung steht somit im Ermessen der Behörde. So kann beispielsweise eine fortgeschrittene Integration des Ausländers dem Widerruf der Aufenthaltserlaubnis entgegenstehen. In der Folge kann einem Ausländer die Asylberechtigung oder die Anerkennung als Flüchtling widerrufen werden und dennoch behält er seinen Aufenthaltstitel und alle damit verbundenen Rechte und Pflichten.[94] 176

93 Vgl. BVerwGE 89, 231.
94 Vgl. *Tiedemann* S. 86.

177 Zu beachten sind auch die Unterschiede zum Widerruf nach dem AsylG und der GFK. Nach Art. 1 C e GFK erlischt die Flüchtlingseigenschaft bei Vorliegen der genannten Voraussetzungen automatisch. Insoweit ergibt sich zur deutschen Rechtslage ein deutlicher Unterschied. Dies ist jedoch unter anderem auch dem Art. 11 Abs. 2 der Qualifikations-RL geschuldet, der eine Untersuchung erforderlich macht, ob der Wegfall der Gründe erheblich oder nur vorübergehend ist. Darüber hinaus ist gerade im Unterschied zu § 72 AsylG festzustellen, dass die Umstände des Wegfalls in § 73 AsylG deutlich schwerer zu beweisen sind und oftmals gerade nicht in der Hand des Betroffenen liegen. Um diesen Erwägungen Rechnung zu tragen, ist entgegen der Regelung in der GFK im deutschen Rechtssystem ein Widerruf mit vorgelagertem Verwaltungsverfahren vorgesehen.[95]

1. Der nachträgliche Wegfall

178 Wann die Voraussetzungen nicht mehr vorliegen, wird durch § 73 Abs. 1 S. 2 AsylG konkretisiert (beachte den Wortlaut: „insbesondere"). Demnach liegen die Voraussetzungen unter anderem dann nicht mehr vor, wenn der Ausländer es nicht mehr ablehnen kann, den Schutz des Staates in Anspruch zu nehmen, dessen Staatsangehörigkeit er besitzt, oder wenn er als Staatenloser in der Lage ist, in das Land zurückzukehren, in dem er seinen gewöhnlichen Aufenthalt hatte. Die Norm ist seinem Inhalt nach deckungsgleich mit Art. 1 C 5 GFK und Art. 11 Abs. 1 lit. e der Qualifikations-RL. Dementsprechend muss sich durch neue Tatsachen eine erhebliche und dauerhafte Veränderung der Entscheidungsgrundlage für die Verfolgungsprognose in einer Weise ergeben, dass für eine Verfolgung keine beachtliche Wahrscheinlichkeit mehr besteht.[96]

Beispiel Eine besonders relevante Fallgruppe ist insoweit der Krieg im Herkunftsstaat. Wird dieser beendet, was häufig mit einem Regimewechsel einhergeht, wird der Ausländer in aller Regel wieder in sein Heimatland zurückkehren können. Freilich handelt es sich hierbei um eine reichlich pauschale Aussage. Es ist je nach Einzelfall zu prüfen, ob durch den neuen status quo im Herkunftsstaat tatsächlich keine Verfolgung (auch auf andere Art und Weise) stattfinden wird. ■

179 Problematisch ist jedoch der Wortlaut. Dieser stellt den Widerruf in Abhängigkeit zur Nichtablehnung des Ausländers. In einer früheren Entscheidung hat das *BVerwG* hierzu entschieden, dass der Ausländer dann nicht ablehnen kann, wenn die bisherigen Verfolgungsumstände weggefallen sind und auch keine neuen Verfolgungsgründe vorliegen.[97] Diese Auslegung wurde durch den *EuGH* bestätigt.[98] Im Grunde erhalten die objektiven Umstände dadurch mehr Gewicht als die Handlungen des Ausländers. Der Ausländer steht aber auch dann nicht gänzlich schutzlos dar. In § 73 Abs. 3 AsylG ist für diesen Fall geregelt, dass von Amts wegen die Voraussetzungen des subsidiären Schutzes oder der Abschiebungsverbote nach §§ 60 Abs. 5 und 7 AufenthG zu prüfen sind.

Beispiel Ein ausländischer Soldat, der sich der (weiteren) Teilnahme an einem Krieg in seinem Herkunftsstaat durch Fahnenflucht entzieht (sog. Deserteur), kann auch nach Beendigung des Krieges unter Umständen nicht in seinen Heimatstaat zurückreisen, wenn ihm

---

95 Vgl. *Tiedemann* S. 85.

96 *BVerwG* Urteil vom 1.6.2011 – 10 C 25.10.

97 *BVerwG* Urteil vom 1.11.2005 – 1 C 21.04.

98 *EuGH* Urteil vom 2.3.2010 – C-135/08.

dort auf Grund der Fahnenflucht Folter oder ein ernsthafter individueller Schaden droht. So kann unter Umständen durch Widerruf der Flüchtlingseigenschaft wegen § 73 Abs. 3 AsylG noch immer eine subsidiäre Schutzberechtigung entstehen. ■

Sollte der Ausländer auch nicht über § 73 Abs. 3 AsylG einen anderen rechtlichen Status erlangen, so verbleibt ihm lediglich nach § 73 Abs. 1 S. 3 AsylG die Möglichkeit, sich auf eine evtl. Unzumutbarkeit zu berufen, weil ihm die Rückkehr in sein Heimatland unmöglich ist. Eine solche Unmöglichkeit ist allerdings nur in seltenen Ausnahmefällen gegeben. Allgemeine Gefahren (solche, die nicht individuell nur den Betroffenen betreffen) zählen nicht als mögliche Gründe für eine solche Unzumutbarkeit.[99] **180**

2. Nachträglich erfüllter Exklusionsgrund

Der Wortlaut des § 73 Abs. 1 S. 1 und 2 AsylG macht deutlich, dass es auch andere Gründe geben kann, die einen Widerruf rechtfertigen, als den in S. 2 genannten. Aus der Wortwahl („insbesondere") wird aber deutlich, dass es sich um ähnlich gelagerte Gründe handeln muss. Insoweit kann auch das nachträgliche Erfüllen eines Exklusionsgrundes (Ausschlussgrund) einen Widerruf rechtfertigen, da bei deren Vorliegen zum Zeitpunkt des Erlasses die Anerkennung als Asylberechtigter bzw. die Zuerkennung der Flüchtlingseigenschaft gerade nicht erfolgt wäre. **181**

3. Rechtsfolgen des Widerrufs

Es handelt sich bei dem Widerruf nach § 73 Abs. 1 AsylG um eine gebundene Entscheidung. Der Behörde verbleibt demnach gerade kein Ermessen. Dies wird deshalb so gehandhabt, da nach Ablauf der Frist des § 73 Abs. 2a S. 1 AsylG und der dort normierten Nachprüfung die Anerkennung als Asylberechtigter bzw. die Zuerkennung der Flüchtlingseigenschaft konstitutive Wirkung entfaltet. Davor ist diese lediglich deklaratorisch.[100] **182**

IV. Widerruf des subsidiären Schutzes

Der Widerruf des subsidiären Schutzstatus richtet sich nach § 73b Abs. 1 und 2 AsylG. Demnach ist der subsidiäre Schutz zu widerrufen, wenn die Umstände, die zur Zuerkennung des subsidiären Schutzes geführt haben, nicht mehr bestehen oder sich in einem Maß verändert haben, dass ein solcher Schutz nicht mehr erforderlich ist. **183**

Eine Veränderung der Umstände alleine genügt jedoch nicht, was aus § 73b Abs. 1 S. 2 AsylG folgt, welcher auf § 73 Abs. 1 S. 3 AsylG verweist. Es kommt vielmehr darauf an, dass der Betroffene die Rückkehr in seinen Herkunftsstaat nicht auf Grund zwingender Gründe ablehnen kann. Darüber hinaus müssen sich die Umstände nach § 73b Abs. 2 AsylG so wesentlich und nicht nur vorübergehend verändert haben, dass der Ausländer, dem subsidiärer Schutz gewährt wurde, tatsächlich nicht länger Gefahr läuft, einen ernsthaften Schaden i.S.d. § 4 Abs. 1 AsylG zu erleiden.

99 *BVerwG* 124, 276.
100 Vgl. *Tiedemann* S. 85.

V. Widerruf des Abschiebungsschutzes

184 Auch die Feststellung, dass ein Abschiebungsverbot aus §§ 60 Abs. 5 und 7 AufenthG vorliegt, kann gem. § 73c Abs. 2 AsylG widerrufen werden, wenn die Voraussetzungen für die Erteilung nicht mehr vorliegen. Die Norm spricht allerdings nur vom Widerruf einer Feststellung, dass ein Abschiebungsverbot vorliegt. Eine solche Feststellung in Form eines Feststellungsbescheids ergeht allerdings nur im Rahmen der Annexprüfung zu einem Asylantrag durch das BAMF. Wird die Feststellung unabhängig von einem Asylantrag durch die Ausländerbehörde getroffen, so erlässt diese gerade keinen Feststellungsbescheid, sondern eine befristete Aussetzung der Abschiebung (Duldung) nach § 60a Abs. 2 AufenthG. Der Widerruf einer solchen Verfügung ist aber in § 60a Abs. 5 S. 2 AufenthG gesondert geregelt.[101]

VI. Rücknahme des Aufenthaltstitels

185 Eine Rücknahme ist die Aufhebung eines Verwaltungsaktes, der bereits zum Zeitpunkt seines Erlasses (hier besteht der Unterschied zum Widerruf) rechtswidrig war. Ein solcher Verwaltungsakt hätte also gerade nicht erlassen werden dürfen.

» Lesen Sie die in Rede stehenden Normen! «

186 Zwar wird in den §§ 73 ff. AsylG die Rücknahme der Asylberechtigung bzw. Flüchtlingseigenschaft, des subsidiären Schutzes und der Abschiebungsverbote gesondert normiert (§§ 73 Abs. 2, 73b Abs. 3, 73c Abs. 1 AsylG). Inhaltlich bestehen aber die gleichen Voraussetzungen: Die Entscheidung ist zurückzunehmen, wenn sie auf unrichtigen Tatsachen beruht oder auf Grund einer Täuschung des Betroffenen erging. Insoweit wird auf das allgemeine Verwaltungsrecht verwiesen, insbesondere § 48 VwVfG. Wie auch im Rahmen des Widerrufs werden die Voraussetzungen der Rücknahme spätestens nach drei Jahren nach Eintritt der Unanfechtbarkeit der Entscheidung über die Erteilung des Aufenthaltstitels geprüft, vgl. § 73 Abs. 2a S. 1 AsylG.

VII. Verfahren

187 Hinsichtlich des Verfahrens ergeben sich keine großartigen Unterschiede zu dem des allgemeinen Verwaltungsrechts. Die Entscheidung über das Erlöschen, den Widerruf oder die Rücknahme hat spätestens drei Jahre nach Eintritt der Unanfechtbarkeit der Entscheidung über den Asylantrag zu erfolgen, vgl. § 73 Abs. 2a S. 1 AsylG. Einer späteren erneuten Prüfung steht die erste aber nicht entgegen. Auch eine erste Prüfung nach Ablauf der Frist des § 73 Abs. 2a S. 1 AsylG führt nicht zur Unwirksamkeit des Widerrufs bzw. der Rücknahme.[102] Die Entscheidung über den Widerruf oder die Rücknahme ist dem Betroffenen schriftlich mitzuteilen und ihm ist (ggf. unter Auferlegung einer Frist) Gelegenheit zur Äußerung zu geben, § 73 Abs. 4 S. 1 und 2 AsylG.

101 Vgl. *Tiedemann* S. 87.
102 BVerwGE 143, 183.

VIII. Übungsfall Nr. 3

„Dürre und Verfolgung" 188

Sachverhalt

Der A ist afghanischer Staatsangehöriger schiitischen Glaubens vom Volk der Hazara und reiste im Februar 2009 auf dem Landweg in die Bundesrepublik Deutschland ein. Im März stellte er einen Asylantrag und sagte in der Anhörung vor dem BAMF aus, er sei mit der Tochter seines Onkels zusammen gewesen und diese sei schwanger geworden. Dies sei eine Schande für die Familie. Aus Angst vor seinem Onkel sei er über Kabul in den Iran und dann weiter nach Deutschland gereist.

Das BAMF lehnte den Asylantrag mit der Begründung ab, dass weder die Voraussetzungen der Anerkennung der Asylberechtigung, noch die Zuerkennung des internationalen Schutzes gegeben sei. Darüber hinaus lägen auch keine Abschiebungshindernisse nach den § 60 Abs. 2 bis 7 AufenthG vor. Zusammen mit dem Ablehnungsbescheid drohte das BAMF dem A die Abschiebung nach Afghanistan an.

Gegen den Bescheid legt der A Klage ein. Im Klageverfahren trägt er vor, dass er in Afghanistan keine weiteren Verwandten habe. Auf Grund eines Krieges in der Region seien seine Familienangehörigen in den umliegenden Ländern verstreut. Der Krieg habe bereits solche Ausmaße erreicht, dass nahezu täglich mit Anschlägen gerechnet werden muss. Bei einer Rückkehr in seine Heimat würde er diesen Gefahren schutzlos ausgeliefert sein. Dazu kommt noch, dass seine Heimatregion von einer extremen Dürre heimgesucht wurde und die Versorgungssituation kritisch sei. In andere Regionen seines Heimatlandes kann er nicht reisen, da die Volksgruppe der Hazara dort häufig nicht akzeptiert seien und es immer wieder zu Diskriminierungen dieser Gruppe käme.

Die Verfolgung des Asylbegehrens hat er dennoch eingestellt. Mit der Klage verfolgt er nun lediglich noch die Feststellung, dass nationale Abschiebungsverbote zu seinen Gunsten greifen.

Prüfen Sie, ob zu Gunsten des A nationale Abschiebungsverbote greifen. Unterstellen Sie, dass der Vortrag des A hinsichtlich der Situation in seiner Heimatregion und der Diskriminierung der Hazara grundsätzlich zutreffend ist.

Lösung[103] 189

I. Abschiebungsverbot aus § 60 Abs. 5 AufenthG

Nach § 60 Abs. 5 AufenthG darf ein Ausländer dann nicht abgeschoben werden, soweit sich aus der Anwendung der EMRK ergibt, dass die Abschiebung unzulässig ist. Auf Grund des offenen Wortlautes ist daher zu prüfen, ob die Abschiebung unter jeglichen Aspekten gegen Normen der EMRK verstoßen würde. Da es vorliegend um die individuellen Rechte einer Person geht, kommt es ausschließlich auf die Prüfung der Art. 2 bis 18 EMRK an. Bei diesen handelt es sich nach Art. 1 EMRK um Menschenrechte.

1. Abschiebungsverbote aus EMRK

a) Recht auf Leben, Art. 2 EMRK

Nach Art. 2 EMRK besteht grundsätzlich ein Recht auf Leben. Dass das Leben des A konkret gefährdet sei, hat dieser jedoch nicht vorgetragen. Die Angst vor seinem Onkel genügt hierfür jedenfalls nicht, da nicht konkret vorgetragen wurde, welche Konsequenzen der A von diesem erwarte. Der A macht jedoch geltend, dass in seiner Heimatregion Krieg herrsche und er jederzeit mit Anschlägen rechnen

103 Der Fall orientiert sich am Urteil des *VGH Baden-Württemberg* vom 27.4.2012 – A 11 S 3079/11.

muss. Jedoch ist auch dieser Umstand nicht für sich genommen geeignet, das Recht auf Leben zu verletzen. Der Art. 2 EMRK ist so ausgestaltet, dass er zwar in Abs. 1 S. 1 das Leben positiv schützt. In Abs. 1 S. 2 und Abs. 2 wird hiervon abweichend normiert, dass niemand absichtlich getötet wird. Die Norm stellt hierbei ihrem Wortlaut nach darauf ab, dass die Tötung auf Grund eines Todesurteils ergeht, also von einer staatlichen Stelle aus verhängt wurde. Eine eben solche Gefahr besteht nach dem Vortrag des A für Ihn nicht.

b) Verbot der Folter, Art. 3 EMRK

Dieser Artikel schützt den Einzelnen davor Folter, unmenschlicher oder erniedrigender Behandlung unterworfen zu werden.

Unter Folter ist eine Behandlung zu verstehen, die einer Person vorsätzlich schwere Schmerzen oder Leiden physischer oder psychischer Art zufügt, um von ihr oder einem Dritten eine Aussage oder ein Geständnis zu erzwingen, sie oder einen Dritten zu bestrafen, einzuschüchtern oder zu nötigen.[104] Vor seiner Flucht nach Deutschland ist der A nach eigenen Angaben kein Opfer einer solchen Behandlung geworden. Auch trägt er nicht vor, dass ihm eine solche Behandlung bei seiner Rückkehr erwarte. Eventuelle kriegerische Handlungen alleine vermögen einen solchen Verdacht jedenfalls nicht hervorzurufen.

Eine unmenschliche Behandlung liegt in Abstufung zur schwerer wiegenden Folter dann vor, wenn absichtlich dem Betroffenen intensives physisches Leid beigebracht wird. Die kriegerischen Handlungen stellen jedenfalls keine absichtlich im Sinne von vorsätzlich gegen den A begangenen Handlungen dar. Hinsichtlich der Gefahren, die für den A von seinem Onkel ausgehen, liegen auch diesbezüglich zu wenig Anhaltspunkte vor.

Eine erniedrigende Behandlung ist eine solche, die geeignet ist, Gefühle hervorzurufen, die den physischen oder moralischen Widerstand des Betroffenen zu brechen geeignet sind.[105]

104 *VGH Baden-Württemberg* vom 27.4.2012 – A 11 S 3079/11, Rn. 17.

105 *EGMR* Urteil vom 7.7.1989 – 14038/88.

Im vorliegenden Fall ist bereits nicht ersichtlich, welcher Widerstand des A gebrochen werden sollte. Darüber hinaus bleibt offen, von wem die erniedrigende Behandlung ausgehen sollte. Der Vortrag des A bietet auch insofern keine Anhaltspunkte für eine Verletzung des Art. 3 EMRK.

c) Recht auf Achtung des Privat- und Familienlebens, Art. 8 EMRK

Der Art. 8 EMRK verbürgt in Abs. 1 das Recht jeder Person auf Achtung ihres Privat- und Familienlebens, ihrer Wohnung und ihrer Korrespondenz. Ein behördlicher Eingriff in diese Rechte ist nur unter den Einschränkungen des Abs. 2 gestattet. Vorliegend macht der A geltend, dass auf Grund eines Anschlags sein Wohnhaus abgebrannt sei und er mit seiner Familie notdürftig eine Mietwohnung bezogen habe. In Folge dieses Erlebnisses habe er Angst vor weiteren Anschlägen und davor, dass seiner Familie etwas zustoßen könnte. Dieser Anschlag war jedoch nicht darauf ausgerichtet, in die geschützten Rechte des A einzugreifen. Vielmehr ist der A zufällig Opfer dieses Anschlags geworden. Auch die erwartete Behandlung des Onkels rechtfertigt eine Verletzung des Art. 8 EMRK mangels entsprechendem Vortrag, der eine schwere Beeinträchtigung erwarten lässt, nicht. Eine Verletzung des Art. 8 EMRK im Falle einer Abschiebung liegt demnach nicht vor.

2. Zwischenergebnis

Eine Verletzung anderer Rechte der EMRK kommen vorliegend nicht in Betracht, weswegen dem A bei einer Rückkehr keine Rechtsgutbeeinträchtigung erwartet, die die EMRK verbiete. Ein Abschiebungsverbot aus § 60 Abs. 5 AufenthG liegt demnach nicht vor. Auf die Unterscheidung von zielstaats- und inlandsbezogenen Abschiebungsverboten kommt es insoweit nicht an.

II. Abschiebungsverbot aus § 60 Abs. 7 AufenthG

Nach § 60 Abs. 7 S. 1 AufenthG soll von der Abschiebung eines Ausländers in einen anderen Staat dann abgesehen werden, wenn dort für diesen Ausländer eine erhebliche konkrete Gefahr für Leib, Leben oder Freiheit besteht.

1. Gefahr für Rechtsgüter, § 60 Abs. 7 S. 1 AufenthG

Der A macht geltend, dass für ihn eine erhebliche Gefahr bestünde, wenn er in sein Heimatland zurückkehren müsste. In seiner Heimatregion herrsche mittlerweile Krieg. Es müsse auch jederzeit mit Anschlägen gerechnet werden. Darüber hinaus fehle ihm der familiäre Zusammenhalt, nachdem seine Familie auf Grund des andauernden Kriegs in die umliegenden Länder geflohen seien. Seine Existenzgrundlage sei demnach nicht sichergestellt.

Der andauernde Krieg in der Heimatregion des A stellt eine erhebliche Gefahr für das Leben und die Unversehrtheit des A dar. Darüber hinaus muss davon ausgegangen werden, dass er auf Grund des Krieges und des fehlenden familiären Rückhaltes keine wirtschaftliche Existenz aufbauen können wird. Es kann daher nicht sichergestellt werden, dass dem A bei der Rückkehr in sein Heimatland ein menschenwürdiges Leben möglich sein würde.

Allerdings muss in die Beurteilung der Umstand mit einfließen, dass der Krieg aktuell nicht alle Teile Afghanistans erfasst hat und so eventuell eine inländische Fluchtalternative bestünde. Insofern trägt der A jedoch vor, der Bevölkerungsgruppe der Hazara anzugehören. Diese würden in den Gebieten außerhalb der Heimatregion des A diskriminiert. Mangels entgegenstehender Angaben ist daher davon auszugehen, dass eine Abschiebung in diese Gebiete nicht möglich ist.

Es ist also grundsätzlich festzuhalten, dass dem A auf Grund der Verhältnisse in seinem Heimatland und den ihm drohenden Gefahren ein Abschiebungsverbot aus § 60 Abs. 7 S. 1 AufenthG zusteht.

2. Kein Ausschluss, § 60 Abs. 7 S. 2 bis 4 AufenthG

Die Ausschlussgründe der § 60 Abs. 7 S. 2 bis 4 AufenthG greifen im vorliegenden Fall nicht.

3. Keine allgemeine Gefahr, § 60 Abs. 7 S. 5 AufenthG

Zuletzt ist noch zu prüfen, ob nicht ein Ausschluss nach § 60 Abs. 7 S. 5 AufenthG vorliegt. Nach dieser Norm führen Gefahren nach § 60 Abs. 7 S. 1 AufenthG dann nicht zu einem Abschiebungsverbot, sondern lediglich zu einer Duldung nach § 60a AufenthG, wenn diese die Bevölkerungsgruppe, der der Betroffene angehört, allgemein treffen und nicht lediglich den Betroffenen individuell.

Die Gefahren für Leib und Leben des A auf Grund des Krieges und der engen Versorgungslage in seiner Heimatregion treffen den A nicht individuell, sondern treffen die Bevölkerung in diesem Landesteil allgemein. Demnach greift der Ausschluss grundsätzlich ein und ein Abschiebungsverbot nach § 60 Abs. 7 S. 1 AufenthG würde nicht greifen.

Eine besondere Ausnahme besteht insofern lediglich dann, wenn sich die Gefahren bei Rückkehr bereits so sehr zugespitzt haben, dass der Betroffene quasi sehenden Auges dem sicheren Tod oder schwersten Verletzungen ausgeliefert werden würde.[106] Dies folgt letztlich aus Art. 1 Abs. 1 GG. Es muss also mit hoher Wahrscheinlichkeit eine extreme Gefahrenlage bestehen.[107] Nach den Angaben des A besteht zwar die Möglichkeit von jederzeitigen Anschlägen und weiteren Gefahren auf Grund des Krieges. Jedoch fehlen entsprechende Hinweise, dass diese Gefahren der Art zugespitzt seien, dass dem A bei der Rückkehr entsprechende Schäden drohen würden.

Demnach ist das Abschiebungsverbot aus § 60 Abs. 7 S. 1 AufenthG vorliegend ausgeschlossen, da insofern nach § 60 Abs. 7 S. 5 AufenthG die Duldung gem. § 60a Abs. 1 S. 1 AufenthG vorgeht.

III. Ergebnis

Im Falle das A greifen keine nationalen Abschiebungsverbote.

---

106 *VGH Baden-Württemberg* vom 27.4.2012 – A 11 S 3079/11, Rn. 31.

107 *BVerwG* Urteil vom 29.9.2011 – 10 C 24/10, Rn. 20.

Hinweis

Letztlich handelt es sich um ein Abwägungsentscheidung, in die auch eine Prognose der Umstände im Heimatland einfließen muss. Hierfür ist eine entsprechend große Informationslage nötig, die in einer Übungsklausur so nicht abgebildet werden kann. Die Entscheidungen der Gerichte sind insoweit auch durch die Tagespolitik und die Einschätzungen der entsprechenden Bundes- und Landesbehörden geprägt. Für die Klausurlösung bedeutet das aber nichts anderes als dass mit dem vorhandenen Sachverhalt gearbeitet werden muss und eine brauchbare Lösung entwickelt wird.

4. Teil
Das formelle Asylrecht

Wir haben bereits die verschiedenen materiellen Ansprüche besprochen, über die ein Asyl- **190**
bewerber Schutz in der Bundesrepublik erlangen kann. Diese Ansprüche sind aber nicht formlos zu erreichen. Vielmehr bedarf es eines förmlichen Verfahrens, auf das in diesem Kapitel näher eingegangen werden soll.

Es ist bemerkenswert, dass für einen Verfahrensvorbehalt keine gesetzliche Grundlage vorhan- **191**
den ist. Da ein Verfahren aber grundsätzlich von den deutschen Behörden bei der Asylantragstellung durchgeführt wird, stellt sich die Frage, ob dies nicht eine unbillige Einschränkung des Asylrechts ist. Das *BVerfG* hat in einem Urteil festgestellt, dass der Verfahrensvorbehalt keine unbillige Einschränkung darstellt, sondern vielmehr sogar zusätzlich Vorteile für den Schutzsuchenden bietet.[1] Ein förmliches Verfahren sichert die Gleichbehandlung und bietet bessere Rechtsschutzmöglichkeiten. In diesem Zusammenhang spricht das *BVerfG* dann auch nicht von Beschränkungen, sondern lediglich von Regelungen des Asylrechts.[2]

Hinweis

Das gleiche Problem stellt sich auch auf europarechtlicher Ebene. Auch hier hat der Unionsgesetzgeber Verfahrensvorschriften erlassen, die der Vereinheitlichung der Regelung des Asylverfahrens dienen sollen. Entsprechend ist auch im Bereich des formellen Asylrechts auf die unterschiedlichen Regelungsebenen zu achten.

A. Das Asylverfahren

Das Asylverfahren folgt in einer groben Aufteilung fünf Schritten: (1) Zunächst wird ein Asyl- **192**
begehren geäußert, wobei sich (2) die rechtliche Handhabe nach dem Weg der Einreise unterscheidet. Daraufhin kommt es zu einer (3) Identitätsfeststellung und der (4) Verteilung in Aufnahmeeinrichtungen. Dort kann (5) der Asylantrag gestellt werden, über den (6) das BAMF in der Folge zu entscheiden hat.

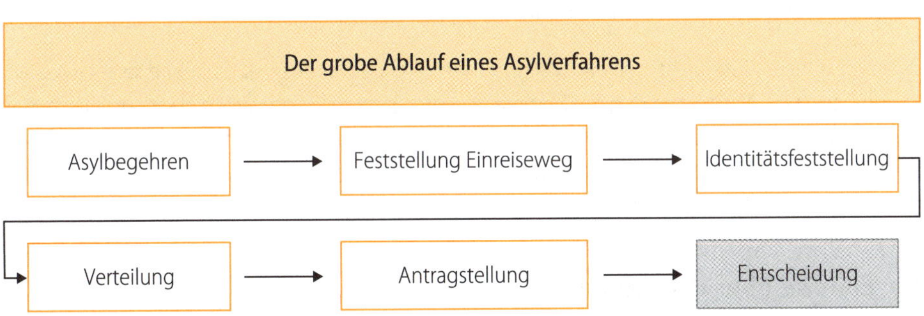

1 BVerfGE 56, 216.
2 BVerfGE 60, 253.

I. Das Asylbegehren

» Sind Ihnen die Voraussetzungen der Einreise, die wir oben erörtert haben noch geläufig? Nutzen Sie die Gelegenheit und wiederholen Sie diese (Rn. 22). «

193 Das Asylbegehren oder auch Asylgesuch des Schutzsuchenden leitet das Asylverfahren ein. Dies folgt aus den Vorschriften über die Institutionen, vor denen ein Asylgesuch gefordert werden kann, und zugleich regeln diese Normen, welche Folgen sich an das Asylbegehren anknüpfen (§§ 13 Abs. 3, 18, 18a, 19 AsylG). Die Stellung des Asylbegehrens als erste Handlung auf dem Weg zum Aufenthaltstitel ist deshalb von vorrangiger Relevanz, da eine Einreise in die Bundesrepublik nur mit gültigem Visum möglich ist. Ein um Asyl suchender Ausländer wird eben dieses aber nicht besitzen und mit der Grenzüberschreitung einen illegalen Aufenthalt in Deutschland begründen. Um diesem Umstand vorzubeugen, muss das Asylbegehren bereits bei der Einreise geäußert werden, um das Asylverfahren anzustoßen und darüber eine zeitweise Legitimation des Aufenthaltes zu erreichen.

Hinweis

Das Asylgesuch ist vom Asylantrag zu unterscheiden. Was den Begriff des Asylgesuchs ausmacht, ist in § 13 Abs. 1 AsylG geregelt (trotz der Verwendung des Wortes „Asylantrag"). Der Asylantrag ist neben dem formlosen Asylgesuch der förmliche Antrag, welcher das Entscheidungsverfahren des BAMF einleitet.

194 Eine rechtlich erhebliche Wirkung entfaltet das Asylgesuch nur, wenn es vor einer Grenzbehörde (§§ 13 Abs. 3, 18, 18a AsylG), einer Ausländerbehörde (§ 19 AsylG) oder einer Polizeibehörde (§ 19 AsylG) geäußert wird. Mit dem Stellen des Asylgesuchs vor einer dieser Stellen ist dem Ausländer der Aufenthalt im Bundesgebiet für den Zeitraum des Asylverfahrens gestattet, vgl. § 55 Abs. 1 AsylG. Darüber hinaus sind die genannten Stellen verpflichtet, den Ausländer in Kontakt mit dem BAMF zu bringen, um das angestoßene Verfahren ordnungsgemäß durchführen zu können.

II. Die Einreise des Ausländers

195 Die Einreise des Ausländers ist damit die erste für das Asylverfahren erhebliche Handlung des Ausländers. An diese knüpft das förmliche Verfahren an. Der Regelfall ist hierbei, dass der Ausländer an einer deutschen Außengrenze Asyl begehrt. Es ist aber auch denkbar, dass der Ausländer auf anderem Wege deutschen Boden betritt. So muss z.B. auch bei der Einreise per Zug oder Flugzeug das Asylverfahren angestoßen werden können, auch wenn der Ausländer sich dann bereits innerhalb deutscher Grenzen aufhält.

196 Daraus resultiert, dass nicht nur die Stellung eines Asylbegehrens bei der Einreise relevant ist, sondern auch der Weg, über den die Einreise erfolgte. Entsprechend variiert dann aber auch das Asylverfahren. Das AsylG unterscheidet hierbei die Einreise auf dem Landweg von der Einreise über den Luftweg. Hier soll nur auf die wesentlichen Merkmale der beiden Verfahren eingegangen werden. Auf die Einzelheiten wird dann an späterer Stelle vertiefend eingegangen.

1. Einreise über den Landweg

197 Zentrale Norm für das Asylverfahren bei Einreise über den Landweg stellt § 18 Abs. 1 AsylG dar. Diese regelt den Normalfall, dass ein Asylgesuch durch einen Ausländer an einer deutschen Außengrenze geäußert wird. In diesem Fall muss die Grenzbehörde den Ausländer

unverzüglich an eine Aufnahmeeinrichtung weiterleiten, sofern kein Verweigerungsgrund nach § 18 Abs. 2 AsylG vorliegt. Darüber hinaus regelt der § 18 Abs. 3 AsylG, welche Besonderheiten sich ergeben, wenn Ausländer im grenznahen Raum in unmittelbaren zeitlichen Zusammenhang mit einer unerlaubten Einreise angetroffen werden.

2. Einreise über den Luftweg

Bei einer Einreise über den Luftweg ist der § 18a AsylG die Einstiegsnorm in das Asylverfahren. Bei einer solchen Einreise ordnet das AsylG ein beschleunigtes Verfahren an, mit teilweise wesentlichen Unterschieden zum Verfahren bei Einreise über den Landweg. Die wesentlichen Abweichungen sind: **198**

- eine Weiterleitung an eine Aufnahmeeinrichtung findet grundsätzlich nicht statt (vgl. § 18a Abs. 1 S. 1 AsylG),
- die Stellung des Asylantrags und die persönliche Anhörung durch das BAMF haben unverzüglich zu erfolgen (vgl. § 18a Abs. 1 S. 3 und 4 AsylG),
- die Rechtsschutzfrist im vorläufigen Rechtsschutz ist auf drei Tage verkürzt (vgl. § 18a Abs. 4 S. 1 AsylG).

III. Identitätsfeststellung

Nachdem der Ausländer sein Asylbegehren geäußert hat und geklärt wurde, über welchen Weg der Ausländer eingereist ist und welches Verfahren dementsprechend anzuwenden ist, muss als nächster Schritt die Identität des Ausländers festgestellt werden. Die Identitätsfeststellung ist gemäß § 16 Abs. 1 S. 1 AsylG mit Hilfe von erkennungsdienstlichen Maßnahmen zu sichern. Diese Regelung entspringt dem Art. 4 Abs. 1 der EURODAC-VO[3]. In erster Linie geht es bei der Identitätsfeststellung um die Möglichkeit, sachgerecht über die einzelnen Asylansprüche entscheiden zu können. Darüber hinaus soll durch die Identitätsfeststellung eine rechtmäßige und humanitäre Zuwanderung ermöglicht werden und die mehrfache Stellung von Asylanträgen unter verschiedenen Identitäten vermieden werden.[4] **199**

» Wie immer gilt: Lesen Sie die zitierten Normen parallel mit. Das Wesentliche ergibt sich bereits aus dem Wortlaut der Normen. «

1. Umfang des Eingriffs

Welche Maßnahmen erkennungsdienstliche Maßnahmen i.S.d. § 16 Abs. 1 AsylG sind, ist in Abs. 2 der Norm näher geregelt. Dem Wortlaut nach handelt es sich hierbei um Lichtbilder des Ausländers und Abdrücke aller zehn Finger. Eine Einschränkung wird lediglich hinsichtlich solcher Ausländer gemacht, die jünger als 14 Jahre sind. Insoweit sind nur Lichtbilder gestattet. **200**

Zudem kann nach § 16 Abs. 1 S. 3 bis 5 AsylG zur Bestimmung des Herkunftsstaates des Ausländers das gesprochene Wort außerhalb der förmlichen Anhörung des Ausländers auf Ton- oder Datenträger aufgezeichnet werden, allerdings nur, wenn der Betroffene darüber in Kenntnis gesetzt wurde. Darüber hinaus darf nach § 16 Abs. 1a S. 1 AsylG auf die biometrischen Daten eines Passes oder anerkannten Passersatzes oder sonstigen Identitätspapiers zurückgegriffen werden. Der weitere Umgang mit den so gewonnen Daten ist in § 16 Abs. 3 ff. AsylG geregelt. So können diese beispielsweise in einem Strafverfahren zur Zuordnung von Beweismitteln verwendet werden, vgl. § 16 Abs. 5 S. 1 AsylG. **201**

3 Verordnung (EU) Nr. 603/2013.
4 *Heusch/Haderlein/Schönenbroicher* Rn. 154 ff.

2. Zuständigkeit für den Eingriff

202 Wer für die erkennungsdienstlichen Maßnahmen zuständig ist, hängt von der Einreise des Ausländers ab. So hat bei einer Einreise über Land und Luft (§ 18 AsylG und § 18a AsylG) die Grenzbehörde die Zuständigkeit nach § 18 Abs. 5 AsylG inne. Aber auch die Polizei kann gem. § 19 Abs. 2 AsylG zuständig sein, genauso wie die Aufnahmeeinrichtung gem. §§ 22 Abs. 1 S. 2 und Abs. 2 S. 2 AsylG. Eine klare gesetzliche Struktur besteht hierbei nicht. Es kann durchaus zu mehrfachen Identitätsfeststellungen kommen. Aus verfassungsrechtlicher Sicht ist dies aber auf Grund der geringen Intensität des Eingriffs und des mit der Maßnahme verfolgten Zwecks nicht zu beanstanden.[5]

203 Hinsichtlich der Durchführung der Maßnahmen ist zu beachten, dass das Bundeskriminalamt (kurz BKA) gem. § 16 Abs. 3 AsylG den jeweils zuständigen Behörden Amtshilfe zu leisten hat. Die Durchführung der erkennungsdienstlichen Maßnahmen zur Identitätsfeststellung kann gem. § 15 Abs. 2 Nr. 7 AsylG auch zwangsweise durchgesetzt werden. Der Norm lässt sich eine Duldungspflicht des Ausländers entnehmen. Zwar lässt die Norm keine dahingehende Auslegung zu, dass die Fingerabdrücke auch tatsächlich verwertbar sind.[6] Allerdings ist der Duldungsverpflichtung inhärent, dass der Ausländer die Auswertbarkeit der Fingerabdrücke im Vorfeld nicht vereitelt.[7]

3. Datenschutz

204 Selbstverständlich stellen die aufgeführten erkennungsdienstlichen Maßnahmen Eingriffe in das Persönlichkeitsrecht des betroffenen Ausländers dar. Aus diesem Grund müssen auch der mit den Eingriffen einhergehende Datenschutz ausreichend gewährleistet werden. Die gesammelten Daten des Ausländers verbleiben nicht beim BKA, sondern werden auf Grund von Art. 4 und 5 EURODAC-VO auch an eine europäische Zentraleinheit übermittelt, um einen Abgleich der Daten europaweit zu gewährleisten. Darüber hinaus werden die Daten nicht nur für das Asylverfahren genutzt. Nach § 16 Abs. 5 S. 1 AsylG z.B. dürfen die Daten auch *„zur Feststellung der Identität oder Zuordnung von Beweismitteln für Zwecke des Strafverfahrens oder zur Gefahrenabwehr"* genutzt werden. Auf Grund des eindeutigen Wortlautes ist eine sonstige Benutzung allerdings ausgeschlossen.

205 Während also deutsche Bürger zumindest in Bezug auf Fingerabdrücke die Wahl haben, ob sie diese freiwillig abgeben, um sie beispielsweise als biometrische Daten mit auf dem Personalausweis zu speichern, müssen Asylbewerber grundsätzlich ihre Fingerabdrücke abgeben. Nicht ganz grundlos kann insofern auch von einem Generalverdacht gesprochen werden, unter den die Asylbewerber grundsätzlich gestellt würden. Allerdings erfolgt die Erhebung und teilweise Verwendung auch außerhalb des Asylverfahrens nicht auf Grund staatlicher Willkür, sondern unter Abwägung der Interessen des Betroffenen mit der inneren Sicherheit bzw. der Gewährleistung einer effektiven Strafverfolgung und der ordnungsgemäßen Durchführung des Asylverfahrens. Darüber hinaus sind die gesammelten Fingerabdrücke auch wesentlich für die Klärung der Zuständigkeit der Bundesrepublik für Asylverfahren des Betroffenen.[8]

5 *Bergmann/Dienelt* AsylG § 16 Rn. 25, m.w.N.
6 *Bergmann/Dienelt* AsylG § 15 Rn. 8.
7 *BVerwG* Urteil vom 5.9.2013 – 10 C 1/13.
8 Vertiefend: *Heusch/Haderlein/Schönenbroicher* Rn. 153 ff.

Zuletzt sei noch darauf hingewiesen, dass eine Löschung der gesammelten Daten in § 16 Abs. 6 AsylG nach Ablauf von zehn Jahren vorgesehen ist. Die Frist beginnt zu laufen mit dem Eintritt der Unanfechtbarkeit der Entscheidung über den Asylantrag.

4. Rechtsfolgen

Mit der Stellung des Asylbegehrens und der Identitätsfeststellung ist der erste wesentliche Abschnitt des Asylverfahrens absolviert. Der Ausländer hat mit seinem Begehren das Verwaltungsverfahren angestoßen und wurde von den Behörden registriert. Gemäß § 63a Abs. 1 S. 1 AsylG ist mit der Durchführung erkennungsdienstlicher Maßnahmen die Ausstellung eines Ankunftsnachweises verbunden, sofern der Ausländer noch keinen Asylantrag gestellt hat und deshalb gem. § 63 Abs. 1 S. 1 AsylG noch keine Aufenthaltsgestattung ausgestellt bekommen hat. Dieser Ankunftsnachweis ist gem. § 63a Abs. 2 S. 1 AsylG auf längstens sechs Monate zu befristen. Ferner ist dem Ausländer ab Ausstellung dieses Dokuments der Aufenthalt in der Bundesrepublik für die Dauer seines Asylverfahrens gem. § 55 Abs. 1 S. 1 AsylG gestattet. Nach § 1 Abs. 1 Nr. 1 AsylbLG i.V.m. § 55 Abs. 1 S. 1 AsylG und § 63a Abs. 1 AsylG gilt der Ausländer mit Erhalt des Ankunftsnachweises als Leistungsberechtigter i.S.d. Asylbewerberleistungsgesetz. 206

IV. Verteilung in Aufnahmeeinrichtungen

Nach der Äußerung des Asylgesuchs ist der Ausländer von der jeweiligen Behörde, die sein Asylgesuch entgegengenommen hat, an die zuständige oder nächstgelegene Erstaufnahmeeinrichtung weiterzuleiten, vgl. § 18 Abs. 1 AsylG und § 19 Abs. 1 AsylG. Ist die Aufnahmeeinrichtung, an die der Ausländer weitergeleitet wird, nicht zuständig, so wird der Ausländer von dieser an die jeweils zuständige Einrichtung weitergeleitet, vgl. § 22 Abs. 1 S. 2 AsylG. Die Weiterleitung findet nicht statt, wenn dem Ausländer nach § 18 Abs. 2 Nr. 1 bis 3 AsylG die Einreise zu verweigern ist. Bei Einreise über den Landweg ist ihm der Grenzübertritt zu verwehren. Im Flughafenverfahren nach § 18a AsylG findet grundsätzlich keine Weiterleitung statt, sofern die Unterbringung auf dem Flughafengelände für die Dauer des (beschleunigten) Verfahrens möglich ist, § 18a Abs. 1 S. 1 AsylG. 207

Nach § 20 Abs. 1 S. 1 AsylG ist der Ausländer grundsätzlich verpflichtet, der Weiterleitung Folge zu leisten. Er muss den Weg zur Aufnahmeeinrichtung damit grundsätzlich selbst bestreiten. Allerdings hat die zuständige Behörde eine Meldepflicht bei der entsprechenden Aufnahmeeinrichtung nach § 20 Abs. 2 S. 1 AsylG. Mit der Weiterleitung an die für ihn zuständige Aufnahmeeinrichtung entsteht für den Ausländer eine Aufenthaltspflicht in der Erstaufnahmeeinrichtung für maximal sechs Monate. 208

V. Stellung des Asylantrags

Sobald der Ausländer in der für ihn zuständigen Aufnahmeeinrichtung angekommen ist, hat er unverzüglich einen förmlichen Asylantrag zu stellen. Hierzu befindet sich in jeder Aufnahmeeinrichtung eine Außenstelle des BAMF. Bei dieser kann der Ausländer seinen Asylantrag stellen (§ 14 Abs. 1 S. 1 AsylG) und damit das eigentliche Verwaltungsverfahren zur Entscheidung über seinen Asylanspruch in Gang setzen. Nach § 23 Abs. 1 AsylG ist der Ausländer verpflichtet, bei der Außenstelle des BAMF persönlich zu erscheinen. Wurde ihm seitens der Außenstelle des BAMF kein Termin genannt, so hat die Vorstellung unverzüglich zu erfolgen. 209

Sofern der Ausländer seinen Asylantrag nicht innerhalb von zwei Wochen stellt, erlischt die Aufenthaltsgestattung, die ihm mit der Äußerung des Asylbegehrens bei der Einreise eingeräumt wurde, und der Ausländer hält sich in der Folge illegal in Deutschland auf, vgl. §§ 23 Abs. 1 S. 1, 33 Abs. 5 und 6 AsylG.

Beispiel Der S möchte nach Deutschland einreisen und wird von den Grenzbehörden zunächst festgehalten, da er kein für die Einreise gültiges Visum besitzt. Da er syrischer Kriegsflüchtling ist, stellt er gegenüber den Beamten an der Grenze einen Antrag auf Asyl. Damit hat er zunächst ein Asylbegehren nach § 13 Abs. 3 S. 1 AsylG gestellt. Die Grenzbehörde trifft nun die Pflicht, den S an die nächstgelegene Aufnahmeeinrichtung weiterzuleiten (§ 18 Abs. 1 AsylG), sofern sich bei der weiteren Erörterung der Einreisemodalitäten ergibt, dass ein Verweigerungsgrund nach § 18 Abs. 2 AsylG vorliegt. Bevor sie den S aber weiterleitet, muss sie diesen gem. § 18 Abs. 5 AsylG noch erkennungsdienstlich behandeln. Grundsätzlich wird die Grenzbehörde daher nach § 16 Abs. 1 S. 2 AsylG Lichtbilder von S anfertigen und Abdrücke aller zehn Finger abnehmen. Anschließend muss der S die genannte Aufnahmeeinrichtung aufsuchen, wobei ihn die Pflicht trifft, den Weg dorthin selbst zu bestreiten, vgl. §§ 18 Abs. 1 i.V.m. 20 Abs. 2 S. 1 AsylG. Sobald er diese erreicht hat, hat er dort bei einer Außenstelle des BAMF unverzüglich seinen Asylantrag zu stellen, § 14 Abs. 1 S. 1 AsylG. Mit der Stellung des Antrags ist das verwaltungsrechtliche Asylverfahren angestoßen. ■

VI. Übersicht über die Entscheidung des BAMF

210 Das Asylverfahren endet mit der Entscheidung des BAMF über den Asylantrag. Die entscheidende Rechtsgrundlage hierfür ist § 31 AsylG. Da der Entscheidungsrahmen des BAMF in einem späteren Kapitel genauer betrachtet wird, soll hier nur ein grober Überblick erfolgen. Grundsätzlich handelt es sich um eine Ermessensentscheidung des BAMF. Allerdings ist in §§ 29 bis 30 AsylG gesondert geregelt, in welchen Fällen der Asylantrag grundsätzlich abzulehnen ist (offensichtliche Unzulässigkeit oder Unbegründetheit). Lehnt das BAMF den Bescheid ab, so ergeht eine Abschiebungsandrohung nach § 34 Abs. 1 AsylG, sofern die dort beschriebenen Voraussetzungen nicht vorliegen (unter anderem Abschiebungsverbot nach § 34 Abs. 1 S. 1 Nr. 3 AsylG i.V.m. § 60 Abs. 5 und 7 AufenthG).

VII. Das beschleunigte Verfahren

211 Gemäß § 30a AsylG kann das Asylverfahren auch in einem beschleunigten Verfahren durchgeführt werden. Das hier angesprochene beschleunigte Verfahren ist aber vom ebenfalls beschleunigten Verfahren bei Einreise über den Luftweg zu unterscheiden. Es geht hierbei um solche Asylanträge, die in speziellen Aufnahmeeinrichtungen gem. § 5 Abs. 5 AsylG gestellt wurden. Es handelt sich bei diesen Einrichtungen um solche, die auf das beschleunigte Verfahren spezialisiert sind. Der Ausländer muss für die Anwendbarkeit des beschleunigten Verfahrens darüber hinaus eine der Voraussetzungen des § 30a Abs. 1 Nr. 1 bis 7 AsylG erfüllen. Dazu zählen unter anderem offensichtliche Täuschungshandlungen des Ausländers über seine Identität oder Staatsangehörigkeit (Nr. 2), die Stellung eines Folgeantrags (Nr. 4) oder sich weigern, Fingerabdrücke abzugeben (Nr. 6). Es handelt sich also um solche Fälle, bei denen eine ablehnende Entscheidung des Asylantrags als überwiegend wahrscheinlich gilt.[9]

---

9 *Heusch/Haderlein/Schönenbroicher* Rn. 195 ff.

Nach § 30a Abs. 2 AsylG hat das BAMF im beschleunigten Verfahren innerhalb einer Woche ab Stellung des Asylantrags zu entscheiden. Die Ausländer, deren Anträge im beschleunigten Verfahren bearbeitet werden, haben die Pflicht, in der Aufnahmeeinrichtung zu wohnen, vgl. § 30a Abs. 3 S. 1 AsylG. Diese Verpflichtung kann unter den Voraussetzungen des § 30a Abs. 3 S. 2 AsylG auch über die Entscheidung hinaus bestehen. 212

Beispiel Eine Wohnpflicht über die Entscheidung des BAMF hinaus besteht in der Regel dann, wenn die Gefahr besteht, dass sich der Ausländer bei einer ablehnenden Entscheidung der nachfolgenden Ausweisung entziehen wird. ■

B. Der Asylantrag

Nachdem wir nun einen Überblick über den Beginn, die wesentlichen Merkmale und einzelnen Schritte des Asylverfahrens bekommen haben, widmen wir uns in diesem Kapitel dem Asylantrag. Insbesondere wollen wir uns mit dem Prüfungsverfahren des BAMF näher beschäftigen. Hierbei werden wir sehen, dass sich die Behörde nicht nur an nationales Recht halten muss, sondern in hohem Maße auch europarechtliche Vorschriften eine Rolle spielen. 213

I. Das förmliche Verfahren

Das förmliche Verfahren beginnt mit der Ankunft des Ausländers in der Erstaufnahmeeinrichtung und der Antragstellung. Das BAMF, dessen Zuständigkeit sich aus § 14 Abs. 1 S. 1 AsylG ergibt, wird hierüber in Kenntnis gesetzt, woraufhin dieses dem Ausländer einen Termin vergibt, zu dem er beim BAMF vorzusprechen und seinen Asylantrag zu stellen hat, vgl. § 23 AsylG. Mit der Stellung dieses Antrags wird das förmliche Asylverfahren in Gang gesetzt. 214

» Das gesamte Asylverfahrensrecht ist sehr normgeprägt. Lesen Sie die zitierten Normen und versuchen Sie sich die Besonderheiten selbst herauszuarbeiten! «

In den folgenden Absätzen des § 14 AsylG finden sich weitere Regelungen für besondere Fälle. So ist in § 14 Abs. 2 AsylG geregelt, wie mit Asylanträgen umzugehen ist, die bei der Ausländerbehörde gestellt wurden. Da grundsätzlich das BAMF für Asylanträge zuständig ist, trifft die Ausländerbehörde die Pflicht der unverzüglichen Weiterleitung des Antrags an das BAMF. Hinsichtlich solcher Ausländer, die sich in Haft, öffentlichem Gewahrsam oder in einem Krankenhaus befinden, stellt § 14 Abs. 3 AsylG Sonderregeln auf. 215

Stellt der Ausländer den Asylantrag nicht innerhalb von 14 Tagen, so erlischt die gesetzliche Aufenthaltsgestattung, vgl. §§ 23 Abs. 2 S. 1, 33 Abs. 5, 55 Abs. 1 AsylG. Weiter ist zu beachten, dass das Asylverfahren, wie wir bereits erörtert haben, ein verwaltungsrechtliches Verfahren ist. Demnach ist als Grundlage zunächst das VwVfG einschlägig, sofern im Asylrecht nicht abweichende Regelungen enthalten sind. Solche Normen sind u.a. §§ 24 und 25 AsylG, die besondere verwaltungsverfahrensrechtliche Regelungen für das Asylverfahren aufstellen. 216

II. Umfang des Verfahrens

Es ist zu beachten, dass mit der Stellung des Asylantrags unter Umständen nicht nur die Prüfung der materiellen Asylansprüche des Antragstellers relevant wird. Der Asylantrag erstreckt sich grundsätzlich auch auf die eigenen minderjährigen und ledigen Kinder, die zusammen 217 mit dem Antragsteller geflohen sind, vgl. § 14a AsylG. Ohne Einschränkung erstreckt sich der Asylantrag sowohl auf die Anerkennung als Asylberechtigter als auch auf die Zuerkennung des internationalen subsidiären Schutzes, vgl. § 13 Abs. 2 AsylG. Umgekehrt kann deshalb kein isolierter Antrag auf Zuerkennung des internationalen subsidiären Schutzes gestellt werden. Er ist gerade subsidiär, sodass immer auch das Vorliegen der Asylberechtigung oder Flüchtlingseigenschaft zu prüfen ist.

III. Pflichten des BAMF

218 Als die für die Bearbeitung der Asylanträge zuständige Behörde trifft das BAMF eine Vielzahl von Pflichten gegenüber dem Antragsteller. Wie im gesamten Ordnungsrecht gilt auch im Asylverfahren der Amtsermittlungsgrundsatz, sodass das BAMF die Pflicht trifft, den Sachverhalt selbst zu klären und die erforderlichen Beweise zu erheben, § 24 Abs. 1 S. 1 AsylG. Insofern stellt diese Norm lediglich eine Konkretisierung des allgemeinen Untersuchungsgrundsatzes aus § 24 VwVfG dar. In diesem Zusammenhang ist zu beachten, dass der Untersuchungsgrundsatz nicht weiter reicht als die Entscheidungsbefugnisse des BAMF. Er beschränkt sich demnach auf das Asylverfahren, die Prüfung nationaler Abschiebungsverbote und die Androhung der Abschiebung.[10]

219 Problematisch ist insofern, dass gem. § 24 Abs. 1 S. 1 AsylG das BAMF dazu verpflichtet wird, Beweise zu erheben, die außerhalb des Hoheitsgebiets der Bundesrepublik entstanden sind, und ihre Untersuchungsbefugnis sich gerade nicht auf das Hoheitsgebiet fremder Staaten bezieht. Praktisch stellt dieser Umstand das BAMF häufig vor erhebliche Schwierigkeiten, da es auf den betroffenen Antragsteller als einzige Quelle zur Beweisermittlung angewiesen ist.[11] Es liegt auf der Hand, dass derjenige, der Schutz erhalten möchte, auch nur die Tatsachen preisgibt, die ihm bei der Erlangung dieses Anspruchs dienlich sind. Daraus folgt letztlich eine Begrenztheit der Mittel zur Erforschung des Sachverhaltes. Man spricht insofern auch von einem sachtypischen Beweisnotstand.[12]

220 Neben dem Antragsteller selbst können weitere Beweismittel sein:[13]

- Behördenakten,
- andere Zeugen,
- Sachverständigengutachten,
- amtliche Auskünfte (z.B. des Auswärtigen Amtes),
- Berichte von NGOs.

Hinweis

Auf Grund dieser Begrenztheit der Beweisquellen steht die Untersuchungspflicht des BAMF in einem engen Verhältnis zu den (teilweise sanktionsbehafteten) Mitwirkungspflichten des Asylbewerbers.

---

10 *Heusch/Haderlein/Schönenbroicher* Rn. 176; BVerwGE 104, 265.

11 Das *BVerfG* spricht insoweit auch vom „Zeugen in eigener Sache", BVerfGE 94, 166.

12 Vgl. BVerfGE 55, 82.

13 *Heusch/Haderlein/Schönenbroicher* Rn. 174 m.w.N.

IV. Pflichten und Rechte des Asylbewerbers

Wie soeben angesprochen, trifft nicht nur das BAMF besondere Pflichten im Asylverfahren, sondern auch den Antragsteller. Als Antragsteller hat er jedoch nicht nur Pflichten, sondern auch Rechte. So ist z.B. die Anhörung gem. § 25 AsylG sowohl ein Recht als auch eine Pflicht des Ausländers. Sie ist integraler Bestandteil eines rechtsstaatlichen Verwaltungsverfahrens und damit auch des Asylverfahrens. Kommt der Ausländer seiner Pflicht, an der Anhörung teilzunehmen, allerdings nicht nach, kann das BAMF nach Aktenlage entscheiden, vgl. § 25 Abs. 4 S. 5 AsylG. **221**

Die Anhörung ist ein zentraler Schritt im Asylverfahren und dient dem BAMF dazu, Beweise zu ermitteln, die für die Entscheidung relevant sein könnten. Gem. § 25 Abs. 1 S. 1 AsylG ist der Ausländer verpflichtet, Angaben zur Flucht, seinem Herkunftsland und der erlebten Verfolgung zu machen, vgl. § 25 Abs. 1 S. 2 AsylG. Dies gilt auch für solche Tatsachen, die für den Ausländer mit negativen Folgen verbunden sein könnten, wie die Belastung mit einer Straftat oder einem Hinweis, der auf eine Dublin-Staat-Zuständigkeit hinweisen könnte.[14] **222**

Eine (weitere) Mitwirkungspflicht ist auch die Pflicht des Antragstellers, während des gesamten Asylverfahrens erreichbar zu sein, vgl. § 10 Abs. 1 AsylG. Dies soll die ordnungsgemäße Zustellung von Bescheiden während des Verfahrens und damit die Einhaltung der mit der Zustellung verbundenen Fristen sicherstellen. Darüber hinaus ist der Asylbewerber auf Grund eines Umkehrschlusses aus § 33 Abs. 1 AsylG grundsätzlich dazu verpflichtet, das Asylverfahren zu betreiben. Gem. § 33 Abs. 2 AsylG wird vermutet, dass er das Verfahren nicht betreibt, wenn er z.B. der Aufforderung zur Anhörung nach § 25 AsylG nicht nachkommt oder untergetaucht ist. **223**

V. Das Dublin-Verfahren

Nachdem der Ausländer seinen Asylantrag gestellt hat beginnt das BAMF die Prüfung der Voraussetzungen des Antrags. Die Prüfung unterteilt sich dabei in mehrere Abschnitte. Ein vorgelagerter Schritt ist der sogenannte Dublin-Check. Dieser dient der Überprüfung, ob die Bundesrepublik für den gestellten Antrag international überhaupt zuständig ist. Je nachdem wie die Entscheidung ausfällt, wird die Prüfung des Antrags mit der Anhörung und der Prüfung der materiellen Voraussetzungen fortgesetzt oder das Verfahren zur Abschiebung an den international zuständigen Staat wird eingeleitet. **224**

1. Allgemeines

Das Dublin-Verfahren ist ein auf der Dublin-III-Verordnung[15] basierender, vorgelagerter Teil des förmlichen Asylverfahrens. Dieses Verfahren geht auf einen völkerrechtlichen Vertrag vom 15.6.1990 zwischen insgesamt zwölf EG-Staaten sowie Island und Norwegen zurück. **225**

---

14 *Heusch/Haderlein/Schönenbroicher* Rn. 180 ff.

15 Verordnung (EU) Nr. 604/2013.

Hinweis

Auf Grund der damals noch fehlenden EG-Zuständigkeit für den Bereich einer einheitlichen Asylpolitik wurde zunächst ein völkerrechtlicher Vertrag beschlossen. Dies hat sich mit der Umwandlung der Europäischen Gemeinschaft hin zur Europäischen Union geändert, als dass die Asylpolitik mit in die dritte Säule der Union aufgenommen wurde und die Union seither befähigt ist, Verordnungen im Bereich der Asylpolitik zu erlassen.

Der Vertrag vom 15.6.1990 diente zunächst dem Zweck, verbindlich zu regeln, welcher Staat für einen Asylantrag zuständig ist, um zu verhindern, dass Asylbewerber so lange durch Europa reisen, bis sie erfolgreich von einem Staat Asyl erhalten haben. Auf Grund des Ortes des Vertragsschlusses wurde dieser Vertrag „Dublin-Vertrag" genannt. Seit der Vergemeinschaftung der Asylpolitik mit dem Vertrag von Amsterdam vom 2.10.1997 gehört diese zur Zuständigkeit der EU. Infolgedessen wurde der Dublin-Vertrag durch eine supranationale EU-Regelung, der VO (EG) Nr. 343/2003 vom 18.2.2003, ersetzt (sog. „Dublin-II-Verordnung"). Im Jahre 2013 wurde diese Verordnung wiederum durch die VO (EU) Nr. 604/2013 ersetzt und unter dem Namen „Dublin-III" berühmt. Noch immer dient diese Verordnung der verbindlichen Klärung der Zuständigkeit unter den EU-Mitgliedsstaaten für die jeweiligen Asylverfahren.[16]

226 In Deutschland ist das BAMF über § 29 Abs. 1 Nr. 1 lit. a AsylG für die Klärung der Zuständigkeitsfrage nach der Dublin-III-VO zuständig und zwar erst mit Eintritt in die Prüfung des Asylantrags. Will die Bundespolizei einen Ausländer bereits an der Grenze zurückweisen, muss sie daher das BAMF im Wege der Amtshilfe ersuchen, die Zuständigkeitsfrage zu klären. Nur so kann eine rechtsverbindliche Klärung der Zuständigkeitsfrage ergehen und eine evtl. Zurückweisung in den jeweils zuständigen Staat erfolgen (sofern dies dann wiederum tatsächlich möglich ist).

Auf Grund der vorgelagerten Klärung der Zuständigkeitsfrage erhält der betroffene Ausländer, der von der Bundespolizei an der Grenze aufgefunden wird, regelmäßig keine Gelegenheit einen Asylantrag zu stellen. Dennoch entspricht es der Verwaltungspraxis, dass das BAMF einen ablehnenden Asylbescheid erlässt für den Fall, dass ein anderer Staat nach der Dublin-III-VO zuständig ist. Dies ist insofern aber inkorrekt, als dass gerade kein Asylantrag gestellt wurde. Darüber hinaus wird in der Praxis im Rahmen der gerichtlichen Überprüfung solcher Entscheidungen eine inhaltliche Prüfung der Asylvoraussetzungen vorgenommen, obwohl das BAMF selbst hierüber nie entschieden hat.[17]

227 Hinsichtlich der Anwendbarkeit der Dublin-III-VO auf die einzelnen materiellen Asylansprüche ist Art. 1 der Verordnung zu beachten. Dem Wortlaut nach legt die Verordnung *„… die Kriterien und (das) Verfahren fest, die bei der Bestimmung des Mitgliedsstaats, der für die Prüfung eines von einem Drittstaatsangehörigen oder Staatenlosen in einem Mitgliedsstaat gestellten Antrags auf internationalen Schutz zuständig ist, zur Anwendung gelangen …"*. Nach dieser Definition des Regelungsgegenstandes der Verordnung findet die Zuständigkeitsprüfung nur bei der Frage nach internationalem Schutz Anwendung. Wie bereits besprochen, unterfallen diesem Begriff aber nur die Zuerkennung der Flüchtlingseigenschaft und der internationale

16 *Hailbronner* Rn. 103 ff.

17 Vgl. *Tiedemann* S. 113.

subsidiäre Schutz. Das Recht, einen Antrag auf nationales Asyl (Art. 16a GG) zu stellen, bleibt von der Zuständigkeitsverteilung der Verordnung also unberührt! Unabhängig von der Zuständigkeitsverteilung nach der Dublin-III-VO ist es einem Ausländer also grundsätzlich möglich, als politisch Verfolgter einen Asylantrag zu stellen.

2. Die Dublin-Zuständigkeit

PRÜFUNGSSCHEMA

Dublin-Zuständigkeit, Art. 3 Dublin-III-VO 228

I. Zuständigkeit, Art. 3 Abs. 1 Dublin-III-VO
1. Zuständigkeit, Art. 8 bis 12 Dublin-III-VO
2. Auffangklausel, Art. 13 Dublin-III-VO

II. Zuständigkeit, Art. 3 Abs. 2 UAbs. 1 Dublin-III-VO

III. Keine Unmöglichkeit der Überstellung, Art. 3 Abs. 2 UAbs. 2 Dublin-III-VO
Unmöglichkeit der Überstellung an EU-Mitgliedstaat Rn. 231

IV. Kein Selbsteintritt, Art. 17 Abs. 1 Dublin-III-VO

Die Zuständigkeit der Dublin-Staaten ergibt sich aus einem in der Dublin-III-VO normierten Kriterienkatalog. Allgemeine Regelungen über die Zuständigkeit finden sich bereits in Art. 3 Dublin-III-VO. Nach Art. 3 Abs. 1 Dublin-III-VO wird ein Asylantrag nur von dem Mitgliedsstaat geprüft, der nach den Kriterien des Kapitels III der Dublin-III-VO zuständig ist. Für den Fall, dass keine eindeutige Zuständigkeit ermittelt werden kann, ist gem. Art. 3 Abs. 2 UAbs. 1 Dublin-III-VO der Staat zuständig, in dem zuerst ein Antrag auf internationalen Schutz gestellt wurde. 229

Kann eine Überstellung an den als zuständig ermittelten Dublin-Staat wegen wesentlicher Gründe i.S.d. Art. 3 Abs. 2 UAbs. 2 Dublin-III-VO nicht erfolgen, so ist zu prüfen, ob nach den Kriterien des Kapitels III der Dublin-III-VO nicht ein anderer Mitgliedsstaat zuständig ist. Gründe für eine unmögliche Überstellung können sein: Systematische Schwachstellen im Asylverfahren und den Aufnahmebedingungen im eigentlich zuständigen Mitgliedsstaat, die die Gefahr einer unmenschlichen oder entwürdigenden Behandlung i.S.d. Art. 4 EUGrCh mit sich bringen. 230

Mit der Regelung des Art. 3 Abs. 2 UAbs. 2 Dublin-III-VO wird dem Grunde nach offiziell eingeräumt, dass es Mitgliedsstaaten in der EU gibt, die ihre vertraglichen Pflichten aus dem Unionsrecht missachten oder gar verletzen. Entsprechende Entscheidungen wurden beispielsweise hinsichtlich der Zurückführung von Asylsuchenden nach Griechenland getroffen, da die EU-Standards im Bereich der Versorgung und des Asylverfahrens als nicht gegeben angesehen wurden.[18] Aber auch im Bezug zu anderen europäischen Ländern wie Italien[19] oder Ungarn[20] wurden bereits entsprechende Gerichtsentscheidungen getroffen. 231

18 *EGMR* Urteil vom 21.1.2011 – 30696/09; *EuGH* Urteil vom 21.12.2011 – C-411/10, C-493/10.
19 *VG Frankfurt* Urteil vom 9.7.2013 – 7 K 560/11.
20 *VG Trier* Urteil vom 30.5.2012 – 5 K 967/11.TR.

a) Die Zuständigkeit nach Art. 3 Abs. 1 Dublin-III-VO

» Lesen Sie die Art. 7 bis 15 Dublin-III-VO, um sich einen Überblick zu verschaffen. «

232 Der von Art. 3 Abs. 1 Dublin-III-VO angesprochene Kriterienkatalog aus Kapitel III der Verordnung lässt sich folgendermaßen strukturieren. Zunächst stellt Art. 7 Dublin-III-VO klar, dass zur Bestimmung der Zuständigkeit die Rangfolge der nachfolgenden Artikel (Art. 8 ff.) zu beachten ist. Entsprechend finden sich in den nachfolgenden Artikeln dann spezielle Zuständigkeitsregeln für Minderjährige (Art. 8 Dublin-III-VO) und Familienangehörige (Art. 9, 10, 11). Darüber hinaus kann sich eine spezielle Zuständigkeit aber auch auf Grund eines bereits erteilten Aufenthaltspapiers oder Visum nach Art. 12 Dublin-III-VO ergeben.

Greift im Einzelfall keines dieser genannten Kriterien, so kommt es zur Anwendung des Art. 13 Dublin-III-VO, der auf die Einreise bzw. den Aufenthalt über einen anderen Mitgliedsstaat der EU abstellt.

- Nach Abs. 1 ist der Mitgliedsstaat zuständig, in den ein Drittstaatsangehöriger als Erstes einreist. Allerdings ist hierbei eine zeitliche Begrenzung auf zwölf Monate zu beachten.
- Nach Abs. 2 ist der Mitgliedsstaat zuständig, in dem sich der Asylsuchende zuvor mindestens und ununterbrochen fünf Monate illegal aufgehalten hat, sofern ein eigentlich zuständiger Mitgliedsstaat nicht oder nach Abs. 1 S. 2 nicht länger zuständig ist.

b) Die Zuständigkeit nach Art. 3 Abs. 2 UAbs. 1 Dublin-III-VO

233 Greift auch der Art. 13 Dublin-III-VO nicht, so kann sich die Zuständigkeit noch immer aus Art. 14 Dublin-III-VO bei visafreier Einreise oder aus Art. 15 Dublin-III-VO bei Einreise über den internationalen Transitbereich eines Flughafens ergeben. Ergibt sich auch hieraus keine Zuständigkeit, so greift der nächste Schritt in der oben bereits aufgestellten Rangfolge und es gilt die Generalklausel des Art. 3 Abs. 2 UAbs. 1 Dublin-III-VO. Demnach wäre dann der Mitgliedsstaat zuständig, in dem der Asylsuchende zuerst einen Antrag auf internationalen Schutz gestellt hat.

c) Das Selbsteintrittsrecht

234 Abschließend sei aber noch auf Art. 17 Abs. 1 Dublin-III-VO hingewiesen. Diese Norm ermöglicht es jedem Mitgliedsstaat, einen bei ihm gestellten Antrag auf internationalen Schutz selbst zu prüfen, auch wenn er nach den Kriterien der Dublin-III-VO nicht zuständig wäre, sog. Selbsteintrittsrecht. Eine Ausnahme hiervon ergibt sich lediglich, wenn der Ausländer geltend macht, dass das Selbsteintrittsrecht des Staates zur Verletzung seiner Menschenrechte führt.[21]

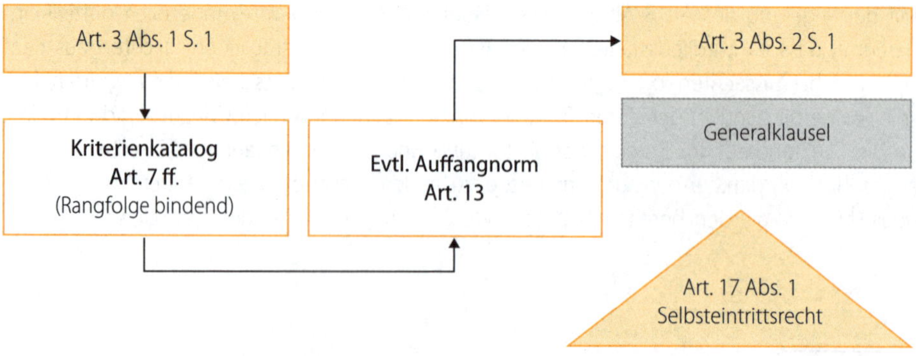

21 *EuGH* Urteil vom 14.11.2013 – C-4/11.

3. Das Dublin-Verfahren

a) Informationspflichten

Sobald ein Antrag auf internationalen Schutz in einem Mitgliedsstaat gestellt wurde, ist der Antragsteller über die Anwendung der Dublin-III-VO und der damit verbundenen Rechte und Pflichten von der zuständigen Behörde zu informieren, vgl. Art. 4 Abs. 1 Dublin-III-VO. **235**

Zu den Informationspflichten gehört u.a.:
- Ziele und Folgen der Dublin III-VO erläutern (Abs. 1 lit. a),
- die Kriterien der Zuständigkeit und die Möglichkeit, dass trotz Asylantrags ein anderer Staat zuständig ist (Abs. 1 lit. b),
- Informationen zur Möglichkeit eines Rechtsbehelfs (Abs. 1 lit. d),
- Datenschutzrechtliche Aspekte (Abs. 1 lit. e).

b) Persönliches Gespräch

In Art. 5 Abs. 1 S. 1 Dublin-III-VO ist darüber hinaus ein obligatorisches persönliches Gespräch mit dem Antragsteller festgeschrieben, mit dem vorrangigen Ziel, den Pflichten nach Art. 4 Abs. 1 Dublin-III-VO nachzukommen. Es geht also insbesondere um die Erforschung des für die Entscheidung relevanten Sachverhaltes. Ausnahmen hiervon sind nach Art. 5 Abs. 2 Dublin-III-VO grundsätzlich denkbar. Insbesondere wenn der Antragsteller flüchtig ist (Abs. 2 lit. a). Das Gespräch wird nach Art. 5 Abs. 4 S. 1 Dublin-III-VO in einer Sprache geführt, die der Antragsteller versteht, und es muss eine angemessene Vertraulichkeit gewährleistet werden, vgl. Art. 5 Abs. 5 S. 1 Dublin-III-VO. Zusätzlich muss der Gesprächsverlauf gem. Art. 5 Abs. 6 S. 1 Dublin-III-VO dokumentiert werden (u.a. für späteres Gerichtsverfahren). **236**

Hinweis

Neben dem persönlichen Gespräch ist auch die sog. EURODAC-Datenbank ein Hilfsmittel zur Feststellung der Zuständigkeit der Mitgliedsstaaten. Bereits bei der Erläuterung des Asylverfahrens sind wir im Rahmen der Identitätsfeststellung auf diese Datenbank zu sprechen gekommen (Rn. 199 ff.). Wurde der Ausländer bereits in einem anderen Mitgliedsstaat erkennungsdienstlich behandelt, so ist dies ein starkes Indiz dafür, dass dieser Staat zuständig ist.

c) Verfahrensrechtliche Vorgaben

Nach Art. 7 Abs. 2 Dublin-III-VO ist der für die Entscheidung über die Zuständigkeit erhebliche Zeitpunkt der der Stellung des (ersten) Asylantrags. Insgesamt hat das BAMF drei Monate Zeit für eine Entscheidung und ein entsprechendes Aufnahmegesuch (sofern nötig) bei dem jeweils zuständigen Mitgliedsstaat. Sofern die EURODAC-Datenbank einen Treffer ausgibt, verkürzt sich die Frist auf zwei Monate, Art. 21 Abs. 1 Dublin-III-VO. Verstreicht die Frist, so ist nach Art. 21 Abs. 1 S. 3 Dublin-III-VO die Bundesrepublik für das Asylverfahren zuständig. Wurde jedoch fristgerecht ein Aufnahmegesuch bei dem zuständigen Mitgliedsstaat gestellt, so hat dieser nach Art. 22 Dublin-III-VO seinerseits zwei Monate Zeit, seine Zuständigkeit zu überprüfen und zu entscheiden, ob es dem Gesuch entspricht. Lässt der als zuständig ermittelte Staat diese Frist verstreichen, so gilt er wegen Art. 22 Abs. 7 Dublin-III-VO als zuständig, auch wenn er dies nach der Dublin-III-VO eigentlich nicht wäre.[22] **237**

22 *Heusch/Haderlein/Schönenbroicher* Rn. 276.

4. Rechtsfolge

238 Stimmt der als zuständig erachtete Mitgliedsstaat dem Aufnahmegesuch zu, so erteilt das BAMF dem betroffenen Ausländer einen Verwaltungsakt, mit dem es den Asylantrag als unzulässig ablehnt, vgl. §§ 29 Abs. 1 Nr. 1 lit. a, 31 Abs. 6 AsylG. Darüber hinaus muss das BAMF dem Ausländer mitteilen, welcher Staat für ihn zuständig ist. In seiner Entscheidung hat das BAMF wegen § 31 Abs. 3 S. 1 AsylG trotz anerkannter Zuständigkeit eines anderen Staates noch die nationalen Abschiebungsverbote nach § 60 Abs. 5 oder 7 AufenthG zu prüfen. Als nationales Recht gehen diese Regelungen der Dublin III-VO vor.[23]

Unterlässt das BAMF die Prüfung der § 60 Abs. 5 und 7 AufenthG nach Feststellung der Zuständigkeit eines anderen Mitgliedsstaates nach der Dublin-III-VO, so kann der betroffene Ausländer im Wege des vorläufigen Rechtsschutzes die Abschiebung zunächst verhindern, bis die Entscheidung nachgeholt wurde. Jedoch soll die Abschiebung gerade nicht in den Herkunftsstaat erfolgen, sondern in einen Mitgliedsstaat der Union, sodass die Prüfung der § 60 Abs. 5 und 7 AufenthG meist negativ ausfällt, die Abschiebung also vollzogen wird.[24]

Beispiel Der syrische Flüchtling S beantragt in Deutschland Asyl. Bei der Überprüfung der Identität und Einreisemodalitäten stellt sich heraus, dass der S von Syrien aus zunächst über das Mittelmeer nach Griechenland gereist ist. Entsprechend ist nach der Dublin-III-VO Griechenland für den Asylantrag zuständig, weswegen eine Überstellung eingeleitet werden wird. Allerdings hat das BAMF trotz der Dublin-Zuständigkeit die nationalen Abschiebungsverbote zu berücksichtigen. In der Regel treffen die Kriterien der § 60 Abs. 5 und 7 AufenthG nicht auf die Mitgliedstaaten der EU zu, weswegen der S auch aus diesem Grund nicht in Deutschland bleiben darf. ■

239 Das BAMF ordnet zudem die Abschiebung des Betroffenen in den zuständigen Staat an, vgl. § 34a Abs. 1 S. 1 Alt. 2 AsylG. Der Bescheid hierüber ist mit einer Rechtsbehelfsbelehrung zu versehen, die auf die Möglichkeit des einstweiligen Rechtsschutzes hinweist. Sofern der Dublin-Check allerdings ergibt, dass die Bundesrepublik zuständig ist, so ist das Asylverfahren nach Maßgabe des § 31 AsylG fortzuführen. Ist dem Ausländer die Einreise bis zu diesem Zeitpunkt nicht gestattet worden, da er beispielsweise an der Grenze durch die Polizei aufgehalten wurde, so ist ihm die Einreise und Weiterreise in eine Erstaufnahmeeinrichtung zu gestatten, wo dann das Asylverfahren weiter durchgeführt wird.

5. Rechtsschutz

240 Hinsichtlich des Rechtsschutzes gegen Entscheidungen des BAMF auf Grund des Dublin-Checks ergibt sich insbesondere hinsichtlich der Klagefrist eine Besonderheit. So ist gemäß § 34a Abs. 2 S. 1 AsylG ein Antrag auf einstweiligen Rechtsschutz gem. § 80 Abs. 5 VwGO gegen die Abschiebungsanordnung, nach Feststellung der Zuständigkeit eines anderen Mitgliedsstaates, innerhalb einer Woche nach Bekanntgabe der Anordnung zu stellen. Der Antrag verhindert bei rechtzeitiger Stellung die Abschiebung für die Zeit, in der das Verfahren vor Gericht läuft, vgl. § 34a Abs. 2 S. 2 AsylG.

23 *BVerwG* Urteil vom 13.2.2014 – 10 C 6/13, Rn. 14.
24 Vgl. *BVerwG* Urteil vom 13.2.2014 – 1 C 4/13.

VI. Der weitere Prüfungsrahmen des BAMF

Das Dublin-Verfahren, welches wir soeben kennengelernt haben, ist lediglich der Einstieg des 241
BAMF in die inhaltliche Prüfung des Asylbegehrens. Ist die Zuständigkeitsfrage geklärt, hat das BAMF weitere Prüfungsschritte zu unternehmen, die wir nun in der Folge vertieft betrachten wollen.

1. Weitere formelle Voraussetzungen

Nachdem geklärt ist, dass die Bundesrepublik für den Asylbewerber nach §§ 31 Abs. 6, 29 242
Abs. 1 Nr. 1 lit. a AsylG i.V.m. der Dublin III-VO zuständig ist, wird die Anhörung nach § 25 AsylG durchgeführt. Hierbei muss der Asylbewerber selbst die Tatsachen vortragen, die seine Furcht vor politischer Verfolgung begründen (§ 25 Abs. 1 AsylG) und einer evtl. Abschiebung in einen bestimmten Staat entgegenstehen (§ 25 Abs. 2 AsylG). Ein späteres Vorbringen kann unberücksichtigt bleiben (§ 25 Abs. 3 S. 1 AsylG), worauf der Asylbewerber aber zuvor hinzuweisen ist (§ 25 Abs. 3 S. 2 AsylG). Dies ist insofern von besonderer Relevanz, da nach § 25 Abs. 3 S. 2 AsylG i.V.m. § 36 Abs. 4 S. 3 AsylG auch im verwaltungsgerichtlichen Verfahren das verspätete Vorbringen unberücksichtigt bleiben kann, wenn es die Entscheidung verzögern würde.

Die Anhörung findet nicht öffentlich statt, vgl. § 25 Abs. 6 S. 1 AsylG. Vertreter von Bund, Län- 243
der und UNHCR dürfen dabei sein. Die Anwesenheit eines Rechtsbeistandes muss nicht ausdrücklich in § 25 AsylG geregelt werden, sondern folgt bereits aus dem Rechtsstaatsprinzip.[25] Über die Anhörung ist eine Niederschrift aufzunehmen, die die wesentlichen Angaben des Ausländers enthält, vgl. § 25 Abs. 7 AsylG. Da sich der Amtsermittlungsgrundsatz aber nicht bereits in der Anhörung des Ausländers erschöpft, hat das BAMF weitere Untersuchungen anzustellen, um den Sachverhalt möglichst genau aufzuklären, vgl. § 24 Abs. 1 AsylG. Siehe hierzu bereits die Ausführungen weiter oben (Rn. 218).

Beispiel Der S hat seinen Asylantrag gestellt und befindet sich in der Anhörung. Hier werden die anwesenden Beamten versuchen, alle wesentlichen Informationen zur Person, der Flucht und der Einreise zu erlangen, die für die Entscheidung des BAMF wesentlich sind. An dieser Stelle des Verfahrens muss der S auch und vor allem begründen, wieso er auf der Flucht ist. Die so erlangten Aussagen des S sind später ein Indiz für die Entscheidungsfindung des BAMF. Während es zwar die subjektiven Fluchtgründe und den Weg der Einreise nur schwer nachprüfen kann, so kann das BAMF die objektiven Fluchtgründe, wie die aktuelle politische Situation im Herkunftsland, sehr wohl erforschen. ■

Problematisch an der so durchgeführten Anhörung und der darauf gestützten späteren Entscheidung ist, dass diejenigen Bediensteten, die die Anhörung leiten, nicht diejenigen sind, die später über den Antrag entscheiden. Letztere legen zwar die Niederschrift ihrer Entscheidung zu Grunde. Aus dieser gehen aber gerade keine nonverbalen Eindrücke des Ausländers oder Übersetzungsschwierigkeiten hervor. Kommt es allerdings zu einer gerichtlichen Kontrolle der Entscheidung des BAMF, so zieht das Gericht zwar auch die Niederschrift als Entscheidungsgrundlage heran, wird den Kläger (der jeweilige Asylbewerber) aber im Verfahren auch selbst anhören.[26]

25 *Tiedemann* S. 116.
26 Vgl. *Tiedemann* S. 116.

2. Besonderheiten im Flughafenverfahren

244 Ein über den Luftweg einreisender, nach Asyl suchender Ausländer darf gem. § 18a Abs. 1 S. 1 AsylG erst dann in die Bundesrepublik einreisen, also den Transitbereich des Flughafens verlassen, wenn das Asylverfahren durchgeführt wurde. Ein Asylsuchender wird demnach bereits am Flughafen an die Grenzkontrollstelle oder eine Außenstelle des BAMF (sofern vorhanden) weitergeleitet. Dort muss ihm wegen § 18a Abs. 1 S. 1 und 3 AsylG umgehend die Möglichkeit eingeräumt werden, einen Asylantrag zu stellen. Nach § 18a Abs. 6 Nr. 2 AsylG ist dem Ausländer die Einreise zu gestatten (verbunden mit der Weiterleitung an eine Erstaufnahmeeinrichtung), wenn das Bundesamt nicht innerhalb von zwei Tagen nach Stellung des Asylantrags über diesen entschieden hat. Dies ist u.a. dann der Fall, wenn der Asylantrag nicht als offensichtlich unbegründet abgelehnt werden kann. Lehnt das BAMF den Asylantrag innerhalb der Frist von zwei Tagen ab, wird die Einreise verweigert und hierüber ein Asylbescheid ausgestellt, der sofort vollziehbar ist, vgl. § 18a Abs. 3 AsylG. Gegen eine solche ablehnende Entscheidung kann der Asylbewerber innerhalb von drei Tagen nach Zustellung der Entscheidung Antrag auf Gewährung vorläufigen Rechtsschutzes nach § 80 Abs. 5 VwGO stellen, vgl. § 18a Abs. 4 S. 1 AsylG. Auf Grund des Antrags auf vorläufigen Rechtsschutzes beginnt nach § 18a Abs. 6 Nr. 3 AsylG eine vierzehntägige Frist zu laufen, innerhalb derer das zuständige Gericht über den Antrag zu entscheiden hat. Gelingt dies nicht, dauert das Verfahren also länger, so ist dem Asylbewerber die Einreise zu gestatten.

3. Das beschleunigte Verfahren

» Wie immer gilt: lesen Sie die Norm! Die Kriterien ergeben sich unmittelbar aus dem Wortlaut des Gesetzes. «

245 Nach § 30a AsylG kann ein beschleunigtes Asylverfahren durchgeführt werden. Es handelt sich hierbei um eine Ermessensentscheidung des BAMF, ob ein solches beschleunigtes Verfahren durchgeführt werden soll. Ein derartiges Verfahren kommt aber nur für solche Asylbewerber in Frage, die sich in besonderen Aufnahmeeinrichtungen i.S.d. § 5 Abs. 5 AsylG aufhalten und darüber hinaus mindestens ein Kriterium des § 30a Abs. 1 Nr. 1 bis 7 AsylG erfüllen. Kommt ein beschleunigtes Verfahren in Betracht, so muss das BAMF innerhalb einer Woche ab Stellung des Asylantrags über diesen entscheiden, vgl. § 18a Abs. 2 S. 1 AsylG. Kann es die Frist nicht einhalten, führt es das Verfahren als nicht beschleunigtes Verfahren fort.

4. Materielle Voraussetzungen

246 In materieller Hinsicht hat das BAMF die bereits im Kapitel „das materielle Asylrecht" angesprochenen Aspekte zu prüfen. So hat das BAMF unter anderem zu prüfen, ob die Voraussetzungen des Asylrechts für politisch Verfolgte nach Art 16a GG vorliegen, die Flüchtlingseigenschaft gegeben ist, subsidiärer Schutz gewährt werden muss oder Abschiebungsverbote vorliegen.

5. Exkurs zur Erklärung EU-Türkei vom 18.3.2016

247 Die zwischen der EU und der Türkei am 18.3.2016 getroffene Erklärung[27] zur Rückführung syrischer Flüchtlinge aus Griechenland in die Türkei ist für das Asylverfahren und den Asylantrag eines Flüchtlings in Deutschland mangels Einreise in das Bundesgebiet irrelevant. Auf Grund der hohen Aktualität und politischen Brisanz soll es hier aber in einem Exkurs den-

27 *Europäischer Rat* Pressemitteilung 144/16 vom 18.3.2016.

noch kurz dargestellt werden. Mit dem primären Ziel, das Geschäftsmodell der Schleuser zu zerschlagen und die lebensgefährliche Überfahrt nach Europa zu beenden, haben die EU und die Türkei am 18.3.2016 einen Maßnahmenkatalog vereinbart.

Die erste Maßnahme zielt darauf ab, irreguläre Migranten aus der Türkei, die griechischen Boden erreichen, in die Türkei zurückzuführen. Ein dem EU- und Völkerrecht entsprechendes Asylverfahren soll in jedem Fall stattfinden. Allerdings werden solche Migranten zurückgeführt, die a) keinen Asylantrag stellen oder b) deren Antrag abgelehnt wird. Die Türkei und Griechenland unterstützen sich hierbei organisatorisch als auch personell. Die zweite Maßnahme bestimmt, dass für jeden syrischen Migranten, der in die Türkei zurückgeführt wird, ein syrischer Flüchtling aus der Türkei in der EU neu angesiedelt wird. Hierbei werden diejenigen Migranten bevorzugt, die noch keinen Versuch unternommen haben, in die EU zu immigrieren oder von dort zurückgeführt wurden. Mit der dritten Maßnahme verpflichtet ich die Türkei in Zusammenarbeit mit der EU, die See- und Landfluchtrouten zu kappen und die Bildung neuer Routen zu verhindern.

Als Entgegenkommen wird der Türkei mit der fünften Maßnahme ein beschleunigtes Verfahren zur Visaerleichterung in Aussicht gestellt. Bis Ende Juni 2016 sollte die Visumpflicht für türkische Staatsangehörige demnach aufgehoben werden, sofern alle Kriterien erfüllt würden. Hierzu ist es aus verschiedensten politischen Gründen bisher nicht gekommen. Darüber hinaus stellt die EU der Türkei zusätzliche finanzielle Mittel in Aussicht, um die Flüchtlinge in der Türkei besser zu versorgen. Ob die Erklärung letztlich einen Nutzen hat, wird sehr unterschiedlich beurteilt.[28]

C. Die Entscheidungen des BAMF

Zentrale Norm für die Entscheidung des BAMF über Asylanträge ist der § 31 AsylG. Die Ent- **248**
scheidung des BAMF bildet den Abschluss des Asylverfahrens. Für die Statusberechtigung des Asylbewerbers ist die Entscheidung des BAMF der finale Akt. Es handelt sich verwaltungstechnisch um einen (feststellenden) Verwaltungsakt i.S.d. § 35 VwVfG. Demnach stehen dem Antragsteller auch alle entsprechenden Rechtsmittel gegen eine negative Entscheidung offen.

Hinweis

Auf Grund von Art. 21 der Qualifikations-RL ist die Feststellung, die mit der Entscheidung getroffen wird, lediglich deklaratorisch und nicht konstitutiv[29]. Denn die (z.B.) Flüchtlingseigenschaft wird durch die Entscheidung des BAMF nicht erst begründet, sondern lediglich festgestellt. Auf der Flucht vor Verfolgung befindet sich der Betroffene insofern tatsächlich, weshalb diese nicht erst durch die Feststellung des BAMF begründet wird.

28 Vgl. *Hofmann/Schmidt* Die Erklärung EU-Türkei vom 18.03.2016 aus rechtlicher Perspektive, NVwZ-Extra 11/2016.

29 *Tiedemann* S. 118.

I. Besonderheiten des Verwaltungsverfahrens

249 Im Folgenden soll auf die formalen Anforderungen des Asylbescheids eingegangen werden. Wie bereits öfters erwähnt, ist das Asylverfahren ein verwaltungsrechtliches Verfahren, auf das grundsätzlich die Normen des allgemeinen Verwaltungsrechts Anwendung finden, sofern das AsylG keine speziellen Regelungen enthält. In diesem Zusammenhang ist insbesondere § 31 Abs. 1 AsylG zu beachten, der besondere Merkmale bezüglich des Erlasses der Entscheidung aufstellt.

Form	Frist	Zustellung
Grundsätzlich schriftlich § 31 Abs. 1 S. 1 AsylG	**6 Monate** Art. 31 Abs. 3 Verfahrens-RL **Aber**: Fehlender Umsetzungsakt	**Unverzügliche Zustellung** § 31 Abs. 1 S. 3 AsylG
Mit Begründung § 31 Abs. 1 S. 2 AsylG		

1. Form

250 So ist nach § 31 Abs. 1 S. 1 AsylG die Entscheidung des BAMF grundsätzlich schriftlich zu erteilen. Hierin ist eine wesentliche Abweichung von § 37 Abs. 2 S. 1 VwVfG zu sehen. Dieser ermöglicht auch den elektronischen, mündlichen oder in andere Weise erfolgenden Erlass eines Verwaltungsaktes. Darüber hinaus hat die Entscheidung nach § 31 Abs. 1 S. 4 Hs. 1 AsylG in einer Sprache zu ergehen, deren Kenntnis beim Betroffenen vernünftigerweise vorausgesetzt werden kann. Auch ist die Entscheidung grundsätzlich wegen § 31 Abs. 1 S. 2 AsylG schriftlich zu begründen. Der sonst anzuwendende § 39 VwVfG bestimmt zwar ebenfalls die Begründungspflicht für schriftliche oder elektronische Verwaltungsakte (Abs. 1), normiert aber auch Ausnahmen (Abs. 2) hiervon. Zudem muss die Begründung mit einer Rechtsbehelfsbelehrung versehen werden, was letztlich aber nicht aus dem AsylG, sondern aus dem § 36 VwVfG folgt.

2. Frist

251 Hinsichtlich der Bearbeitungsfrist ist zu beachten, dass nach nationalem Recht grundsätzlich keine Bearbeitungsfrist des Antrags durch das BAMF vorgeschrieben ist. Allerdings wird in Art. 31 Abs. 3 der Verfahrens-RL eine Höchstfrist von sechs Monaten normiert, die in besonderen Fällen um höchstens neun Monate verlängert werden darf. Diese Richtlinie bedarf zu ihrer nationalen Wirksamkeit aber noch eines Umsetzungsaktes in nationales Recht. Denn grundsätzlich entfalten Richtlinien keinen einklagbaren Anspruch des Einzelnen, sondern verpflichten die Mitgliedsstaaten lediglich zu einer Umsetzung der Richtlinie nach eigenem Ermessen in nationales Recht. Eine solche Umsetzung ist bislang aber nicht erfolgt.

3. Zustellungserfordernis

252 Nach § 31 Abs. 1 S. 3 AsylG sind die Entscheidungen, die der Anfechtung unterliegen, dem Beteiligten unverzüglich zuzustellen. Die allgemeine verwaltungsrechtliche Norm des § 41 Abs. 1 VwVfG sieht insofern lediglich die Bekanntgabe eines Verwaltungsakts als Eröffnung gegenüber dem Betroffenen vor. Nach § 41 Abs. 5 VwVfG kann, sofern gesetzlich angeordnet,

aber auch die formalisierte Form der Bekanntgabe, nämlich die Zustellung, erfolgen. Eine solche Norm ist § 31 Abs. 1 S. 3 AsylG. Der wesentliche Unterschied liegt in der Beurkundungspflicht des Zustellers. Das VwZG und die §§ 177 ff. ZPO finden entsprechend Anwendung. Wurde ein Bevollmächtigter bestellt, so ist ihm die Entscheidung gem. § 31 Abs. 1 S. 4 AsylG zuzustellen. Existiert kein Bevollmächtigter, so hat die Zustellung an den Adressaten zu erfolgen (insofern keine Abweichung zu § 41 Abs. 1 S. 2 VwVfG). Eine Ausnahme besteht, wenn der Asylantrag als unzulässig nach § 26a oder § 29 AsylG abgelehnt wird. In diesem Fall ist die Entscheidung nach § 31 Abs. 1 S. 5 AsylG dem Ausländer selbst zuzustellen.

II. Die Entscheidungsarten

Das BAMF hat zunächst zu klären, ob es sich um einen zulässigen oder unzulässigen (§ 29 Abs. 1 AsylG) Asylantrag handelt. Sofern der Asylantrag zulässig ist, entscheidet das BAMF inhaltlich über die Zuerkennung der Flüchtlingseigenschaft, des subsidiären Schutzes oder die Anerkennung als Asylberechtigter auf Grund der bisher dargestellten Erwägungen (§ 31 Abs. 2 AsylG). Darüber hinaus trifft es unter Umständen auch eine Entscheidung darüber, ob die Voraussetzungen des § 60 Abs. 5 oder 7 AufenthG vorliegen (§ 31 Abs. 3 AsylG), sofern es sich um einen unzulässigen Asylantrag handelt. Lehnt das BAMF den Asylantrag ab und liegen die Voraussetzungen des § 60 Abs. 5 oder 7 AufenthG nicht vor, so kann es die Entscheidung mit einer Abschiebungsandrohung nach den §§ 34, 35 AsylG verbinden. **253**

Hinweis

Aus dem Wortlaut des § 31 Abs. 3 S. 1 und Abs. 2 AsylG folgt, dass das BAMF nur im Rahmen eines zulässigen bzw. unzulässigen Asylantrags über das Vorliegen der Voraussetzungen des § 60 Abs. 5 oder 7 AufenthG entscheiden darf. Ein isolierter Antrag vor dem BAMF auf Feststellung, dass die Voraussetzungen des § 60 Abs. 5 oder 7 AufenthG vorliegen, ist dementsprechend gerade nicht möglich.

III. Ablehnende Entscheidungen

Insgesamt stehen dem BAMF drei Möglichkeiten zur Verfügung, um einen Asylantrag abzulehnen, wobei die zwei zuerst genannten Ablehnungsentscheidungen auch unter dem Begriff „qualifizierte Ablehnung“ zusammengefasst werden können: **254**

- Ablehnung als unzulässig,
- Ablehnung als offensichtlich unbegründet,
- Ablehnung als (einfach) unbegründet.

Hinweis

Vor der Gesetzesänderung durch das Integrationsgesetz vom 31.7.2016 unterschied man noch eine vierte Gruppe, nämlich die der Ablehnung wegen Unbeachtlichkeit. Durch die Gesetzesänderung wurde diese Gruppe aufgehoben und in den neu gefassten § 29 AsylG inkorporiert.

255 Eine Unterscheidung der Ablehnung als einfach bzw. qualifiziert ist insofern von Nöten, als das von Gesetzes wegen unterschiedliche Rechtsfolgen an die Ablehnung geknüpft werden. Im Fall einer „einfach" unbegründeten Ablehnung hat der Ausländer eine Ausreisefrist von 30 Tagen nach § 38 Abs. 1 AsylG. Liegt eine qualifizierte Ablehnung vor, beträgt die Ausreisefrist gem. § 36 Abs. 1 AsylG lediglich eine Woche. Des Weiteren beträgt die Klagefrist bei einfach unbegründeter Ablehnungen zwei Wochen (§ 74 Abs. 1 Hs. 1 AsylG), während sie sich bei qualifizierten Ablehnungen auf nur eine Woche (§ 74 Abs. 1 Hs. 2 AsylG) beläuft. Bei einer einfach begründeten Ablehnung entfaltet die Klage aufschiebende Wirkung (§ 75 Abs. 1 AsylG i.V.m. § 38 Abs. 1 AsylG). Handelt es sich um eine qualifizierte Ablehnung, so entfällt die aufschiebende Wirkung (§ 75 Abs. 1 AsylG) und der Betroffene muss nach § 36 Abs. 3 S. 1 Hs. 1 AsylG innerhalb einer Woche einen Antrag auf Anordnung der aufschiebenden Wirkung nach § 80 Abs. 5 VwGO stellen.

1. Ablehnung als unzulässig

256 Ein Asylantrag kann nach § 29 Abs. 1 AsylG unzulässig sein. Eine inhaltliche (materiell-rechtliche) Prüfung des Asylantrags durch das BAMF findet in diesem Fall nicht mehr statt. Der § 29 Abs. 1 AsylG (lesen!) stellt verschiedene Gründe auf, auf Grund derer ein Asylantrag unzulässig sein kann. Nach § 31 Abs. 3 S. 1 AsylG müssen in diesen Fällen allerdings die Voraussetzungen der Abschiebungsverbote nach § 60 Abs. 5 oder 7 AufenthG geprüft werden.

Beispiel Ergibt die Überprüfung der Zuständigkeit nach der Dublin-III-VO, dass ein anderer Mitgliedstaat der EU für den Asylantrag zuständig ist, so gilt der in Deutschland gestellte Asylantrag nach §§ 31 Abs. 6, 29 Abs. 1 Nr. 1 lit. a AsylG als unzulässig. ■

Beispiel Ein Asylantrag kann aber nach §§ 31 Abs. 6, 29 Abs. 1 Nr. 5 AsylG auch dann unzulässig sein, wenn der Asylantrag lediglich ein Folge- oder Zweitantrag darstellt und dieser nach § 71 bzw. § 71a AsylG unzulässig ist (zum Folgeantrag unten, Rn. 270). ■

2. Ablehnung als offensichtlich unbegründet

257 Ist ein Asylantrag nicht unzulässig, so steigt das BAMF in die materiell-rechtliche Prüfung des Asylantrags ein. Das BAMF kann hierbei feststellen, dass der Asylantrag bereits aus offensichtlichen Gründen unbegründet ist. Wann dies der Fall ist, regeln § 29a AsylG und § 30 AsylG. Der § 29a Abs. 1 AsylG stellt auf den Fall ab, dass der Ausländer aus einem nach Art. 16a Abs. 3 S. 1 GG sicheren Herkunftsstaat kommt und der Ausländer nicht begründen kann, warum ihm dennoch eine Verfolgung oder ernsthafter Schaden drohen sollte. Nach § 30 Abs. 1 AsylG genügt als offensichtlicher Grund, dass die Voraussetzungen für eine Anerkennung als Asylberechtigter oder die Zuerkennung als international Schutzberechtigter nicht vorliegen. Dies ist in der Regel dann der Fall, wenn tatsächliche Feststellungen, auf denen die Entscheidung beruht, vernünftigerweise keinen Zweifel zulassen und sich bei einem vergleichbaren Sachverhalt nach allgemeiner Erfahrung von Rechtsprechung und Lehre die Ablehnung des Antrages geradezu aufdrängt.[30]

Beispiel Stellt ein Senegalese einen Asylantrag in Deutschland, so wird dieser wegen § 29a Abs. 1 AsylG i.V.m. Anlage 2 AsylG als offensichtlich unbegründet einzustufen sein. Der Senegal gilt nämlich als sicherer Herkunftsstaat, was sich aus der zitierten Anlage 2 des AsylG ergibt. ■

30 *BVerfG* Beschluss vom 19.8.1990 – 2 BvR 2005/89; *Tiedemann* S. 120.

Nach § 30 Abs. 2 AsylG kann der Antrag auch abgelehnt werden, wenn der Ausländer offensichtlich nur aus wirtschaftlichen Gründen oder um einer allgemeinen Notsituation zu entgehen in der Bundesrepublik Schutz sucht. Die Feststellung entsprechender Umstände unterliegt strengen Voraussetzungen und muss durch die zuständige Stelle fundiert begründet werden.[31] 258

Beispiel Eine Erkrankung, deren Behandlung im Herkunftsland nicht, nur eingeschränkt oder nur mit unverhältnismäßigem Aufwand möglich ist, kann eine allgemeine Notsituation i.S.d. § 30 Abs. 2 AsylG begründen. Dies insbesondere dann, wenn bei einer Abschiebung eine Lebensgefahr mangels Behandlungsmöglichkeiten bestünde. ■

Schließlich kann der Asylantrag aber auch schlicht unbegründet sein und wird trotzdem als offensichtlich unbegründet eingestuft. Dies passiert dann, wenn zwar keine vernünftigen Zweifel an den tatsächlichen Feststellungen bestehen, aber der Ausländer im Asylverfahren gegen bestimmte Pflichten und Verhaltensregeln verstoßen hat. Diese sind in § 30 Abs. 3 Nr. 1–5 AsylG aufgezählt. Es handelt sich hierbei also dem Grunde nach um eine Sanktion des Verhaltens des Asylbewerbers (vergleiche die negativen Rechtsfolgen bei qualifizierter Ablehnung, Rn. 255). 259

Beispiel Der B flüchtet auf Grund der schwierigen wirtschaftlichen Lage in seinem Heimatland, dem Senegal, nach Deutschland. Da er aber Kenntnis von der Herkunftsstaatenregelung und der Einstufung des Senegal als sicheres Herkunftsland hat, gibt er sich im Asylverfahren als Flüchtling aus Nigeria aus. Dies stellt einen Verstoß gegen § 30 Abs. 3 Nr. 2 AsylG dar und führt zur offensichtlichen Unbegründetheit des Asylantrags. ■

Hinweis

Beachte, dass die Vorgaben des § 30 Abs. 3 Nr. 6 und 7 AsylG ausdrücklich ausgenommen sind.

Auch liegen offensichtliche Gründe vor, wenn der Asylbewerber nach § 30 Abs. 4 AsylG eine Gefahr für die Sicherheit der Bundesrepublik darstellt oder wenn dieser wegen eines Verbrechens oder besonders schweren Vergehens rechtskräftig zu einer Freiheitsstrafe von mindestens drei Jahren verurteilt wurde (Var. 1) oder er einen der Exklusionsgründe des § 3 Abs. 2 AsylG erfüllt (Var. 2). Des Weiteren, wenn der gestellte Antrag seinem Inhalt nach gar keinen Antrag auf Asyl darstellt, § 30 Abs. 5 AsylG. 260

3. Ablehnung als (einfach) unbegründet

Der Asylantrag wird als (einfach) unbegründet abgelehnt, wenn er zulässig ist, den materiellrechtlichen Voraussetzungen allerdings nicht genügt und kein „Qualifizierungskriterium" i.S.d. § 30 Abs. 3 AsylG vorliegt, welches ihn zu einem offensichtlich unbegründeten Asylantrag macht. 261

Beispiel Ein Asylantrag ist demnach (einfach) unbegründet, wenn die materiell-rechtlichen Tatbestandsmerkmale nicht erfüllt sind oder die wesentlichen Umstände durch den Asylbewerber nicht hinreichend deutlich gemacht werden konnten. ■

31 *BVerfG* Beschluss vom 20.12.2006 – 2 BvR 2063/06.

> **Hinweis**
>
> In jedem Fall ist aber zu bedenken, dass das BAMF trotz unbegründeten Asylantrags noch die Voraussetzungen der Abschiebungsverbote aus § 60 Abs. 5 und 7 AufenthG zu prüfen hat. Trotz unbegründeten Asylantrags kann bei Vorliegen der Voraussetzungen einer dieser Normen die Abschiebung unzulässig sein.

IV. Stattgebende Entscheidungen

262 Grundsätzlich müssen die stattgebenden Entscheidungen des BAMF dem Wortlaut des § 31 Abs. 2 AsylG folgend unterschieden werden in solche vollständiger Stattgabe und solche teilweiser Stattgabe.

1. Entscheidungen vollständiger Stattgabe

263 Eine vollständige Stattgabe nach § 31 Abs. 2 AsylG liegt vor, wenn die Voraussetzungen für die Asylberechtigung und die Zuerkennung der Flüchtlingseigenschaft vorliegen. Weitere Entscheidungen finden in der Sache dann nicht statt. Insbesondere wird keine Entscheidung über die Abschiebungsverbote aus § 60 Abs. 5 oder 7 AufenthG getroffen, vgl. § 31 Abs. 3 S. 2 AsylG.

2. Entscheidungen teilweiser Stattgabe

264 Bei der teilweisen Stattgabe sind insgesamt drei Varianten zu unterscheiden. Allen Entscheidungen ist gemein, dass nicht alle mit dem Asylantrag verbundenen asylrechtlichen Ansprüche positiv beschieden werden.

a) Bei Zuerkennung der Flüchtlingseigenschaft

265 So liegt eine teilweise Stattgabe unter anderem dann vor, wenn zwar die Anerkennung als Asylberechtigter nach Art. 16a Abs. 1 GG abgelehnt wird, dem Antrag auf Zuerkennung der Flüchtlingseigenschaft aber stattgegeben wird. Diese Art der Entscheidung wird in der Regel dann getroffen, wenn der Ausländer über einen sicheren Drittstaat einreist, weswegen die Anerkennung als Asylberechtigter auf Grund der Ausschlussgründe in Art. 16a Abs. 2 und 3 GG unterbleibt (vgl. auch § 26a Abs. 1 AsylG). Grundsätzlich ist aber auch das Vorliegen von Nachfluchttatbeständen nach § 28 AsylG denkbar, die die Zuerkennung der Flüchtlingseigenschaft bedingen. Eine weitere Entscheidung (beispielsweise über Abschiebungsverbote) wird bei dieser Variante nicht getroffen, vgl. § 31 Abs. 3 S. 2 AsylG.

b) Bei lediglich subsidiärem Schutz

266 Eine teilweise Stattgabe liegt auch dann vor, wenn zwar sowohl der Antrag auf Anerkennung der Asylberechtigung als auch auf Zuerkennung der Flüchtlingseigenschaft abgelehnt wird, aber der Antrag auf subsidiären Schutz nach § 4 AsylG stattgegeben wird. Dies ist in der Regel der Fall, wenn die vorgebrachten Tatsachen keinen Verfolgungsgrund begründen oder in keiner Verbindung mit asylerheblichen Merkmalen stehen, aber ausreichend sind, um von einem ernsthaften Schaden auszugehen, der dem Ausländer bei der Rückkehr in sein Herkunftsland droht. Auch insoweit werden keine weiteren Entscheidungen durch das BAMF getroffen, vgl. § 31 Abs. 3 S. 2 AsylG.

c) Bei nationalem subsidiären Schutz

Als letzte Variante kann eine teilweise Stattgabe dann vorliegen, wenn alle drei materiell-rechtlichen Asylansprüche abgelehnt werden, aber ein Abschiebungsverbot nach § 60 Abs. 5 und 7 AufenthG festgestellt wurde. Die Prüfung von Abschiebungsverboten muss in diesem Fall von Gesetzes wegen gem. § 31 Abs. 3 S. 1 AsylG erfolgen. 267

V. Rechtsschutz

Hinweis 268

Auf die einzelnen Aspekte des Rechtsschutzes im Asylverfahren wird an anderer Stelle vertieft eingegangen (Rn. 310 ff.). Hier soll nur ein grober Überblick über die Grundzüge des Rechtsschutzes gegen die soeben geschilderten Entscheidungen des BAMF skizziert werden.

Nach § 11 AsylG findet ein Widerspruch gegen Maßnahmen und Entscheidungen nach dem AsylG grundsätzlich nicht statt. Da ein behördliches Vorverfahren damit von Gesetzes wegen ausgeschlossen ist, muss der Betroffene Ausländer gegen die Entscheidung des BAMF direkt Klage erheben. Die örtliche Zuständigkeit des Verwaltungsgerichts ergibt sich, mangels spezialgesetzlicher Grundlage, aus § 52 Nr. 2 S. 3 VwGO, wonach es auf den nach dem AsylG festgelegten Aufenthaltsort des Ausländers ankommt.[32] Welcher Ort dies ist, bestimmt sich nach § 46 Abs. 1 AsylG. Die Klagefrist beträgt wegen § 74 Abs. 1 AsylG grundsätzlich zwei Wochen, kann aber nach § 74 Abs. 1 Hs. 2 AsylG auf eine Woche verkürzt sein, wenn auch der Antrag nach § 80 Abs. 5 VwGO in einer Woche zu stellen wäre. Dies ist der Fall bei qualifizierten Ablehnungen (unzulässige oder offensichtlich unbegründete Anträge). Der Asylkläger hat die relevanten Tatsachen und Beweismittel innerhalb einer Frist von einem Monat nach Zustellung der Entscheidung des BAMF vorzubringen. Andernfalls droht nach § 87b Abs. 3 VwGO eine Präklusion.

D. Verfahren bei Folge- und Zweitantrag

Bei den sog. Folge- und Zweitanträgen handelt es sich um Asylanträge, die gestellt werden, 269
obwohl bereits zuvor über einen anderen Asylantrag entschieden wurde. Der betroffene Ausländer begehrt mit diesen Anträgen also eine erneute Entscheidung über seinen Asylantrag. Verwaltungsrechtliche Entscheidungen erwachsen jedoch prinzipiell in Bestands- und Rechtskraft. Dies dient der Rechtssicherheit und verhindert, dass in derselben Sache immer neue Entscheidungen ergehen. Allerdings bietet § 51 VwVfG unter engen Voraussetzungen die Möglichkeit, dass eine Behörde sich inhaltlich mit einem bereits bestandskräftigen Verwaltungsakt noch einmal auseinandersetzt. Im Bereich des Asylrechts bedarf es jedoch keines Rückgriffs auf das allgemeine Verwaltungsrecht, da mit den §§ 71 f. AsylG spezielle asylrechtliche Regelungen vorhanden sind. Inhaltlich sind die Normen mit dem § 51 VwVfG eng verknüpft. So fordern beide, dass die Voraussetzungen des § 51 VwVfG erfüllt sind. Grundsätzlich ist hierbei zu unterschieden, ob bereits ein Asylverfahren in Deutschland erfolglos

32 *Heusch/Haderlein/Schönenbroicher* Rn. 293.

durchgeführt wurde (dann Folgeantrag, § 71 AsylG) oder ein Asylverfahren in einem sicheren Drittstaat i.S.d. § 26a AsylG bereits erfolglos war (dann Zweitantrag, § 71a AsylG). In beiden Fällen wird der erneute Einstieg in das Asylverfahren von den Voraussetzungen des § 51 Abs. 1 bis 3 VwVfG abhängig gemacht.

I. Der Folgeantrag

270 Nach der Legaldefinition in § 71 Abs. 1 S. 1 AsylG liegt dann ein **Folgeantrag** vor, wenn ein Ausländer nach Rücknahme oder unanfechtbarer Ablehnung eines früheren Asylantrags erneut einen Asylantrag stellt.

» Sind Ihnen die Voraussetzungen des § 51 VwVfG geläufig? Nutzen Sie die Gelegenheit und wiederholen Sie diese im JURIQ-Skript „Allgemeines Verwaltungsrecht". «

Wird ein solcher Folgeantrag gestellt, ist ein Asylverfahren nur dann durchzuführen, wenn die Voraussetzungen des § 51 Abs. 1 bis 3 VwVfG vorliegen. Dies ist wiederum der Fall, wenn:

- sich die Sach- oder Rechtslage nachträglich zugunsten des Antragstellers geändert hat,
- neue Beweismittel vorliegen (solche, die im ersten Asylverfahren noch nicht existierten oder nicht verfügbar waren),
- Wiederaufnahmegründe nach § 580 ZPO vorliegen.

271 Die entsprechende Entscheidung hat das BAMF zu treffen. Das BAMF wird über den Antrag inhaltlich allerdings nur entscheiden, wenn dieser den Anforderungen des § 71 Abs. 2 und 3 AsylG entspricht. Demnach hat der Ausländer den Antrag grundsätzlich in der Aufnahmeeinrichtung zu stellen, der er zugeordnet ist. Zudem ist Antrag schriftlich zu stellen und der Antragsteller muss nach § 71 Abs. 3 AsylG die Tatsachen und Beweismittel angeben, aus denen sich die Voraussetzungen des § 51 Abs. 1 bis 3 VwVfG ergeben. Von einer Anhörung kann gem. § 71 Abs. 3 S. 3 AsylG abgesehen werden. Liegen die Voraussetzungen des § 51 Abs. 1 bis 3 VwVfG nicht vor, ergeht eine Abschiebungsandrohung nach Maßgabe der §§ 34 ff. AsylG bzw. findet im Falle des § 71 Abs. 5 AsylG der Vollzug einer bereits ergangen Abschiebungsandrohung statt.

Beispiel Vor einigen Jahren hat der S einen Asylantrag gestellt. Dieser wurde jedoch als unbegründet abgelehnt. Auf Grund eines Abschiebungsverbotes aus § 60 Abs. 5 AufenthG konnte er sich jedoch noch einige Jahre in Deutschland aufhalten. Nun widerrief das BAMF den Abschiebungsschutz und der S fürchtet abgeschoben zu werden. Daher stellt er einen neuen Asylantrag. Da die ablehnende Entscheidung des Asylantrags bereits unanfechtbar geworden ist, handelt es sich um einen Folgeantrag i.S.d. § 71 Abs. 1 AsylG. Damit dieser überhaupt erst zulässig ist (vgl. § 29 Abs. 1 Nr. 5 AsylG), müssen nach § 71 Abs. 1 S. 1 AsylG die Voraussetzungen des § 51 Abs. 1 bis 3 VwVfG vorliegen. Der S muss also im Asylverfahren geltend machen, dass sich die Sach- oder Rechtslage erheblich geändert habe, neue Beweismittel vorlägen oder Wiederaufnahmegründe nach § 580 ZPO vorliegen. ■

II. Der Zweitantrag

272 Nach § 71a AsylG handelt es sich dann bei einem Asylantrag um einen **Zweitantrag**, wenn der Ausländer bereits erfolglos in einem sicheren Drittstaat (§ 26a AsylG) ein Asylverfahren betrieben hat und nun in Deutschland ein weiteres Asylverfahren anstrebt.

Der Antrag wird nur angenommen, wenn Deutschland für das Asylverfahren überhaupt zuständig ist (Stichwort Dublin III-VO) und die Voraussetzungen des § 51 Abs. 1 bis 3 VwVfG vorliegen. Das Verfahren zur Feststellung, ob ein Asylverfahren durchzuführen ist, richtet sich nach § 71a Abs. 2 AsylG. So kann insbesondere von der Anhörung nach § 25 AsylG abgesehen werden. Da der Zweitantrag für den Ausländer der erste Asylantrag auf deutschem Boden ist, regelt § 71a Abs. 3 AsylG, dass der Ausländer für die Dauer des Verfahrens geduldet ist. Kommt das BAMF zu dem Ergebnis, dass ein weiteres Asylverfahren nicht durchgeführt wird, so ergeht ebenfalls eine Abschiebungsandrohung nach den §§ 34 ff. AsylG.

» **Kennen Sie die Kriterien der Zuständigkeit Deutschlands für Asylanträge nach der Dublin-III-VO noch? Nutzen Sie die Gelegenheit und wiederholen Sie diese oben unter Rn. 224 ff.** **«**

III. Rechtsschutz

Lehnt das BAMF das Wiederaufgreifen des Verfahrens ab, so muss der Antragsteller Klage sowohl gegen die Weigerung des BAMF als auch auf Verpflichtung des BAMF zur Anerkennung der Asylberechtigung bzw. Zuerkennung internationalen Schutzes erheben.[33] Eine solche Verpflichtung kann aber nur ausgesprochen werden, wenn das Gericht bereits inhaltlich über den Asylantrag entschieden hat. Damit übernimmt das Gericht faktisch die verwaltungsrechtliche Tätigkeit des BAMF. Dies ist zwar verfahrensökonomisch, widerspricht aber der Gewaltenteilung. Bislang wurde dieser Widerspruch allgemein toleriert. **273**

33 *BVerwG* Urteil vom 10.2.1998 – 9 C 28.97.

5. Teil
Ausgang des Asylverfahrens

274 Wir haben bereits die verschiedenen Entscheidungsarten des BAMF hinsichtlich Asylanträgen kennengelernt (oben Rn. 253 ff.). In diesem Kapitel soll nun vertiefend auf die Rechtsfolgen der einzelnen Entscheidungen eingegangen werden.

A. Positive Entscheidungen

275 Gibt das BAMF einem Asylantrag statt, so ist dem Antragsteller nach § 25 Abs. 1 AufenthG (Anerkennung als Asylberechtigter), nach § 25 Abs. 2 AufenthG (Zuerkennung der Flüchtlingseigenschaft bzw. des internationalen subsidiären Schutzes) oder nach § 25 Abs. 3 AufenthG (Vorliegen eines Abschiebungsverbotes) eine Aufenthaltserlaubnis zu erteilen. Die Dauer des Aufenthalts richtet sich nach § 26 Abs. 1 AufenthG und beträgt für die Anerkennung als Asylberechtigter bzw. bei Zuerkennung der Flüchtlingseigenschaft drei Jahre (S. 2). Für die Zuerkennung des internationalen subsidiären Schutzes (S. 3) und bei Vorliegen eines Abschiebungsverbotes (S. 4) beträgt sie ein Jahr.

276 Außer in den Fällen, in denen dem Antrag lediglich auf Grund eines Abschiebungsverbotes stattgegeben wird, ist der Ausländer auf Grund der Aufenthaltserlaubnis auch zur Ausübung einer Erwerbstätigkeit berechtigt (§ 25 Abs. 1 S. 4 AufenthG bzw. § 25 Abs. 2 S. 2 AufenthG). Zudem können, außer im Falle einer stattgebenden Entscheidung auf Grund eines Abschiebungsverbotes, die Vorschriften zum Familienasyl angewendet werden, vgl. § 26 Abs. 1 und 5 S. 1 AsylG und ein Familiennachzug ist grundsätzlich möglich, vgl. § 29 Abs. 2 S. 1 AufenthG.

277 Darüber hinaus ist (gebundene Vorschrift) einem Ausländer mit anerkannter Asylberechtigung oder internationaler Schutzberechtigung nach Ablauf von fünf Jahren und unter den weiteren Voraussetzungen des § 26 Abs. 3 AufenthG eine Niederlassungserlaubnis zu erteilen. Zwar kann auch derjenige eine Niederlassungserlaubnis erlangen, der lediglich eine Aufenthaltserlaubnis auf Grund eines Abschiebungsverbotes besitzt, allerdings nur über die zusätzlichen Anforderungen des § 26 Abs. 4 AufenthG und § 9 Abs. 2 AufenthG.

B. Negative Entscheidungen

I. Allgemeines

278 Lehnt das BAMF einen Asylantrag ab, stellt sich die Frage, welche Rechtsfolgen für den Antragsteller damit verbunden sind. Der Ausländer hält sich in der Folge ohne Aufenthaltstitel in der Bundesrepublik auf, vgl. §§ 55, 67 AsylG. Sein Aufenthalt ist somit illegal und ihn trifft eine Ausreisepflicht nach § 50 AufenthG. Im Rahmen der Verwaltungsvollstreckung kann diese Ausreisepflicht mittels des Instruments der Abschiebung zwangsweise durchgeführt

werden. Grundsätzlich wird das BAMF in einem solchen Fall eine Abschiebungsandrohung nach § 34 AsylG aussprechen. Diese Androhung wird das BAMF mit seinen Entscheidungen über den Asylantrag in der Regel verbinden.

Eine Ausnahme in dieser Gesetzessystematik nehmen die Entscheidungen zu unzulässigen 279
Asylanträgen (§ 29 AsylG) ein. Wurde der Asylantrag abgelehnt, weil der Ausländer aus einem sicheren Drittstaat eingereist ist (§ 26a AsylG) oder für die Durchführung des Asylverfahrens nach der Dublin-III-VO ein anderer Mitgliedstaat zuständig ist (§ 29 Abs. 1 Nr. 1 AsylG), so erfolgt umgehend eine Abschiebungsanordnung nach § 34a Abs. 1 S. 1 AsylG (nicht § 34 AsylG). In den Fällen des § 29 Abs. 1 Nr. 2 und 4 AsylG ergeht wiederum eine Abschiebungsandrohung gem. § 35 AsylG. Es wird insoweit auf den eindeutigen Gesetzeswortlaut verwiesen.

In den §§ 36 ff. AsylG werden zusätzliche verfahrensrechtliche Anforderungen aufgestellt, die bei der auf die Abschiebungsanordnung folgenden Abschiebung zu beachten sind. Auch sei hier bereits auf die Möglichkeit hingewiesen, dass die zuständige oberste Landesbehörde (nicht BAMF) die Abschiebung vorübergehend aussetzen kann. Man spricht insofern von einer Duldung gem. § 60a AufenthG.

II. Die Abschiebung

PRÜFUNGSSCHEMA

Rechtmäßigkeit einer Abschiebung nach § 58 AufenthG 280

I. Vorliegen einer Ausreisepflicht
Vollziehbarkeit der Ausreisepflicht Rn. 284

II. Abschiebungsgrund

III. Abschiebungsandrohung bzw. -anordnung

IV. Keine Abschiebungsverbote bzw. -hindernisse

V. Fristablauf

Die Abschiebung ist eine Verwaltungszwangsmaßnahme zur Durchsetzung der gesetzlichen Ausreisepflicht (§§ 58 ff. AufenthG). Sie findet also unter anderem dann Anwendung, wenn der Betroffene trotz Ausreisepflicht nicht selbstständig ausreist. Im Ausländer- und Asylrecht gibt es mehrere Rechtsgrundlagen, die eine Abschiebung in verschiedenen Situationen ermöglicht:

- So besteht nach § 50 AufenthG i.V.m. § 55 AsylG eine Ausreisepflicht nach Ablehnung des Asylantrags durch das BAMF.
- Nach § 58 AufenthG hat eine Abschiebung zu erfolgen, wenn die Ausreisepflicht vollziehbar ist bzw. eine Ausreisefrist verstrichen und die freiwillige Ausreise nicht gesichert ist.
- Zuletzt nach § 34 AsylG i.V.m. § 59 AufenthG, wenn die Entscheidung über den Asylantrag negativ ausfällt.

Um die korrekte Abschiebung zu gewährleisten kann gem. § 62 AufenthG sowie § 62a Auf- 281
enthG eine sog. Abschiebungshaft angeordnet werden.

Hinweis

Es ist zu beachten, dass das BAMF nur für den Asylantrag und die Abschiebungsanordnung zuständig ist. Für alles weitere, also insbesondere die Durchführung der Abschiebung, sind die örtlich zuständigen (Landes-) Ausländerbehörden sowie die jeweiligen Polizeibehörden zuständig, vgl. § 71 AufenthG.

JURIQ-Klausurtipp

Auch ist zu beachten, dass die Abschiebung selbst gerade kein Verwaltungsakt ist, auf den die allgemeinen Regeln der Verwaltungsvollstreckungsgesetze anwendbar wären. Die Abschiebung beruht auf der Nichtbeachtung einer Verhaltenspflicht in Form einer Ausreisepflicht. Einen Verwaltungsakt stellt lediglich die Abschiebungsandrohung im Vorfeld dar.[1]

1. Die Ausreisepflicht

282 Wir haben nun bereits festgestellt, dass der Abschiebung in der Regel eine Ausreisepflicht des abgelehnten Asylbewerbers voraus geht. Abgesehen von einigen Ausnahmefällen obliegt es somit dem abgelehnten Asylbewerber, Deutschland selbstständig zu verlassen. Erst wenn er dieser Pflicht nicht nachkommt, wird eine Abschiebung durchgeführt. Demnach gilt es aber zu klären, wann eine Ausreisepflicht vorliegt.

283 Als Grundsatznorm regelt § 50 AufenthG, dass ein Ausländer dann zur Ausreise verpflichtet ist, wenn er einen erforderlichen Aufenthaltstitel nicht oder nicht mehr besitzt und ein Aufenthaltsrecht nach dem Assoziationsabkommen EWG/Türkei nicht oder nicht mehr besteht.

Beispiel Eine Ausreisepflicht kann einen Ausländer beispielsweise dann treffen, wenn seine Aufenthaltsgestattung erlischt (vgl. § 67 AsylG). Dies ist insbesondere dann der Fall, wenn der Asylantrag abgelehnt wurde, § 55 AsylG. ■

284 Die Frage nach der Vollziehbarkeit der Ausreisepflicht ist allerdings nicht unproblematisch, da der Gesetzgeber hier selbst keine eindeutige Regelung getroffen hat. In § 58 Abs. 2 S. 1 und 2 AufenthG wird unterschieden zwischen der Vollziehbarkeit von Gesetzes wegen und auf Grund eines Einzelakts. So liegt nach § 58 Abs. 2 S. 1 Nr. 1 AufenthG eine vollziehbare Ausreisepflicht vor, wenn der Ausländer bereits unerlaubt eingereist ist. Nach § 58 Abs. 2 S. 2 AufenthG besteht die Vollziehbarkeit allerdings erst, wenn z.B. die Versagung eines Aufenthaltstitels für sich genommen vollziehbar ist. Die Vollziehbarkeit der Ausreisepflicht bei negativer Entscheidung des BAMF liegt aber erst vor, wenn diese rechts- oder bestandskräftig geworden ist. Bestandskräftig ist die Vollziehbarkeit, wenn gegen die ablehnende Entscheidung des BAMF kein Rechtsmittel eingelegt werden kann bzw. die Rechtsmittelfrist verstrichen ist. Rechtskräftig wird die Vollziehbarkeit, wenn dem Antrag des Ausländers auf einstweiligen Rechtsschutz (nach § 80 Abs. 5 VwGO) nicht stattgegeben wird, denn gegen diese Entscheidung ist gem. § 80 AsylG eine Rechtsbeschwerde nicht möglich.[2]

1 Vertiefend: *Heusch/Haderlein/Schönenbroicher* Rn. 455.

2 *Hailbronner* Rn. 995 f.

2. Abschiebungsgrund

Nach § 58 Abs. 1 S. 1 AufenthG müssen neben der vollziehbaren Ausreisepflicht noch weitere Merkmale für eine rechtskräftige Abschiebung erfüllt sein. So wird dort u.a. auch (alternativ) gefordert, dass **285**

- die Ausreisefrist nicht gesichert ist, oder
- aus Gründen der öffentlichen Sicherheit und Ordnung eine Überwachung der Ausreise erforderlich erscheint.

Hierbei handelt es sich demnach um gesetzlich normierte Gründe, die eine Verwaltungsvollstreckung (hier die Abschiebung) notwendig machen. Die Feststellung, ob eine der beiden Alternativen vorliegt, setzt eine Prognoseentscheidung der Ausländerbehörde voraus. Erst wenn sachliche Hinweise die Annahme rechtfertigen, der Ausländer werde seiner Ausreisepflicht nicht nachkommen, kann demnach eine Abschiebung über § 58 AufenthG erfolgen.[3]

Hinweis

Hier wird deutlich, dass die freiwillige Ausreise des Ausländers nach dem Willen des Gesetzgebers Vorrang hat. Erst wenn diese nicht erfolgt, sollen Zwangsmittel eingesetzt werden.

a) Überwachungsbedürftigkeit

Wann eine Ausreise überwachungsbedürftig i.S.d. § 58 Abs. 1 S. 1 AufenthG ist, legt § 58 Abs. 3 AufenthG fest. Auf Grund des Wortlautes („insbesondere") handelt es sich um einen nicht abschließenden Katalog an Gründen, die eine Überwachungsbedürftigkeit rechtfertigen. Es können durchaus auch mehrere Gründe kumulativ vorliegen. Ist eine der in § 58 Abs. 3 Nr. 1 bis 7 AufenthG genannten Gründe einschlägig, so kann die Abschiebung ohne weitere Prüfung der Umstände des Einzelfalls erfolgen. Ein Verschulden des Ausländers ist nicht erforderlich. **286**

b) Keine Sicherung der Ausreisefrist

Die Ausreisefrist erscheint dann als nicht gesichert i.S.d. § 58 Abs. 1 S. 1 AufenthG, wenn Indizien die Annahme rechtfertigen, dass aufenthaltsrechtliche Bestimmungen vom Betroffenen missachtet werden oder gar die Befürchtung besteht, er würde sich der Abschiebung entziehen. Auch hierbei handelt es sich letztlich um eine Prognoseentscheidung der zuständigen Behörde. Es ist aber zu beachten, dass die Anforderungen an die Gefährdung um so geringer sind, je schwerer die zu erwartenden Schäden wiegen, die vom Betroffenen ausgehen könnten.[4] **287**

Beispiel Ein Abschiebungsgrund liegt beispielsweise dann vor, wenn der Ausländer bereits straffällig geworden ist oder auf Grund eines schwerwiegenden Ausweisungsinteresses ausgewiesen wurde (Vorwurf terroristischer Betätigung und damit Gefahr für die öffentliche Sicherheit). ■

---

3 *Hailbronner* Rn. 1147.

4 *BVerwG* Beschluss vom 22.8.1986 – 1 C 34/83.

3. Abschiebungsandrohung

288 Bereits das Erfordernis einer vollziehbaren Ausreisepflicht des Ausländers impliziert, dass diese Ausreisepflicht ihm vorher angedroht bzw. ihm gegenüber angeordnet wurde.

Hinweis

Während die Abschiebungsandrohung nach Abschluss des Asylverfahrens angeordnet wird (gemäß § 34 AsylG nach inhaltlicher Prüfung des Asylantrags bzw. gemäß § 35 AsylG bei Unzulässigkeit des Asylantrags), ergeht die Abschiebungsanordnung bereits im Asylverfahren (gemäß § 34a AsylG erfolgt Abschiebung zur Durchführung des Asylverfahrens im zuständigen Staat).

a) Allgemeines

289 Die Abschiebung ist als Maßnahme des unmittelbaren Zwangs zuvor schriftlich anzudrohen, § 34 Abs. 1 S. 1 AsylG. Den Voraussetzungen der § 34 Abs. 1 AsylG und § 35 AsylG folgend, muss das BAMF bereits inhaltlich über den Asylantrag ablehnend entschieden haben bzw. den Asylantrag als unzulässig abgewiesen haben. Es muss also mit anderen Worten eine Ausreisepflicht des Ausländers bestehen, woraufhin die Abschiebung angedroht werden soll.

Hinweis

Die Abschiebungsanordnung ist nach Ablehnung des Asylantrags die rechtliche Grundlage für die zwangsweise Durchsetzung der Ausreisepflicht des Ausländers und soll gemäß § 34 Abs. 2 S. 1 AsylG mit der Entscheidung des BAMF verbunden werden.

b) Inhaltliche Voraussetzungen

290 Hinsichtlich ihres Inhaltes soll die Abschiebungsandrohung die zu erwartenden Zwangsmaßnahmen nach erfolglosem Fristablauf in Aussicht stellen. Sie verfolgt somit eine Warn- und Mahnfunktion gegenüber dem Ausländer.[5] In § 59 AufenthG werden entsprechende förmliche und inhaltliche Voraussetzungen der Abschiebungsandrohung geregelt. So werden in Abs. 1 Regelungen zur Ausreisefrist und in den folgenden Absätzen weitere inhaltliche und verfahrensrechtliche Anforderungen der Abschiebungsandrohung normiert, wie die ausdrückliche Nennung des Zielstaats, in den die Abschiebung erfolgen soll (sog. Zielstaatsbestimmung), vgl. § 59 Abs. 2 AufenthG.

Hinweis

Bei der Nennung des Zielstaats in § 59 Abs. 2 AufenthG ist vorrangig der Staat zu nennen, dessen Staatsangehörigkeit der Ausländer hat. Hieraus folgt allerdings nicht, dass eine Abschiebung in ein anderes Land, dessen Staatsangehörigkeit der Ausländer gerade nicht besitzt, per se rechtswidrig wäre. Allerdings muss eine solche Entscheidung auf eine sachgerechte Begründung gestützt sein[6].

5 *BVerwG* Urteil vom 12.6.1997 – II C 19/75.
6 *BVerwG* Beschluss 1.9.1989 – 1 B 41/98.

Hinweis

Es handelt sich bei der Zielstaatbestimmung in § 59 Abs. 2 AufenthG um eine Ordnungsvorschrift. Während Verfahrensvorschriften grundsätzlich erfüllt sein müssen, damit eine Maßnahme rechtmäßig ist, entfällt die Rechtmäßigkeit bei Nichteinhaltung einer Ordnungsvorschrift nicht zwangsläufig. Die Angabe des Zielstaats kann dementsprechend auch nachgeholt werden.[7]

Nach § 59 Abs. 1 S. 1 AufenthG ist in der Androhung eine angemessene Frist zwischen sieben und 30 Tagen festzulegen, nach der die Abschiebung erfolgen soll. Die Länge der Frist ist in bestimmten Fällen auch durch Gesetz vorgeschrieben: **291**

- Wochenfrist nach § 36 Abs. 1 AsylG, wenn der Asylantrag wegen Unzulässigkeit oder offensichtlicher Unbegründetheit abgelehnt wurde.
- Wochenfrist nach § 38 Abs. 2 AsylG, wenn der Ausländer seinen Asylantrag vor der Entscheidung des BAMF zurücknimmt.
- Dreimonatsfrist nach § 38 Abs. 3 AsylG, wenn der Ausländer seinen Asylantrag oder eine gegen die Entscheidung des BAMF gerichtete Klage zurücknimmt oder auf die Durchführung des Asylverfahrens nach § 14a Abs. 3 AsylG verzichtet, sofern er sich zur freiwilligen Ausreise bereit erklärt.

Das Erfordernis einer angemessenen Fristsetzung hat nach der Rechtsprechung zweierlei Gründe.[8] Zum einen soll dem Ausländer die freiwillige Ausreise tatsächlich möglich sein und ihm die Gelegenheit gegeben werden, alles Nötige selbst zu organisieren. Zum anderen soll ihm die Möglichkeit gegeben werden, Rechtsschutz gegen die Androhung zu suchen.

Zu beachten sind in diesem Zusammenhang auch die Ausnahmen vom Fristsetzungserfordernis nach § 59 Abs. 1 S. 2 AufenthG. Besteht der Verdacht, dass der Ausländer sich der Abschiebung entziehen wird (Nr. 1) oder von ihm eine Gefahr für die öffentliche Sicherheit oder Ordnung ausgeht (Nr. 2), so kann die Frist kürzer ausfallen oder sogar ganz entfallen.[9] In den speziellen Fällen des § 59 Abs. 1 S. 3 AufenthG kann in Abhängigkeit von den Voraussetzungen des § 59 Abs. 1 S. 2 AufenthG auch von der Abschiebungsandrohung ausnahmsweise ganz abgesehen werden. Auf der anderen Seite kann die Ausländerbehörde eine von der BAMF angeordnete Ausreisepflicht ausnahmsweise aber auch verlängern, vgl. § 34 Abs. 1 S. 3 AsylG i.V.m. § 59 Abs. 1 S. 4 und 6 AufenthG. **292**

4. Abschiebungsanordnung

Wurde der Asylantrag als unzulässig abgelehnt, da der Ausländer aus einem sicheren Drittstaat eingereist ist (§ 26a AsylG) oder ein anderer Mitgliedsstaat der EU gemäß der Dublin III-VO zuständig ist (§ 29 Abs. 1 Nr. 1 AsylG), so ergeht noch im Asylverfahren eine Abschiebungsanordnung nach § 34a AsylG, ohne dass das BAMF noch inhaltlich über den Asylantrag entscheidet. **293**

---

7 *Hailbronner* Rn. 1153 f.

8 *BVerwG* Urteil vom 16.11.1999 – 9 C 4/99.

9 *Hailbronner* Rn. 1158.

Die Abschiebungsanordnung hat zu erfolgen, sobald feststeht, dass die Abschiebung in den zuständigen Staat durchgeführt werden kann, vgl. § 34a Abs. 1 S. 1 AsylG. Einer gesonderten vorherigen Abschiebungsandrohung bedarf es in diesem Fall gem. § 34a Abs. 1 S. 3 AsylG gerade nicht. Alternativ kann aber in Fällen, in denen eine Abschiebungsanordnung nicht möglich ist, eine Abschiebungsandrohung ergehen, vgl. § 34a Abs. 1 S. 4 AsylG.

JURIQ-Klausurtipp

Für die Durchführung der Abschiebung bedarf es in diesem Fall also lediglich der tatsächlichen Durchführbarkeit der Abschiebung und der Unanfechtbarkeit der Anordnung, die mit Ablauf der Rechtsmittelfrist von einer Woche eintritt, vgl. § 34a Abs. 2 S. 1 AsylG.

Hinweis

Zu beachten ist in diesem Zusammenhang auch § 58a AufenthG, der die zuständige Ausländerbehörde dazu ermächtigt, unter den dort genannten Voraussetzungen ebenfalls eine Abschiebungsanordnung zu erlassen.

5. Keine Abschiebungsverbote bzw. -hindernisse

294 Liegt eine vollziehbare Ausreisepflicht sowie ein Abschiebungsgrund vor und wurde die Abschiebung ordnungsgemäß angedroht bzw. angeordnet, so stellt sich schließlich die Frage, ob der Abschiebung in letzter Instanz noch Abschiebungsverbote bzw. -hindernisse entgegenstehen. Wann ein Abschiebungsverbot bzw. -hindernis vorliegt, richtet sich primär nach § 60 AufenthG. Ein solches liegt unter anderem vor, wenn der Ausländer die Voraussetzungen des § 60 Abs. 5 oder 7 AufenthG erfüllt und damit gem. § 25 Abs. 3 S. 1 AufenthG in den Genuss eines Aufenthaltstitels kommt. Es wird insoweit auf die obigen Ausführungen unter Rn. 145 verwiesen.

Hinweis

Zu beachten ist, dass eine Duldung nach § 60a AufenthG die Abschiebung nicht verhindert, sondern nur auf bestimmte Zeit aussetzt. Es handelt sich demnach gerade nicht um ein Abschiebungsverbot bzw. -hindernis und ändert nichts an der Rechtmäßigkeit der Abschiebungsandrohung.

6. Fristablauf

295 Sofern die Abschiebungsandrohung bzw. -anordnung mit einer Frist versehen wurde, muss diese abgelaufen sein, bevor die Abschiebung durchgeführt werden darf. Insoweit muss beachtet werden, dass das freiwillige Verlassen des Landes im Gegensatz zur Zwangsmaßnahme der Abschiebung das mildere Mittel darstellt. Läuft die Frist ab, so darf dem Ausländer nach § 59 Abs. 1 S. 7 AufenthG der Termin der Abschiebung nicht angekündigt werden. Diese Vorgehensweise soll verhindern, dass der Ausländer sich seiner Abschiebung entzieht.

III. Die Duldung

1. Allgemeines

Bei der Duldung handelt es sich um ein verwaltungstechnisches Instrument, dessen Ziel es ist, die bereits angedrohte oder angeordnete Abschiebung für einen bestimmten Zeitraum auszuzetzen.[10] Die Gründe für eine solche Aussetzung der Abschiebung sind abschließend in § 60a AufenthG normiert. Nach der Systematik dieser Norm muss zwischen einer Gruppenaussetzung (§ 60a Abs. 1 AufenthG) und einer individuellen Duldung (§ 60a Abs. 2 S. 1 AufenthG) unterschieden werden. 296

Insgesamt ist die besondere Stellung der Duldung im Verwaltungsrecht besonders bemerkenswert. Nirgendwo sonst im Verwaltungsrecht findet sich eine entsprechende Regelung. Dieser Grundsatz entspringt der verwaltungsrechtlichen Dogmatik, die gerade darauf ausgerichtet ist, Entscheidungen notfalls auch mit körperlichem Zwang durchzusetzen und so dem Recht Geltung zu verschaffen. Im Asyl- und Ausländerrecht wird hiervon offensichtlich eine Ausnahme gemacht. Auf diesem Rechtsgebiet kommt der Staat an seine Grenzen hinsichtlich der Durchsetzbarkeit von Rechtsakten. Dies ist deshalb so, da er auf die Mitwirkung des Staates angewiesen ist, in den der Ausländer abgeschoben werden soll. 297

Hinweis

Nicht allzu selten kommt es vor, dass die Bundesrepublik und der Zielstaat der Abschiebung unterschiedliche Interessen verfolgen und eine Abschiebung daher aus tatsächlichen Gründen nicht durchgeführt werden kann. So zum Beispiel, wenn der Zielstaat schlicht die Aufnahme des Ausländers verweigert. Dieser Umstand führt in der Praxis dazu, dass zahlreiche Ausländer trotz fehlender Aufenthaltserlaubnis und bereits angedrohter bzw. angeordneter Abschiebung in Deutschland geduldet werden. Dies oft sogar über Jahre und Jahrzehnte.[11]

2. Die Gruppenaussetzung

Die oberste Landesbehörde kann nach § 60a Abs. 1 S. 1 AufenthG aus völkerrechtlichen oder humanitären Gründen oder zur Wahrung der politischen Interessen der Bundesrepublik Deutschland auch anordnen, dass die Abschiebung von Ausländern aus bestimmten Staaten oder von in sonstiger Weise bestimmten Ausländergruppen allgemein oder in bestimmte Staaten für längstens drei Monate ausgesetzt wird. Es handelt sich also gerade nicht um eine Duldung im Einzelfall (dann individuelle Duldung), sondern um eine Duldungsanordnung für eine Personengruppe, die durch ein gemeinsames Merkmal verbunden ist. Die Duldungsanordnung ergeht hierbei als Verwaltungsvorschrift und stellt demnach bloßes Innenrecht der Verwaltung dar. Es hat somit auch nur mittelbare Außenwirkung und ist gerichtlich auch nur eingeschränkt überprüfbar.[12] 298

---

10 *Hailbronner* Rn. 1226.

11 Vgl. *Luft* Die Flüchtlingskrise, S. 97 ff.; das *BVerwG* spricht insofern auch von einem „Aufenthaltsrecht zweiter Klasse", *BVerwG* Urteil vom 16.10.1990 – 1 C 15/88.

12 *BVerwG* Urteil vom 19.9.2000 – 1 C 19/99; im Volksmund spricht man in diesem Zusammenhang auch vom sog. „Abschiebungsstopp".

Hinweis

Die Aussetzung der Abschiebung ergeht durch Entscheidung der obersten Landesbehörde, also gerade nicht durch eine Bundesbehörde. Eine solche Aussetzungsentscheidung entwickelt daher auch nur in dem entsprechenden Bundesland Wirkung und entfaltet keine Wirkung in anderen Bundesländern.[13]

IV. Die individuelle Duldung

299 Grundsätzlich lässt die individuelle Duldung die vollziehbare Ausreisepflicht des Ausländers unberührt (§ 60a Abs. 3 AufenthG), führt aber zu einer Aussetzung (oder auch Verzicht) der Durchsetzung der Ausreisepflicht (letztlich also der Abschiebung).[14] Bei der individuellen Duldung handelt es sich um einen schriftlichen (vgl. § 60a Abs. 4 AufenthG) Verwaltungsakt. Die Duldung kann daher grundsätzlich auch mit Nebenbestimmungen i.S.d. § 36 VwVfG belegt werden. Ein Ausländer, der nach § 60a AufenthG geduldet wird, ist nicht illegal in Deutschland. Dementsprechend ist sein Aufenthalt auch nach § 95 Abs. 1 Nr. 2 AufenthG nicht strafbar.

300 Die individuelle Duldung setzt eine vollziehbare Ausreisepflicht des Ausländers und einen Duldungsgrund voraus. Ein Teil der Literatur verlangt darüber hinaus auch noch das Vorliegen eines Abschiebungsgrundes und die Vollziehbarkeit der Abschiebungsandrohung.[15] Diese Forderungen sind insoweit konsequent, als dass der Wortlaut des § 60a Abs. 2 S. 1 AufenthG von der Aussetzung der Abschiebung spricht. Sofern man insoweit aus systematischen Gründen eine Abschiebung i.S.d. § 58 AufenthG unterstellt, müssen die dort genannten Voraussetzungen zunächst vorliegen, um daraufhin eine Duldung aussprechen zu können. Andererseits bestehen die in § 60a Abs. 2 AufenthG genannten Duldungsgründe auch unabhängig von einer evtl. Abschiebung und die Prüfung dieser Voraussetzungen wäre damit überflüssig.

301 Die Duldungsanordnung ist nach § 60a Abs. 5 S. 2 AufenthG zu widerrufen, wenn die der Abschiebung entgegenstehenden Gründe entfallen. Daraufhin ist der Ausländer unverzüglich, also ohne erneute Fristsetzung, abzuschieben, wenn bereits vor der Duldungsanordnung eine Abschiebungsandrohung ausgesprochen wurde, vgl. § 60a Abs. 5 S. 3 AufenthG. Eine Ausnahme normiert insoweit § 60a Abs. 5 S. 4 AufenthG, wenn die Aussetzung bereits länger als ein Jahr läuft. Insgesamt sind in § 60a AufenthG fünf Duldungsgründe normiert, die nachfolgend näher betrachtet werden sollen.

1. Duldung wegen Unmöglichkeit aus tatsächlichen oder rechtlichen Gründen

302 Zunächst kann die Duldung wegen Unmöglichkeit der Abschiebung aus tatsächlichen oder rechtlichen Gründen erfolgen. Es handelt sich dem Wortlaut nach um eine gebundene Entscheidung.

13 *BVerwG* Beschluss vom 27.2.1991 – 9 B 18/91.
14 *Heusch/Haderlein/Schönenbroicher* Rn. 478 ff.
15 Vgl. *Hailbronner* Rn. 1232.

a) Rechtliche Unmöglichkeit

303 **Rechtliche Unmöglichkeit** liegt vor, wenn einer Abschiebung entweder ein in § 60 Abs. 1 bis 5 oder 7 AufenthG genanntes Abschiebungsverbot oder ein sog. inlandsbezogenes Abschiebungshindernis entgegensteht.[16]

Auf Grund der sachlichen Nähe haben die Ausländerbehörden die inlandsbezogenen Abschiebungshindernisse bei ihrer Entscheidung zu berücksichtigen. Das BAMF hat hingegen auf Grund seiner Kompetenz bei der Einschätzung auch internationaler Fragestellungen bei seiner Entscheidung die zielstaatsbezogenen Abschiebungshindernisse zu berücksichtigen.

» Kennen Sie noch die Unterscheidung von in- und auslandsbezogenen Abschiebungshindernissen? Wiederholen Sie die Thematik bei Rn. 149. «

304 Immer wieder relevante *Beispiele* für inlandsbezogene Abschiebungshindernisse sind insbesondere die Folgenden:

Beispiel Soll nur ein Ehepartner abgeschoben werden, so tritt der § 25 Abs. 5 AufenthG in ein Spannungsfeld zum Schutz von Ehe und Familie nach Art. 6 GG und dem Art. 8 EMRK.[17] Verstärkt wird dieses Problem im Rahmen der Duldung über § 60a Abs. 2 S. 1 AufenthG i.V.m. § 60 Abs. 5 AufenthG.

Allerdings ist zu beachten, dass die familiäre Lebensgemeinschaft eine auf Dauer angelegte Institution ist. Die Duldung ist ihrer Natur nach nur auf einen unbestimmten Zeitraum angelegt. Sie ist daher gerade nicht das adäquate Instrument, um die eheliche Lebensgemeinschaft auf Dauer zu bewahren. Daher ist über § 25 Abs. 5 AufenthG eine Gefährdung der Lebensgemeinschaft bzw. Ehe vorrangig bereits im Asylverfahren zu prüfen. Über diese Norm könnte dann eine Aufenthaltserlaubnis erwachsen. Ist diese Norm allerdings nicht einschlägig, bleibt letztlich in der Regel auch für eine Duldung aus diesem Grund kein Raum, sodass die Lebensgemeinschaft im Herkunftsland herzustellen ist. ■

Beispiel Eine Reiseunfähigkeit kann eine Duldung unter Umständen rechtfertigen.[18] Hierbei ist § 60a Abs. 2 S. 1 AufenthG i.V.m. § 60 Abs. 7 AufenthG zu beachten. Die mit der Durchführung der Abschiebung befasste Behörde hat allerdings zu jeder Zeit des Verfahrens etwaige Gesundheitsgefahren zu beachten und diesen Gefahren durch vorübergehendes Absehen von der Abschiebung oder einer entsprechenden Ausgestaltung der Abschiebung entgegen zu wirken. ■

b) Tatsächliche Unmöglichkeit

305 Eine **tatsächliche Unmöglichkeit** liegt vor, wenn für einen voraussehbaren Zeitraum die Abschiebung ausgeschlossen ist.[19]

Beispiel Eine tatsächliche Unmöglichkeit liegt vor bei einer Staatenlosigkeit des Ausländers oder einer fehlenden Transportfähigkeit auf Grund einer schwerwiegenden Erkrankung. ■

16 *Heusch/Haderlein/Schönenbroicher* Rn. 483.
17 Vgl. *BVerwG* Urteil vom 4.6.1997 – 1 C 9/95.
18 Vgl. *BVerfG* Beschluss vom 26.2.1998 – 2 BvR 185/98.
19 *Heusch/Haderlein/Schönenbroicher* Rn. 487.

Problematisch erscheint insoweit die Frage, ob eine Duldung aus tatsächlichen Gründen auch dann vorliegt, wenn der abzuschiebende Ausländer seine Identität bewusst verschleiert oder gegen Mitwirkungspflichten im Rahmen der Abschiebung verstößt. Die Rechtsprechung des *BVerwG* ist der Ansicht, dass es auf die Gründe der tatsächlichen Unmöglichkeit nicht ankommt.[20] Der Duldung sind wertende Elemente fremd. Sie stellt lediglich eine rechtliche „Reaktion" dar. Dies beruht auf der gesetzlichen Systematik, die im Vergleich mit § 25 Abs. 5 AufenthG deutlich wird: Erst eine evtl. Aufenthaltsgestattung auf Grund der Duldung ermöglicht die Bezugnahme (auch) auf wertende Gesichtspunkte.

2. Duldung auf Grund dringender humanitärer Gründe

306 Der § 60a Abs. 2 S. 3 AufenthG ermöglicht der Ausländerbehörde auch eine sogenannte Ermessensduldung auszusprechen, wenn dringende humanitäre oder persönliche Gründe oder erhebliche öffentliche Interessen eine weitere vorübergehende Anwesenheit im Bundesgebiet erforderlich machen. Eine solche Ermessensduldung kann selbst dann ausgesprochen werden, wenn keine rechtlichen oder tatsächlichen Abschiebungshindernisse i.S.d. § 60a Abs. 2 S. 1 AufenthG vorliegen. Es muss aber ein deutliches Übergewicht des Duldungsinteresses gegenüber der sofortigen Durchführung der Abschiebung bestehen. Dies ist insbesondere deshalb erforderlich, um eine ausufernde Ermessensduldungspraxis zu vermeiden, die der Intention des Gesetzgebers eindeutig zuwiderlaufen würde. Darüber hinaus ist zu beachten, dass es bei längerem Aufenthalt im Bundesgebiet auch zu einer Verfestigung dessen kommen kann, was eine Abschiebung weiter erschwert.

Beispiele Eine rechtmäßige Ermessensduldung wurde unter anderem angenommen bei schwerer Krankheit, vorübergehende Betreuung, Abschluss einer Schul- oder Berufsausbildung. ■

3. Duldung aus anderen Gründen

307 In den Normen § 60a Abs. 2 S. 2, Abs. 2a und Abs. 2b AufenthG finden sich sonstige Gründe, die sich aber hinsichtlich ihres Inhalts bereits aus dem Wortlaut erschließen, weswegen eine vertiefte Darstellung hier unterbleibt.[21]

V. Einreise- und Aufenthaltsverbote

308 Wann ein Einreise- bzw. Aufenthaltsverbot vorliegt, ist in § 11 Abs. 1 AufenthG legal definiert. Demnach darf ein ausgewiesener, zurückgewiesener oder abgeschobener Ausländer weder erneut in das Bundesgebiet einreisen noch sich darin aufhalten noch darf ihm, selbst im Falle eines Anspruchs nach diesem Gesetz, ein Aufenthaltstitel erteilt werden. Nach § 11 Abs. 6 S. 1 AufenthG kann auch gegen einen Ausländer, der seiner Ausreisepflicht nicht innerhalb einer ihm gesetzten Ausreisefrist nachgekommen ist, ein Einreise- und Aufenthaltsverbot verhängt werden. Dies gilt allerdings nicht, wenn die zeitliche Überschreitung nur unerheblich ist oder ihn kein Verschulden hieran trifft.

---

20 *BVerwG* Urteil vom 25.9.1997 – 1 C 3/97; a.A. *Heusch/Haderlein/Schönenbroicher* Rn. 487.

21 Vertiefend insoweit *Heusch/Haderlein/Schönenbroicher* Rn. 489 ff.

Hinweis

Zu beachten ist, dass es sich dem Wortlaut des § 11 Abs. 1 AufenthG nach um eine vollzogene Ausreisepflicht handeln muss. Die bloße Abschiebungsanordnung reicht daher für ein Einreise- und Aufenthaltsverbot gerade nicht aus.

Das Verbot gilt jedoch nicht dauerhaft, sondern ist nach § 11 Abs. 2 S. 1 AufenthG von Amts wegen zu befristen, wobei die Länge der Frist im Ermessen der Behörde liegt, vgl. § 11 Abs. 3 S. 1 AufenthG. Als Höchstfrist ist in § 11 Abs. 3 S. 3 AufenthG jedoch eine Frist von zehn Jahren normiert. In § 11 Abs. 4 AufenthG sind darüber hinaus aber Ausnahmetatbestände normiert, nach denen eine gesetzte Frist aufgehoben oder verkürzt werden kann, wobei es entscheidend auch auf die Kooperation des Ausländers ankommt.[22] **309**

C. Rechtsschutz gegen negative Entscheidungen

Je nach Einzelfall können unterschiedliche Möglichkeiten des Rechtsschutzes für den betroffenen Ausländer offenstehen. Zum einen kann der abgelehnte Asylbewerber Rechtsschutz gegen die Eingriffsmaßnahmen im Rahmen der Verwaltungsvollstreckung suchen, also gegen staatliche Maßnahmen wie die Abschiebung. Zum anderen kann er versuchen, eine Duldungsanordnung zu erhalten. **310**

Hinweis

Grundsätzlich ist zu beachten, dass Rechtsbehelfe im Asylverfahrensrecht wie auch in der allgemeinen Verwaltungsvollstreckung keine aufschiebende Wirkung entfalten (vgl. § 75 Abs. 1 AsylG, § 80 Abs. 2 S. 2 VwGO), sodass ein entsprechender Antrag auf Aussetzung des Vollzugs bis zur gerichtlichen Entscheidung zu stellen sein wird.

I. Abschiebungsandrohung

Die Abschiebungsandrohung nach § 34 AsylG und § 36 Abs. 3 AsylG stellt einen Verwaltungsakt dar.[23] Ein Widerspruch gegen diesen ist nach § 11 AsylG aber ausgeschlossen mit der Folge, dass sofort Klage erhoben werden muss. Als Rechtsbehelf kommt insoweit die Anfechtungsklage in Betracht, um die Abschiebungsandrohung insgesamt aus der Welt zu schaffen.[24] Wird der Klage stattgegeben, so richten sich die Rechtsfolgen nach § 37 AsylG. Entsprechend dieser Norm ist das Asylverfahren wieder aufzunehmen. Wurde über die rechtmäßige Abschiebungsandrohung unanfechtbar entschieden, so ist ein Antrag über § 80 Abs. 5 VwGO in der Folge nicht mehr statthaft. Gegen die Vollzugshandlungen der Ausländerbehörde kann lediglich noch Rechtsschutz über § 123 VwGO erlangt werden, mit dem Vorwurf, dass die Art und Weise der Abschiebung nicht rechtmäßig sei.[25] **311**

---

22 Vgl. auch *BVerwG* Urteil vom 10.7.2012 – 1 C 19/11, Rn. 29 ff.
23 *Hailbronner* R. 1141.
24 *BVerwG*Urteil vom 3.4.2001 – 9 C 22/00.
25 Vgl. *BVerwG* Urteil vom 16.11.1999 – 9 C 4/99.

JURIQ-Klausurtipp

Beachte, dass lediglich die Androhung oder Anordnung der Abschiebung ein Verwaltungsakt darstellt. Die Abschiebung selbst ist lediglich ein Realakt.

II. Abschiebungsanordnung

312 Auch die Abschiebungsanordnung nach § 34a AsylG ist ein Verwaltungsakt, der mittels Anfechtungsklage angefochten werden kann. Wegen des fehlenden Suspensiveffekts sollte die Klage stets mit einem Antrag nach § 80 Abs. 5 VwGO verbunden werden. Wird ein solcher Antrag innerhalb der Wochenfrist des § 34a Abs. 2 AsylG gestellt, so ist eine Abschiebung zunächst nicht zulässig. Bleibt dem Betroffenen nicht genügend Zeit, sich gegen die Abschiebungsanordnung zu wehren, so ist es anerkannt, dass der Betroffene auch über § 123 VwGO vorläufigen Rechtsschutz erlangen kann.[26]

III. Abschiebung

313 Die Abschiebung ist eine besondere Form eines verwaltungsvollstreckungsrechtlichen Zwangsmittels und entsprechend eine Form des unmittelbaren Zwangs. Als solche stellt die Abschiebung gerade keinen Verwaltungsakt, sondern einen Realakt dar.[27] Sie ist die tatsächliche Durchsetzung der im Vorfeld als Verwaltungsakt erlassenen Ausreisepflicht. Entsprechend ist lediglich eine Leistungs- bzw. Feststellungsklage statthafte Klageart. Soll also die tatsächliche Durchführung der Abschiebung verhindert werden, ist in aller Regel eine Unterlassungsklage zu erheben.[28] Dies ist deshalb so, da die Rechtsfolgen der Leistungsklage zielführender sind und die der Feststellungsklage hinter diesen zurückbleiben.

314 Wegen des grundsätzlich fehlendenden Suspensiveffekts von Leistungsklagen kommt auch eine Sicherungsanordnung i.S.d. § 123 Abs. 1 S. 1 VwGO in Betracht. Besondere Beachtung ist insoweit § 80 AsylG zu schenken, der die Beschwerde gegen verwaltungsgerichtliche Entscheidungen grundsätzlich ausschließt.

IV. Duldungsversagung

315 Der betroffene Ausländer kann aber auch einen Antrag auf Duldung nach § 60a AufenthG stellen. Wird dieser abgelehnt, kann er gerichtlichen Rechtsschutz sowohl über eine Leistungsklage als auch über eine Verpflichtungsklage erlangen. Da die Duldung Teil der Zwangsvollstreckung (vgl. § 187 Abs. 3 VwGO) ist und die aufschiebende Wirkung demnach entfällt, ist vorläufiger Rechtsschutz über § 123 VwGO zu erreichen.

---

26 *Heusch/Haderlein/Schönenbroicher* Rn. 507.

27 *Hailbronner* Rn. 1141.

28 *Hailbronner* Rn. 1219.

6. Teil
Prozessrechtliche Instrumente

A. Allgemeines

Wir haben in diesem Skript bereits die materiellen asylrechtlichen Ansprüche kennengelernt sowie das formelle Verfahren, mit denen diese zu erlangen sind. Daneben sind wir auch bereits vertiefend auf die einzelnen Verfahren der zuständigen Behörden eingegangen und haben die verschiedenen Besonderheiten auch im Vergleich zum VwVfG besprochen. In diesem Kapitel wollen wir uns nun noch der Frage widmen, welche prozessrechtlichen Instrumente dem Asylsuchenden zur Verfügung stehen, um gegen negative Entscheidungen vorzugehen. Im Aufenthalts- und Asylrecht existiert allerdings kein eigenständiges Verfahrensgesetz, in dem diese Instrumente abschließend geregelt wären. Vielmehr findet hinsichtlich prozessrechtlicher Fragen die VwGO Anwendung, jedoch mit zahlreichen Modifikationen durch das AsylG. 316

» Für dieses Kapitel werden rechtliche Grundlagen der VwGO vorausgesetzt. Nutzen Sie die Gelegenheit und wiederholen Sie die angesprochenen Instrumente der VwGO im JURIQ-Skript „Verwaltungsprozessrecht". «

Entsprechende Modifizierungen der VwGO durch das AsylG finden sich insbesondere im 9. Abschnitt des AsylG (§§ 74 ff. AsylG). So finden sich hier gesonderte Regelungen zur verwaltungsgerichtlichen Klage, den Rechtsmitteln und dem vorläufigen Rechtsschutz. Insgesamt sind die Modifikationen des verwaltungsgerichtlichen Verfahrens in Asylsachen durch das AsylG darauf ausgerichtet, das Verfahren zu vereinfachen und zu beschleunigen. Dies dient der Praktikabilität und ist mit Blick auf den zuletzt massenhaften Flüchtlingsstrom auch notwendig, um ein rechtsstaatliches Verfahren überhaupt gewährleisten zu können. 317

B. Das Klageverfahren

I. Sachentscheidungsvoraussetzungen

JURIQ-Klausurtipp 318

Die nachfolgende Reihenfolge der einzelnen Kapitel orientiert sich an dem grundsätzlichen Prüfungsaufbau der Sachentscheidungsvoraussetzungen einer Klage im verwaltungsgerichtlichen Verfahren. Es wird nur auf die für das Asylverfahren wesentlichen Punkte eingegangen. Nicht erwähnte Prüfungspunkte entsprechen dem allgemeinen Verwaltungsprozessrecht.

1. Örtliche Zuständigkeit des Gerichts

Eine erste Besonderheit ergibt sich bereits bei der Frage nach der örtlichen Zuständigkeit des Gerichts. Grundsätzlich richtet sich diese auch im asylrechtlichen Verwaltungsgerichtsverfahren nach § 52 Nr. 2 S. 3 VwGO. Demnach ist jenes Gericht örtlich zuständig, in dessen Bezirk der Ausländer nach dem AsylG seinen Aufenthalt zu nehmen hat. Wo der Ausländer seinen Aufenthalt zu nehmen hat, regeln die §§ 47 ff. AsylG. Da es teilweise nicht gesichert ist, dass der Ausländer sofort der richtigen Aufnahmeeinrichtung zugewiesen wird und sich auch 319 nachträglich unter Umständen noch Änderungen ergeben können, ist der Frage nachzugehen, auf welchen Zeitpunkt für die Entscheidung über die Frage des Aufenthalts zu entscheiden ist. Grundsätzlich gilt der perpetuatio fori-Grundsatz. Maßgeblich ist demnach der Zeitpunkt des Eintritts der Rechtshängigkeit, vgl. § 83 S. 1 VwGO i.V.m. § 17 Abs. 1 S. 1 GVG. Eine nachträgliche Änderung des Aufenthaltsortes des Ausländers (z.B. auf Grund staatlich angeordneter Umverteilung) ändert dann nichts mehr an der örtlichen Zuständigkeit des Gerichts.[1]

2. Statthafte Klageart

320 Ein besonderes Augenmerk im asylrechtlichen Verwaltungsgerichtsverfahren liegt auf der Klärung der Frage nach der statthaften Klageart. Auf Grund der Vielzahl an verschiedenen Ausgangsmöglichkeiten des Verwaltungsverfahrens kommen verschiedene Klagearten als statthafte Klagearten in Betracht.

a) Ablehnung des Asylantrags

» Nutzen Sie die Gelegenheit und wiederholen Sie die Erörterungen zu den Entscheidungsarten des BAMF, oben Rn. 253. «

321 Welche die im Einzelfall statthafte Klageart gegen eine ablehnende Entscheidung des BAMF ist, richtet sich nach dem Inhalt der Entscheidung, da dem BAMF hierbei verschiedene Entscheidungsvarianten offenstehen. Bei ablehnenden Entscheidungen im Sinne einer Versagung des internationalen Schutzes (Flüchtlingseigenschaft und subsidiärer Schutz) und der Feststellung, dass keine Abschiebungsverbote (§ 60 Abs. 5 oder 7 AufenthG) bestehen, ist eine Verpflichtungsklage zu erheben.[2]

Hinweis

Dies folgt bereits aus dem Gesichtspunkt, dass es sich bei der Entscheidung des BAMF lediglich um eine Feststellung mit deklaratorischer Wirkung handelt.

JURIQ-Klausurtipp

Im Rahmen des klägerischen Begehrens ist die angegriffene Entscheidung weiter zu untergliedern. Der Kläger wird sich regelmäßig zunächst gegen die Versagung des internationalen Schutzes zur Wehr setzen wollen. Die Klage auf Feststellung, dass (zudem) Abschiebungsverbote im Einzelfall greifen, wird hierbei nur hilfsweise gestellt werden.[3]

b) Einreise- und Aufenthaltsverbote nach § 11 AufenthG

322 Hinsichtlich des gerichtlichen Rechtsschutzes gegen Einreise- und Aufenthaltsverbote nach § 11 AufenthG ist zu differenzieren. Im Falle des § 11 Abs. 1 AufenthG ergeht das Verbot auf Grund Gesetzes, sodass eine anfechtbare behördliche Einzelentscheidung fehlt. Allerdings hat die Behörde eine Befristung nach § 11 Abs. 2 S. 1 AufenthG auszusprechen, gegen die der Rechtsschutz grundsätzlich eröffnet ist. Es ist aber zu beachten, dass hierbei eine Verpflichtungsklage die statthafte Klageart ist, da eine Anfechtungsklage in ihrer Rechtsfolge zu

1 *Heusch/Haderlein/Schönenbroicher* Rn. 293.
2 *Heusch/Haderlein/Schönenbroicher* Rn. 293.
3 BVerwGE 104, 260 (262 f.).

einem unbefristeten Einreise- und Aufenthaltsverbot führen würde und dies regelmäßig nicht im Sinne des Klägers sein wird.[4]

Ergeht das Einreise- und Aufenthaltsverbot nicht auf Grund Gesetzes nach § 11 Abs. 1 AufenthG, sondern auf Grund behördlicher Anordnung nach § 11 Abs. 7 AufenthG, so ist gegen diese behördliche Entscheidung die Anfechtungsklage statthaft. Zudem ist es möglich, sich mittels Verpflichtungsklage allein gegen die Befristung zu wehren. 323

Beispiel Möchte der Betroffene die Befristung demnach komplett aus der Welt schaffen, so kann er gegen diese im Wege der Anfechtungsklage vorgehen. Möchte der Betroffene hingegen lediglich eine Verkürzung der Befristung erreichen, so muss er Verpflichtungsklage erheben. ■

c) Ablehnung eines Folgeantrags

Unabhängig davon, ob das BAMF die Wiederaufnahme des Asylverfahrens ablehnt oder in der Sache negativ über den Folgeantrag entschieden hat, ist die Verpflichtungsklage statthafte Klageart. Das Verwaltungsgericht hat bei rechtswidriger Ablehnung der Wiederaufnahme des Asylverfahrens auch eine materielle Prüfung der beantragten Ansprüche vorzunehmen.[5] 324

d) Entscheidung im Dublin-Verfahren

Erklärt das BAMF Deutschland als unzuständig für einen im Einzelfall geprüften Asylantrag, so ist diese Entscheidung mittels Anfechtungsklage angreifbar. Es handelt sich um eine verfahrensrechtliche Entscheidung, ohne dass eine materiell-rechtliche Prüfung bereits stattgefunden hätte. Entsprechend würde eine Verpflichtungsklage in ihrer Rechtsfolge zu weitreichend sein, da das Gericht sonst auch eine materielle Prüfung vornehmen müsste und hierdurch das verwaltungsrechtliche Verfahren umgangen würde.[6] 325

3. Klagefrist

Das AsylG normiert eine Vielzahl von Abweichungen von den nach der VwGO normierten Fristen. So ist zu beachten, dass grundsätzlich kein Widerruf gegen die behördlichen Entscheidungen im Asylverfahren möglich ist, sodass direkt gegen die Entscheidung Klage erheben zu ist. Die Frist beläuft sich hierbei auf zwei Wochen nach Zustellung der Entscheidung des BAMF gem. § 74 Abs. 1 Hs. 1 AsylG. 326

Ausnahmsweise kann diese Frist aber auch auf eine einwöchige Klagefrist verkürzt sein:

- Der Antrag nach § 80 Abs. 5 VwGO ist innerhalb einer Woche zu stellen, vgl. § 74 Abs. 1 Hs. 2 AsylG. Dies ist unter anderem der Fall bei Ablehnung des Asylantrags als unbeachtlich oder offensichtlich unbegründet (§ 36 Abs. 3 S. 1 AsylG und § 30 AsylG) oder bei Rückführung in einen Drittstaat (§ 26a AsylG) sowie bei Einreise- und Aufenthaltsverboten mit Befristung (§ 11 AufenthG).
- Bei Entscheidungen über einen Folgeantrag.

---

4 *Heusch/Haderlein/Schönenbroicher* Rn. 296.
5 *BVerwG* Urteil vom 10.2.1998 – 9 C 28/97.
6 *BVerwG* Urteil vom 27.10.2015 – 1 C 32/14.

327 Auch ist eine besondere Klagebegründungsfrist nach § 74 Abs. 2 AsylG zu beachten. Entsprechend dieser Norm muss der Kläger die zur Begründung seiner Klage sachdienlichen Tatsachen und Beweise innerhalb einer Frist von einem Monat nach Zustellung des Bescheides durch das BAMF vorbringen. Dieses Erfordernis dient nicht nur einer Beschleunigung des Verfahrens, sondern ist auch Ausfluss der Mitwirkungspflichten des Klägers.[7]

II. Weitere Besonderheiten

328 Neben den oben genannten offenkundigen Unterschieden des asylgerichtlichen Verfahrens gegenüber dem allgemeinen verwaltungsgerichtlichen Verfahren ergeben sich auch weitere Besonderheiten, die bereits teilweise in diesem Skript angesprochen wurden. Auf Grund ihrer geringeren Relevanz werden diese hier nur aus Gründen der Vollständigkeit in der gebotenen Kürze dargestellt.

1. Einzelrichterregelung

329 Eine organisatorische Besonderheit im asylgerichtlichen Verfahren stellt die Einzelrichterregelung des § 76 AsylG dar. Nach dieser Norm soll das Verfahren von einem Einzelrichter und gerade nicht vor einer Kammer geführt werden. Ausnahmen hiervon ergeben sich lediglich bei besonderen Schwierigkeiten tatsächlicher oder rechtlicher Art oder sofern die Sache grundsätzliche Bedeutung hat. Die Übertragung des Verfahrens auf einen Einzelrichter bedarf dabei auch keines gesonderten Antrags, sondern ist auf Grund des eindeutigen Wortlautes und dem somit klaren Willen des Gesetzgebers als obligatorisch anzusehen.[8] Die Einzelrichterregelung dient ebenfalls der Beschleunigung des Verfahrens und einer effizienteren Belastungsverteilung am Gericht.

2. Gerichtliche Sachaufklärungspflicht

330 Aus der Verwaltungsgerichtsordnung folgt die gerichtliche Sachaufklärungsfrist gem. § 86 Abs. 1 VwGO. Entsprechend sind die Verwaltungsgerichte verpflichtet, den entscheidungserheblichen Sachverhalt selbst aufzuklären. Im asylgerichtlichen Verfahren stellt aber gerade diese Aufklärungspflicht eine enorme Hürde dar, wenn (wie in der Regel der Fall) der Kläger die einzige Beweisquelle ist. Auf Grund dieses Umstandes trifft den Kläger in asylgerichtlichen Verfahren eine besondere Mitwirkungspflicht, § 86 Abs. 1 S. 1 Hs. 2 VwGO i.V.m. § 15 AsylG. Es kommt somit de facto zu einer Darlegungslast des Klägers. Da dieser die mitunter einzige Quelle für sachdienliche Beweise ist, spielt die Glaubwürdigkeit des Klägers bei seinem Vorbringen eine wesentliche Rolle und fließt in die richterliche Beurteilung mit ein.[9]

3. Mündliche Verhandlung

331 Auf Grund der nun schon mehrfach erwähnten Mitwirkungspflichten des Klägers im asylgerichtlichen Verfahren spielt die mündliche Verhandlung eine wesentliche Rolle im gerichtlichen Verfahren. Grundsätzlich stellt die mündliche Verhandlung nach den

7 *BVerwG* Beschluss vom 26.10.1989 – 9 B 405/89.
8 *BVerwG* Beschluss vom 15.10.2001 8 B 104/01.
9 *BVerwG* Beschluss vom 10.5.2002 – 1 B 392/01.

§§ 103 ff. VwGO das Kernstück eines jeden verwaltungsgerichtlichen Verfahrens dar. Da der Asylsuchende in einem solchen Verfahren aber als „Zeuge in eigener Sache" auftritt, kommt der mündlichen Verhandlung bei der Entscheidungsfindung des Gerichts eine noch wesentlichere Bedeutung zu. Ist der Kläger nicht oder nur eingeschränkt der deutschen Sprache mächtig, erfolgt die mündliche Verhandlung unter Hinzuziehung eines Dolmetschers, § 55 VwGO i.V.m. § 185 GVG.

C. Die Rechtsmittel

I. Allgemeines

Auch in asylgerichtlichen Entscheidungen stehen dem Betroffenen die Rechtsmittel der Berufung und der Revision zur Verfügung. Es gelten insoweit die allgemeinen Vorschriften der §§ 124 ff. VwGO bzw. §§ 132 ff. VwGO. Allerdings werden diese Vorschriften durch Regelungen des AsylG modifiziert. Hinsichtlich des Berufungsverfahrens sind insoweit insbesondere die § 78 AsylG und § 79 AsylG zu beachten. Ziel dieser Modifizierungen ist die Beschleunigung des Verfahrens insgesamt. Das hierdurch der Instanzenzug eingeschränkt wird, stellt kein verfassungsrechtlich bedenkliches Problem dar, da Art. 19 Abs. 4 GG einen Instanzenzug nicht vorschreibt.[10] Über die einzelnen Modifizierungen des Berufungsverfahrens durch das AsylG soll im Folgenden ein Überblick geschaffen werden. **332**

II. Berufungsausschluss

Besondere Beachtung ist bereits der Regelung des § 78 Abs. 1 AsylG zu widmen. Diese schließt die Anfechtung bestimmter Urteile kategorisch aus. So findet eine Berufung gegen Urteile, deren Tenor die Klage als offensichtlich unzulässig oder unbegründet bezeichnen, grundsätzlich nicht statt, § 78 Abs. 1 S. 1 AsylG. **333**

III. Zulassung der Berufung

Die Regelungen des § 78 Abs. 2 bis 5 AsylG modifizieren die Zulassungsvoraussetzungen der Berufung. So wird unter anderem die Sprungrevision ausgeschlossen (Abs. 2 S. 2) und die Berufungszulassung durch das Verwaltungsgericht wird unterbunden. Des Weiteren ist eine Zulassung der Berufung nur dann möglich, wenn ein Zulassungsgrund i.S.d. § 78 Abs. 3 AsylG vorliegt. Als entsprechende Gründe können unter anderem die grundsätzliche Bedeutung der Rechtssache sowie Verfahrensmängel vorgebracht werden. Hinsichtlich des Zulassungsverfahren sind die § 78 Abs. 4 und 5 AsylG zu beachten. Insbesondere ist hier geregelt, dass die Einlegung der Berufung samt Begründung innerhalb eines Monats nach Zustellung des Urteils erfolgen muss. **334**

» Lesen Sie die zitierten Normen! «

10 *BVerfG* Beschluss vom 12.7.1983 – 1 BvR 1470/82.

D. Der vorläufige Rechtsschutz

I. Allgemeines

335 Auch und gerade im asylgerichtlichen Verfahren spielt der vorläufige Rechtsschutz eine wesentliche Rolle. Dies nicht zuletzt, da Klagen gegen (beispielsweise) aufenthaltsbeendende Maßnahmen keinen Suspensiveffekt entfalten. Allerdings erfolgt auch hier eine Modifizierung des allgemeinen Rechtsschutzes durch das AsylG in Asylsachen. Verfassungsrechtliche Grundlage für diese Ungleichbehandlung ist insofern Art. 16a Abs. 4 GG. Der Zweck der Modifizierung, das Asylverfahren möglichst schnell zum Abschluss zu bringen und eine Abschiebung möglichst schnell durchzuführen, überwiegt hierbei nach Ansicht des *BVerfG*[11] das Individualinteresse des betroffenen Klägers.

336 Die wesentliche einfachgesetzliche Norm ist insoweit § 36 AsylG. Allerdings stellt diese Norm nicht die einzige Modifizierung dar. Vielmehr finden sich auch an anderer Stelle des AsylG Normen, die je in Abhängigkeit der verschiedenen asylrechtlichen Verfahrensarten unterschiedliche Modifizierungen des vorläufigen Rechtsschutzes vornehmen. Im Folgenden beschäftigen wir uns aber zunächst mit den (allgemeinen) Modifizierungen des § 36 AsylG, bevor wir uns dann die (besonderen) Modifizierungen der einzelnen Verfahren näher anschauen.

II. Das Verfahren nach § 36 AsylG

337 Der § 36 AsylG normiert unterschiedliche Abweichungen vom Regelfall des § 80 Abs. 5 VwGO. So ist in § 36 Abs. 3 S. 1 AsylG eine verfassungskonforme[12] besondere Antragsfrist von einer Woche festgelegt. Parallel dazu normiert § 36 Abs. 3 S. 5 bis 7 AsylG eine verkürzte Entscheidungsfrist des Gerichts. Dieses habe in entsprechenden Rechtssachen innerhalb einer Woche zu entscheiden. Insbesondere diese Regelung kann in der Praxis kaum umgesetzt werden. Überforderte Behörden und überlastete Gerichte sind in der Regel nicht in der Lage, diese Frist zu wahren.[13]

338 Auf Grund der Ausrichtung der Modifizierungen auf eine beschleunigte Bearbeitung der Rechtssache ist auch die Einschränkung auf ein ausschließlich schriftliches Verfahren nach § 36 Abs. 3 S. 4 AsylG letztlich konsequent. Das Gericht i.S.d. § 36 AsylG ist dabei, wie auch im Hauptverfahren, der Einzelrichter nach § 76 Abs. 4 AsylG. Im Rahmen der Prüfung, ob der Antrag auch begründet ist, muss das Gericht die Frage klären, ob ernstliche Zweifel an der Rechtmäßigkeit der Entscheidung des BAMF bestehen. Nur dann darf eine Aussetzung der Abschiebung nach Art. 16a Abs. 4 S. 1 GG und § 36 Abs. 4 S. 1 AsylG angeordnet werden.

11 *BVerfG* Beschluss vom 14.5.1996 – 2 BvR 1516/93.

12 *BVerfG* Beschluss vom 2.5.1984 – 2 BvR 1413/83; ebenfalls für unbedenklich gehalten: *EUGH* Urteil vom 28.7.2011 – C-69/10.

13 *Heusch/Haderlein/Schönenbroicher* Rn. 358.

III. Der vorläufige Rechtsschutz in anderen Fällen

1. Besonderheiten im Flughafenverfahren

Im Flughafenverfahren nach § 18a AsylG bestehen zu den allgemeinen Modifizierungen noch weitere Besonderheiten hinsichtlich des vorläufigen Rechtsschutzes. Zunächst ist zu beachten, dass Gegenstand des Verfahrens nicht die Abschiebungsandrohung nach ablehnender Entscheidung über den Asylantrag ist, sondern die Einreiseverweigerung. Denn grundsätzlich wird der Asylbewerber, wenn er im Transitbereich des Flughafens seinen Asylantrag stellt, diesen nicht verlassen, bis das Verfahren abgeschlossen ist. Da er dann bei Ergehen der Entscheidung aber noch nicht eingereist ist, ergeht insoweit (nur) eine Einreiseverweigerung.[14] 339

Aus diesem Umstand ergibt sich aber auch ein wesentlicher Unterschied zwischen dem Verfahren nach § 36 AsylG und dem nach § 18a Abs. 2 AsylG. Der Antrag auf einstweiligen Rechtsschutz bezieht sich auf die Gewährung der Einreise und damit auf eine Feststellung, dass die nötigen Voraussetzungen vorliegen. Es handelt sich damit aber gerade nicht um ein Verfahren nach § 80 Abs. 5 VwGO, sondern vielmehr um ein solches nach § 123 VwGO. 340

Ein weiterer Unterschied ergibt sich hinsichtlich einer (noch) weiter verkürzten Frist auf drei Tage nach § 18a Abs. 4 S. 1 AsylG. Zwar ist hinsichtlich des Flughafenverfahrens keine Entscheidungsfrist des Gerichts normiert. Ein Rückgriff auf die Regelung des § 36 AsylG verbietet sich mangels entsprechendem Verweis dennoch. Allerdings bedarf es einer solchen Regelung nicht, da dem Ausländer die Einreise zu gestatten ist, sollte das Gericht nicht innerhalb von vierzehn Tagen entscheiden, vgl. § 18a Abs. 6 Nr. 3 AsylG. 341

2. Einreise aus sicherem Drittstaat, § 34a Abs. 2 S. 1 und 2 AsylG

Auf Grund des Richtlinienumsetzungsgesetzes vom 28.8.2013 kann seit dem 6.9.2013 auch gegen Abschiebungsanordnungen in sichere Drittstaaten vorläufiger Rechtsschutz begehrt werden. Mit dem genannten Gesetz wurde das Klagerecht aus Art. 27 Abs. 3 Dublin-III-VO in § 34a Abs. 2 S. 1 AsylG umgesetzt. Entsprechend stellt der § 34a AsylG eine Modifizierung des vorläufigen Rechtsschutzes dar. So beläuft sich die Frist, innerhalb der der Antrag nach § 80 Abs. 5 VwGO zu stellen ist, auf eine Woche nach Bekanntgabe der Entscheidung, § 34a Abs. 1 AsylG. Bei der Prüfung der Begründetheit des Antrags ist insbesondere die Relevanz der Dublin III-VO zu beachten. Das Gericht hat hierbei die Zuständigkeitsentscheidung des BAMF nach den Vorgaben des § 80 Abs. 5 VwGO in einer summarischen Prüfung zu kontrollieren.[15] 342

3. Einreise- und Aufenthaltsverbote sowie Befristung, § 11 AufenthG

Da eine Klage gegen Einreise- oder Aufenthaltsverbote nach § 11 Abs. 7 AufenthG grundsätzlich keine aufschiebende Wirkung entfaltet, kommt auch in dieser Konstellation ein vorläufiger Rechtsschutz in Betracht. Zu unterscheiden ist hierbei, ob der Antragsteller sich gegen das Verbot oder nur gegen eine eventuell damit verknüpfte 343

14 *BVerfG* Beschluss vom 14.5.1996 – 2 BvR 1516/93.

15 *Heusch/Haderlein/Schönenbroicher* Rn. 372.

Befristung zur Wehr setzen möchte. Bei letzterem ist zu beachten, dass es sich insofern nicht um eine Anfechtungsklage im Hauptsacheverfahren handelt, weshalb vorläufiger Rechtsschutz über § 123 VwGO zu suchen ist.[16] Hinsichtlich der materiell-rechtlichen Überprüfung des Antrags ist insoweit wieder eine summarische Prüfung, wie bei § 80 Abs. 5 VwGO üblich, erforderlich.

16 *Heusch/Haderlein/Schönenbroicher* Rn. 375.

7. Teil
Versorgung und Verteilung

A. Unterbringung

I. Allgemeines

Im letzten Kapitel dieses Skriptes widmen wir uns der Versorgung und Verteilung der Asylbegehrenden sowie denjenigen, die bereits eine Aufenthaltserlaubnis erlangt haben. Dazu werfen wir zunächst einen Blick in den 5. Abschnitt des AsylG (§§ 44 ff. AsylG). Dieser dient der Regelung der Unterbringung der Asylbegehrenden in der Bundesrepublik. Die Unterbringung in Aufnahmeeinrichtungen dient dabei in erster Linie der Durchführung eines geordneten Asylverfahrens. **344**

Hierfür stehen in den Aufnahmeeinrichtungen Außenstellen des BAMF zur Verfügung und die erkennungsdienstlichen Maßnahmen werden vor Ort durchgeführt. Darüber hinaus hat der Asylbewerber für die Dauer seines Asylverfahrens einen „Wohnort", unter dem er jederzeit erreichbar ist. Auf der anderen Seite können hierdurch im Falle einer negativen Entscheidung durch das BAMF evtl. nötige Verwaltungsvollstreckungsmaßnahmen leichter durchgeführt werden. Die für diese Maßnahmen relevanten Normen der §§ 44 ff. AsylG sollen in der Folge näher untersucht werden. **345**

II. Die Unterbringungspflicht der Länder

1. Aufnahmeeinrichtungen

In § 44 Abs. 1 AsylG ist normiert, dass die Bundesländer grundsätzlich für die Unterbringung der Asylbewerber zuständig sind. Die hierfür erforderlichen Aufnahmeeinrichtungen haben diese selbst zu schaffen und auch zu unterhalten. Während also die Entscheidung über die Asylbegehren Sache des Bundes ist, legt § 44 AsylG die Verantwortung (und damit auch die Kostenlast) für eine ordnungsgemäße Unterbringung der Asylbewerber für die Dauer ihres Asylverfahrens in die Hände der Länder. **346**

Um eine gerechte Verteilung der Asylbewerber auf die einzelnen Bundesländer zu ermöglichen, legt § 45 AsylG eine sogenannte Aufnahmequote („Königsteiner Schlüssel") fest, welche wir an späterer Stelle (Rn. 352) noch vertiefend behandeln werden. Die Länder sind nach § 44 Abs. 1 AsylG dazu verpflichtet, entsprechend dieser Aufnahmequote auch freie Plätze in den Unterkünften bereit zu halten. **347**

Innerhalb der Länder findet zudem eine Verteilung der Ausländer in die Unterbringungszuständigkeit der Kommunen statt. Auch diese Zuteilung erfolgt in der Regel nach einem Zuweisungsschlüssel bzw. einer Aufnahmequote, vgl. § 50 Abs. 2 AsylG. Hinsichtlich der baulichen Anforderungen an die Einrichtungen und Unterkünfte ist auf die Richtlinie 2013/33/EU zu verweisen, die im Grunde eine einfache, aber menschenwürdige Unterbringung fordert. **348**

349 Um in den Aufnahmeeinrichtungen ein geordnetes Asylverfahren durchführen zu können, muss jede dieser Einrichtungen zumindest eine Außenstelle des BAMF vorhalten. Hierdurch soll eine zentralisierte Durchführung des Asylverfahrens beginnend mit erkennungsdienstlichen Maßnahmen bis zur eventuell nötigen Abschiebung ermöglicht werden.

Hinweis

Aufnahmeeinrichtungen gibt es in Deutschland zahlreiche. Je nach Standort bieten sie Platz für bis zu 2500 Personen. Für Zahlen und Fakten lohnt ein Blick auf die Webseite des BAMF unter www.bamf.de.

Hinweis

Seit dem 1.8.2018 wurden sieben bisherige Aufnahmeeinrichtungen (alle in Bayern) zu sogenannten Ankerzentren umstrukturiert. In diesen Zentren soll eine noch engere Verknüpfung deutscher Behörden bei der Bearbeitung der Asylverfahren ermöglicht werden, um dieses zu beschleunigen und effizienter zu gestalten.

2. Gemeinschaftsunterkünfte

350 Der § 53 AsylG ermöglicht die Unterbringung von Ausländern in Gemeinschaftsunterkünften, die einen Asylantrag gestellt haben und nicht oder nicht mehr verpflichtet sind, in einer Aufnahmeeinrichtung nach § 44 AsylG zu wohnen. Entscheidender Unterschied ist hierbei, dass das Bundesland nicht dazu verpflichtet ist, die Gemeinschaftsunterkünfte herzustellen oder zu unterhalten.

Beispiel Nach § 47 Abs. 1 S. 1 AsylG besteht die Wohnpflicht in Aufnahmeeinrichtungen für längstens sechs Monate. Dem Wortlaut des § 50 Abs. 1 S. 2 AsylG folgend ist ein Ausländer, der seinen Asylantrag in einer Aufnahmeeinrichtung gestellt und dort für sechs Monate gelebt hat, zu entlassen und landesintern auf andere Unterbringungsmöglichkeiten wie z.B. Gemeinschaftsunterkünfte zu verteilen. ■

Hinweis

Eine Pflicht zur Unterbringung von Ausländern in solchen Unterkünften kann sich aber auch aus polizeirechtlichen Aspekten geben. So stellt Obdachlosigkeit eine Gefahr im Sinne des Polizeirechts dar, gegen die das zuständige Bundesland vorgehen muss. Eine gängige Praxis ist hierbei die Zwangseinweisung in Wohnheime oder Turnhallen.

351 Damit geht auch die Betreuungspflicht einher, die die Länder im Falle von Gemeinschaftsunterkünften auf Private verlagern können, ohne dass das Land oder die Kommune ihre Verantwortung verliert.[1] Durch diese Möglichkeit sollen die Länder flexibler bei der Unterbringung von Asylbewerbern sein und drohender Obdachlosigkeit soll vorgebeugt werden. Zudem dient sie der Gleichbehandlung und soll Wanderungsanreize minimieren.

1 *Heusch/Haderlein/Schönenbroicher* Rn. 402.

Beispiel Die Länder können die Betreuung somit beispielsweise auf karitative Organisationen der Kirchen oder entsprechend spezialisierte Organisationen wie das Rote Kreuz übertragen. Ob die Organisationen hierbei mit Gewinnerzielungsabsicht handeln, ist irrelevant.[2] ■

Hinweis

Die Unterbringung in Gemeinschaftsunterkünften ist auf Grund ihrer ausdrücklichen gesetzlichen Normierung vorrangig vor der zwangsweisen Sicherstellung von Wohnraum gegenüber Nichtstörern durch die Sicherheitsbehörden.

III. Der Königsteiner Schlüssel

Die Verteilung der Asylbewerber auf die einzelnen Länder erfolgt nach dem sogenannten „Königsteiner Schlüssel" gemäß § 45 Abs. 1 S. 2 AsylG. Ziel ist es, eine möglichst gerechte Verteilung der Asylbewerber und damit auch eine entsprechende Lastenverteilung unter den Ländern zu ermöglichen. Bevor dieser Schlüssel jedoch zur Anwendung gelangt, besteht für die Länder nach § 45 Abs. 1 S. 1 AsylG die Möglichkeit, die Aufnahmequoten untereinander selbst zu regeln. Kommt eine solche Regelung nicht zustande oder fällt eine solche nachträglich wieder weg, greift der Königsteiner Schlüssel. Zudem findet dieser Schlüssel Anwendung, wenn die festgelegten Aufnahmequoten nach § 45 Abs. 1 S. 1 AsylG überschritten werden. **352**

Hinweis

Der Schlüssel bestimmt die Verteilung der Ausländer nach den Steuereinnahmen und der Bevölkerungszahl der Länder im vorangegangenen Kalenderjahr. Auf Grund dieser Kennziffern soll eine möglichst gerechte Verteilung hinsichtlich der Kostenlast und der sozialen Belastung erreicht werden.

IV. Die Wohnpflicht der Asylbewerber

Wie oben bereits festgestellt, werden von §§ 44 und 53 AsylG zwei verschiedene Unterbringungsvarianten normiert. Entsprechend bestehen auch zwei alternative Wohnpflichten der Asylbewerber. **353**

1. Wohnpflicht in Aufnahmeeinrichtungen

Die Wohnpflicht für Asylbewerber in Aufnahmeeinrichtungen nach § 44 AsylG ist in § 47 AsylG geregelt. Grundsätzlich ist nach § 47 Abs. 1 S. 1 AsylG jeder Ausländer, der seinen Asylantrag bei einer Außenstelle des BAMF zu stellen hat (§ 14 AsylG), verpflichtet, in der für seine Aufnahme zuständigen Aufnahmeeinrichtung zu wohnen. Diese Pflicht besteht für mindestens sechs Wochen, längstens jedoch für sechs Monate, vgl. § 47 Abs. 1 AsylG. Von dieser Frist wird nach § 47 Abs. 1 S. 1 AsylG für solche Ausländer eine Ausnahme gemacht, die aus einem sicheren Herkunftsstaat (§ 29a AsylG) kommen. Diese trifft unabhängig von **354**

2 Ebd.

einer zeitlichen Beschränkung bis zur Entscheidung des BAMF über ihren Asylantrag eine Wohnpflicht in der Aufnahmeeinrichtung. Die Frist von maximal sechs Monaten nach § 47 Abs. 1 AsylG ist allerdings nicht als festgeschriebene Marke zu verstehen. Vielmehr können unabweisbare sachliche Gründe einen längeren Aufenthalt erfordern.[3]

Beispiel So wird beispielweise dann, wenn der Asylantrag als offensichtlich unbegründet nach § 29a AsylG oder als unzulässig nach § 29 Abs. 1 Nr. 1 AsylG abgelehnt wurde, die Wohnpflicht bis zum Vollzug der Abschiebungsandrohung bzw. -anordnung verlängert. ■

355 In § 48 AsylG finden sich des Weiteren gesetzliche Gründe, die zur Beendigung der Wohnpflicht in einer Aufnahmeeinrichtung führen. Dies ist nach § 48 Nr. 2 AsylG insbesondere dann der Fall, wenn dem Ausländer der Asylstatus zuerkannt wurde. Eine Beendigung der Wohnpflicht kann sich aber auch aus Verwaltungsakt nach § 49 AsylG ergeben.

2. Wohnpflicht in Gemeinschaftsunterkünften

356 Die Wohnpflicht in einer Gemeinschaftsunterkunft greift, wenn der Ausländer nicht mehr verpflichtet ist, in einer Aufnahmeeinrichtung nach § 44 AsylG zu wohnen. Sie ist mithin subsidiär und gesetzlich in § 53 AsylG geregelt. Diese Wohnpflicht kann unter anderem mit Auflagen nach § 60 Abs. 2 S. 1 AsylG versehen werden. Aber auch die §§ 12 Abs. 2, 24 Abs. 5, 61, 62, 62b AufenthG ermöglichen eine Verbindung mit entsprechenden Auflagen.

Beispiel So kann die Wohnpflicht eines Ausländers nach § 60 Abs. 2 S. 1 AsylG dann mit einer Auflage versehen werden, wenn dessen Lebensunterhalt nicht gesichert erscheint. Wann eine entsprechende Sicherheit besteht, richtet sich nach § 2 Abs. 3 AufenthG. ■

B. Leistungen

I. Allgemeines

357 Die finanzielle Last des Bundes und der Länder für die Unterbringung und die Zahlung von Sozialleistungen an Asylbewerber ist in der Flüchtlingskrise des Jahres 2015 enorm gestiegen. In der Folge standen auch die zuständigen Behörden und Kommunen zunehmend unter Druck. Insbesondere die Leistungen direkt an die Asylbewerber stellten hierbei ein heikles Thema zwischen der Gewährleistung eines menschenwürdigen Existenzminimums[4] und dem Verhindern von Migrationsanreizen dar.

Hinweis

Die Menschenwürde aus Art. 1 Abs. 1 GG gebietet die Existenz einer gesetzlichen Regelung zur Leistungsauszahlung an Flüchtlinge und Asylbewerber, damit diese ihrerseits ein menschenwürdiges Leben für die Dauer ihres Verfahrens hier bestreiten können. Aber auch aus Art. 17 Abs. 1 der Richtlinie 2013/33/EU folgt, dass materielle Leistungen für einen angemessenen Lebensstandard zur Verfügung gestellt werden sollen.

3 Vgl. *Heusch/Haderlein/Schönenbroicher* Rn. 391.
4 *BVerfG* Urteil vom 18.7.2012 – 1 BvL 10/10, 1 BvL 2/11.

Zwar könnte man insoweit auch den Asylbewerber in der Pflicht sehen, für seinen Unterhalt selbst aufzukommen. In Teilen ist dies auch der Fall, wie die Ausführungen zum Thema vorrangiger Vermögensverwertung zeigen werden. Aber es ist zu beachten, dass der Staat sich grundsätzlich gegen eine Erwerbstätigkeit von Asylbewerbern ausgesprochen hat. Eine Erwerbstätigkeit soll erst mit der Gestattung des Aufenthalts erlaubt sein. Die Kehrseite dieser Entscheidung stellt die Verpflichtung zur Auszahlung von Leistungen dar. 358

Der Gesetzgeber hat sich aber zur Schonung der kommunalen Kassen für ein gestaffeltes Leistungssystem entschieden. Dieses sieht insbesondere vor, dass Leistungen an Asylbewerber nicht zwingend in Geld ausgezahlt werden müssen. Ein lebenswertes Minimum kann auch durch die Bereitstellung von Sachleistungen (z.B. mietfreies Wohnen, Heizung, Essensrationen, ...) gewährleistet werden. Darüber hinaus spielt auch der Status des Asylbewerbers eine Rolle. Mit Ende des Asylverfahrens wird der Asylberechtigte beispielsweise in Sachen Sozialleistungen einem Deutschen gleichgestellt, sofern sein Antrag positiv beschieden wurde. 359

II. Leistungen nach dem AsylbLG

Mit der Verteilung in Aufnahmeeinrichtungen wird den Asylsuchenden eine menschenwürdige Unterkunft auf Zeit gewährleistet. Um in der Bundesrepublik für die Dauer ihres Asylverfahrens aber auch den Lebensunterhalt bestreiten zu können, müssen sie Leistungen vom Staat erhalten. Entsprechende Regelungen hinsichtlich der Leistungen an Asylbewerber sind im Asylbewerberleistungsgesetz, kurz AsylbLG, normiert. Dieses Gesetz regelt sowohl wer Anspruchsberechtigter ist als auch Art und Umfang der Leistungen. 360

1. Leistungsberechtigte

Wer Leistungsberechtigter ist, ist in § 1 AsylbLG geregelt. Als allgemeine Voraussetzung wird dort zunächst gefordert, dass der Anspruchsteller sich auch tatsächlich im Bundesgebiet aufhält. Dies ist insofern relevant, als dass Ausländer, die (noch) nicht im Bundesgebiet angekommen sind, auch keinen Anspruch auf etwaige Leistungen haben. Darüber hinaus sind in § 1 Abs. 1 Nr. 1 bis 7 AsylbLG weitere Voraussetzungen normiert. Hierbei wird unter anderem nach der Art der Einreise unterschieden und nach der Art des aktuellen Aufenthaltsstatus. Als Standardfall knüpft der § 1 Abs. 1 Nr. 1 AsylbLG an den Besitz einer Aufenthaltsgestattung nach dem AsylG an. Diese erhält nach § 55 Abs. 1 S. 1 AsylG jeder Ausländer, der nach Asyl sucht, spätestens mit Stellung des Asylantrags. 361

» Lesen Sie die zitierten Normen für ein besseres Verständnis! «

Hinweis

Zu beachten ist, dass Leistungsberechtigte nach § 1 Abs. 1 AsylbLG von Leistungen nach dem SGB XII gem. § 9 Abs. 1 AsylbLG ausgeschlossen sind. Darüber hinaus sind sie auch für Leistungen im Bereich der Grundsicherung nach § 7 Abs. 1 S. 2 Nr. 3 SGB II ausgeschlossen.

2. Ende der Leistungsberechtigung

Nach § 1 Abs. 3 AsylbLG endet die Leistungsberechtigung mit der Ausreise des Ausländers oder dem Ablauf des Monats, in dem die Leistungsvoraussetzungen nach § 1 Abs. 1 AsylbLG entfallen (§ 1 Abs. 3 Nr. 1 AsylbLG) oder die Asylberechtigung durch das BAMF anerkannt 362 wurde (§ 1 Abs. 3 Nr. 2 AsylbLG). Zu beachten ist, dass bei Klagen gegen die Asylanerkennung die Leistungsberechtigung nach § 1 Abs. 3 Nr. 2 Alt. 2 AsylbLG bereits dann entfällt, wenn das Gericht das BAMF zur Anerkennung verpflichtet hat, selbst dann, wenn die Entscheidung noch nicht unanfechtbar geworden ist. Für minderjährige Kinder ist § 1 Abs. 3 S. 2 AsylbLG zu beachten.

III. Grundleistungen

363 Das AsylbLG unterscheidet hinsichtlich des Umfangs der Leistungen nach Grundleistungen § 3 AsylbLG, Leistungen bei Krankheit § 4 AsylbLG und sonstigen Leistungen § 6 AsylbLG. Hinsichtlich der Art der Leistungen ist zu beachten, dass das AsylbLG zwischen Sach- und Geldleistungen unterscheidet. Der Anspruch auf Grundleistungen nach § 3 AsylbLG unterscheidet nach der Art der Unterbringung. Während der § 3 Abs. 1 AsylbLG die Ansprüche bei einer Unterbringung in einer Aufnahmeeinrichtung nach § 44 AsylG regelt, stellt der § 3 Abs. 2 AsylbLG auf die Leistungsansprüche bei Unterbringung außerhalb einer solchen Aufnahmeeinrichtung ab.

1. Grundleistungen in Aufnahmeeinrichtungen

364 Bei den Grundleistungen in Aufnahmeeinrichtungen nach § 3 Abs. 1 AsylbLG wird weiter unterschieden zwischen dem notwendigen Bedarf (S. 1) und dem notwendigen privaten Bedarf (S. 5).

> Der **notwendige Bedarf** ist in § 3 Abs. 1 S. 1 AsylbLG legal definiert und umfasst solche Leistungen, die notwendig sind zur Deckung des Bedarfs an Ernährung, Unterkunft, Heizung, Kleidung, Gesundheitspflege und Gebrauchs- und Verbrauchsgütern des Haushalts.

Nach § 3 Abs. 1 S. 2 AsylbLG ist dieser Bedarf grundsätzlich in Sachleistungen zu decken. Ist eine Sachleistung von Kleidung nicht möglich, sollen entsprechende Wertgutscheine oder vergleichbare unbare Abrechnungen gewährt werden (S. 3). Gebrauchsgüter des Haushalts können nach S. 4 auch leihweise zur Verfügung gestellt werden. Eine Auszahlung von Geldleistungen zur Sicherstellung des Existenzminimums ist insoweit gerade nicht erforderlich.[5]

365

> Über den notwendigen Bedarf hinaus werden Leistungen zur Deckung persönlicher Bedürfnisse des täglichen Lebens gewährt, der sog. **notwendige persönliche Bedarf** (S. 5). Der notwendige persönliche Bedarf umfasst u.a. die Nutzung von Verkehrsmitteln, Telefonen, Lektüre und Genussmittel.

Diese sollen ebenfalls grundsätzlich als Sachleistungen gewährt werden, allerdings mit der Einschränkung, dass dies auch mit vertretbarem Verwaltungsaufwand möglich ist (S. 6). Ist eine Sachleistung hingegen nicht möglich, sollen auch hier zunächst Wertgutscheine oder ähnliche unbare Abrechnungen gewährt werden. Alternativ kann der notwendige persönliche Bedarf aber auch mittels Geldleistungen gewährt werden (S. 7). Geschieht dies, so normiert § 3 Abs. 1 S. 8 Nr. 1 bis 6 AsylbLG die Höhe der Geldleistungen in Abhängigkeit vom

5 *BVerfG* Urteil vom 18.7.2012 – 1 BvL 10/10, 1 BvL 2/11.

Beziehungsstand und Alter der Person sowie den Haushaltsangehörigen. Insoweit ergibt sich in der Praxis ein monatlicher Betrag für notwendige persönliche Bedarfe zwischen 76 und 135 Euro.

Hinweis

Es ist aber zu beachten, dass Sachleistungen auf Grund des Sachleistungsprinzips grundsätzlich vorzugswürdig sind. Dies ist unter anderem deshalb so, um den Migrationsanreiz, der durch Bargeldauszahlungen entstehen könnte, zu minimieren.

2. Grundleistungen außerhalb von Aufnahmeeinrichtungen

Nach § 3 Abs. 2 S. 1 AsylbLG sollen bei einer Unterbringung außerhalb von Aufnahmeeinrichtungen i.S.d. § 44 Abs. 1 AsylG die Leistungen zur Deckung des notwendigen Bedarfs vorrangig in Form von Geldleistungen erfolgen. Ausgenommen hiervon ist nach § 3 Abs. 2 S. 4 AsylbLG die Gewährung von Leistungen i.S.v. Unterkunft, Heizung und Hausrat, der vorrangig auch in Sachleistungen erbracht werden kann. Die Höhe der Geldleistungen für den notwendigen Bedarf richtet sich nach § 3 Abs. 2 S. 2 Nr. 1 bis 6 AsylbLG und ähnelt in Bezug auf die Tatbestandsmerkmale der Auflistung in § 3 Abs. 1 S. 8 AsylbLG. Sie bewegt sich zwischen 133 und 216 Euro. **366**

Hinweis

Wenn es den Umständen nach erforderlich ist, können nach § 3 Abs. 2 S. 3 AsylbLG anstelle von Geldleistungen auch Wertgutscheine, unbare Abrechnungen oder Sachleistungen gewährt werden. Bei der Unterbringung außerhalb von Aufnahmeeinrichtungen gilt das Sachleistungsprinzip demnach gerade nicht. Hier steht die Gewährung von Geldleistungen im Vordergrund.

Für die Deckung des notwendigen persönlichen Bedarfs wird in § 3 Abs. 2 S. 5 AsylbLG auf die Regelungen zur Unterbringung in einer Aufnahmeeinrichtung nach § 3 Abs. 1 S. 4, 5, 8 und 9 AsylbLG verwiesen, allerdings mit der Anpassung, dass die Leistungen grundsätzlich als Geldleistungen zu gewähren sind. Eine Ausnahme hiervon sieht § 3 Abs. 2 S. 6 AsylbLG für den Fall vor, dass der Berechtigte in einer Gemeinschaftsunterkunft i.S.d. § 53 AsylG untergebracht ist. Dann sollen vorrangig Sachleistungen gewährt werden. **367**

3. Ergänzende allgemeine Regelungen

In § 3 Abs. 6 AsylbLG sind die Einzelheiten zur Geldleistung geregelt. So sieht § 3 Abs. 6 S. 1 AsylbLG vor, dass die Geldleistungen grundsätzlich persönlich ausgehändigt werden und für längstens einen Monat im Voraus gewährt werden. Der Anspruch auf die Leistungen kann gekürzt werden, wenn ersichtlich ist, dass die Auszahlungsvoraussetzungen nicht für den Zeitraum des gesamten Monats vorliegen werden. In § 3 Abs. 3 AsylbLG wird darüber hinaus ein gesonderter Bedarf für Kinder, Jugendliche und junge Erwachsene normiert. Diese Leistungsberechtigten haben über die oben erwähnten Ansprüche hinaus einen weiteren Anspruch auf Leistungen für Bedarfe an Bildung und Teilhabe am sozialen und kulturellen **368**

Leben in der Gemeinschaft[6]. Der Anspruch richtet sich nach §§ 34, 34a und 34b des SGB XII und ist entsprechend seines Wortlauts und der systematischen Stellung unabhängig davon zu gewähren, ob der Leistungsberechtigte sich in einer Aufnahmeeinrichtung befindet oder außerhalb.

IV. Weitere Leistungen

1. Sonstige Leistungen

369 Über die Leistungen nach §§ 3 und 4 AsylbLG hinaus können auch sonstige Leistungen im Einzelfall nach § 6 AsylbLG gewährt werden. Es handelt sich hierbei um eine Auffangnorm für den Fall, dass eine notwendige Leistung nicht durch die anderen beiden Normen bereits abgedeckt ist.[7] Der § 6 Abs. 1 S. 1 AsylbLG dient als Rechtsgrundlage für Leistungen, die im Einzelfall zur Sicherung des Lebensunterhalts oder der Gesundheit unerlässlich sind oder zur Deckung besonderer Bedürfnisse von Kindern geboten sind oder die zur Erfüllung einer verwaltungsrechtlichen Mitwirkungspflicht erforderlich sind. Diese Leistungen sind nach § 6 Abs. 1 S. 2 AsylbLG vorrangig als Sachleistungen zu gewähren, können unter besonderen Umständen aber auch als Geldleistung gewährt werden.

370 Darüber hinaus ermöglicht § 6 Abs. 2 AsylbLG sonstige Leistungen an Personen, die eine Aufenthaltserlaubnis nach § 24 Abs. 1 AufenthG besitzen und die auf Grund von Folter, Vergewaltigung oder sonstigen schweren Formen psychischer, physischer oder sexueller Gewalt medizinische oder sonstige Hilfe benötigen. Die Aufzählung ist dem Wortlaut nach nicht abschließend. Allerdings ist zu beachten, dass die Anforderungen an die Zulässigkeit auf Grund des Wortlautes sehr hoch sind („erforderlich" bzw. „geboten").

2. Leistungen bei Krankheit

371 Nach § 4 Abs. 1 S. 1 AsylbLG kommt der Staat unter Umständen für die Behandlung akuter Erkrankungen und Schmerzzuständen auf, sofern diese für eine Genesung oder zur Linderung von Krankheiten oder Krankheitsfolgen erforderlich ist.[8] Zur Verhütung und zur Früherkennung von Krankheiten können Schutzimpfungen nach §§ 47, 52 Abs. 1 S. 1 SGB XII und die medizinisch gebotenen Vorsorgeuntersuchungen erbracht werden. Der § 4 Abs. 3 AsylbLG verpflichtet die zuständigen Behörden dazu, die Versorgung mit den Leistungen nach den Absätzen 1 und 2 sicherzustellen.

Hinweis

Wann eine medizinische Leistung geboten ist, ist durch einen Arzt oder im Streitfall durch eine amtsärztliche Stellungnahme zu entscheiden. Dabei geht es nicht nur um das „Ob" der Leistung, sondern auch um den Umfang.[9] Spezielle Regelungen finden sich insbesondere in § 4 Abs. 2 AsylbLG für werdende Mütter und Wöchnerinnen.

---

6 *BVerfG* Urteil vom 18.7.2012 – 1 BvL 10/10, 1 BvL 2/11.

7 *Heusch/Haderlein/Schönenbroicher* Rn. 421.

8 *Heusch/Haderlein/Schönenbroicher* Rn. 420.

9 Ebd.

V. Einschränkungen

Für die oben erwähnten Leistungen bringen der Bund und die Länder enorme finanzielle Mittel auf. Das verfassungsrechtlich verankerte Gebot des sparsamen Umgangs mit Steuermitteln gebietet allerdings, dass diese Leistungen nur erbracht werden, wenn die Leistungsempfänger nicht selbst die Möglichkeit haben, für ihren Lebensunterhalt aufzukommen. Entsprechend normiert § 7 Abs. 1 S. 1 AsylbLG, dass Einkommen und Vermögen, über das vom Leistungsberechtigten verfügt werden kann, von diesem und seinen Familienangehörigen, die mit ihm im selben Haushalt leben, vor Beanspruchung der Leistungen nach dem AsylbLG aufzubrauchen sind. Der Leistungsberechtigte darf allerdings nur auf solches Vermögen und Einkommen verwiesen werden, welches ihm tatsächlich und rechtlich zur Verfügung steht. Kann die Einkommens- oder Vermögenslage nicht endgültig geklärt werden, geht dies zu Lasten der Anspruchsteller.[10] 372

Sofern der Leistungsberechtigte in einer Einrichtung, in der Sachleistungen gewährt werden (vgl. oben, z.B. Heizung), wohnt, so hat er die Kosten in der entsprechenden Höhe zu erstatten. Die Länder sind nach § 7 Abs. 1 S. 3 Hs. 2 AsylbLG ermächtigt, hierfür Pauschalbeträge festzulegen bzw. die zuständige Behörde hierzu zu ermächtigen. Nach § 7 Abs. 2 Nr. 1 bis 7 AsylbLG sind einige Einnahmen vom Einkommen nach Abs. 1 allerdings ausgenommen. Hierzu zählen unter anderem Leistungen nach dem AsylbLG, Renten und Aufwandsentschädigungen. Darüber hinaus bestimmt § 7 Abs. 3 S. 1 AsylbLG, inwieweit das Einkommen aus einer Erwerbstätigkeit bei der Berechnung der Leistungen berücksichtigt werden darf. Zudem ist in § 7 Abs. 3 S. 2 AsylbLG geregelt, dass Steuern, Pflichtbeiträge zu Sozialversicherungen sowie anderen Versicherungen vom zu berücksichtigenden Einkommen abzusetzen sind. Nach § 7 Abs. 5 S. 1 AsylbLG ist für jeden Familienangehörigen, der im Haushalt mit dem Leistungsberechtigten wohnt, ein Freibetrag in Höhe von 200 € abzusetzen. 373

VI. Besser- und Schlechterstellung

Die Leistungen nach den §§ 3 ff. AsylbLG sind gerade so bemessen, um kurzfristig ein menschenwürdiges Leben zu ermöglichen. Auf Dauer reichen diese Leistungen nicht aus, um ein entsprechendes Leben zu führen. Deshalb werden in § 2 Abs. 1 AsylbLG die Leistungen von denjenigen Leistungsberechtigten, die sich seit 15 Monaten ohne wesentliche Unterbrechung im Bundesgebiet aufhalten und die Dauer des Aufenthalts auch nicht rechtsmissbräuchlich selbst beeinflusst haben, analog an denen des SGB XII orientiert (sog. „Analogieleistungen"). Es kommt also zu einer Gleichstellung mit Sozialleistungsempfängern.[11] Zu beachten ist aber, dass den Rechtsgrund weiterhin das AsylbLG bildet und es sich daher bei dem Leistungsempfänger lediglich um einen sog. Analogieberechtigten handelt. Kinder kommen bereits dann in den Genuss der höheren Leistungen des § 2 Abs. 1 AsylbLG, wenn nach § 2 Abs. 3 AsylbLG einem Elternteil, welches mit dem Kind in einer Haushaltsgemeinschaft lebt, die Leistungen nach § 2 Abs. 1 AsylbLG zustehen. 374

Andersherum kann es über § 1a AsylbLG aber auch zu einer Schlechterstellung des Leistungsberechtigten kommen. Hierbei handelt es sich insbesondere um solche Fälle, in denen der Leistungsberechtigte gerade zur Erlangung von Leistungen in die Bundesrepublik einge- 375

10 *Heusch/Haderlein/Schönenbroicher* Rn. 422.
11 *Heusch/Haderlein/Schönenbroicher* Rn. 425.

reist ist, § 1a Abs. 1 AsylbLG. Schlechter gestellt sind aber auch Leistungsberechtigte nach § 1 Abs. 1 Nr. 5 AsylbLG, also die, die vollziehbar ausreisepflichtig sind, vgl. § 1a Abs. 2 S. 1 AsylbLG. Der Umfang ihrer Leistungen reduziert sich ab dem auf den Ausreisetag folgenden Tag um die Leistungen, die sie auf Grund von §§ 2, 3 und 6 AsylbLG erhalten haben, es sei denn, die Ausreise konnte aus Gründen, die sie nicht zu vertreten haben, nicht durchgeführt werden. Ihnen werden grundsätzlich nur noch Leistungen zur Deckung ihres Bedarfs an Ernährung und Unterkunft einschließlich Heizung sowie Körper- und Gesundheitspflege gewährt, vgl. § 1a Abs. 2 AsylbLG. Diese Leistungen sollen dann grundsätzlich als Sachleistungen erbracht werden, vgl. § 1a Abs. 2 S. 4 AsylbLG.

Sachverzeichnis

Die Zahlen verweisen auf die Randnummern.

Fit im Öffentlichen Recht!

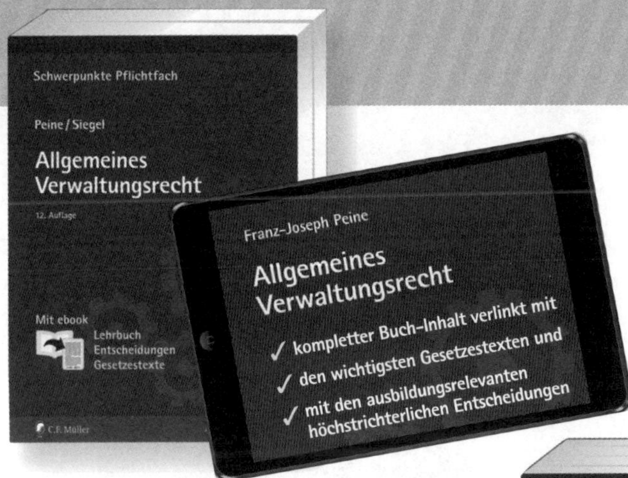

Buch + ebook in einem:

Prof. Dr. Dr. h.c. Franz-Joseph Peine/
Prof. Dr. Thorsten Siegel

Allgemeines Verwaltungsrecht
Mit ebook: Lehrbuch, Entscheidungen, Gesetzestexte
12. Auflage 2018. € 25,99
(Schwerpunkte Pflichtfach)

Prof. Dr. Dr. h.c. Franz-Joseph Peine

Klausurenkurs im Verwaltungsrecht
Ein Fall- und Repetitionsbuch zum Allgemeinen und Besonderen Verwaltungsrecht mit Verwaltungsprozessrecht
6. Auflage 2016. € 26,99
(Schwerpunkte Klausurenkurs)

Prof. Dr. Dr. h.c. mult. Paul Kirchhof/
Prof. Dr. Charlotte Kreuter-Kirchhof (Hrsg.)

Staats- und Verwaltungsrecht Bundesrepublik Deutschland
Mit Europarecht
58. Auflage 2018. € 17,99
(Textbuch Deutsches Recht)

Alle Bände der Reihen und weitere Infos unter:
www.cfmueller-campus.de/**schwerpunkte**, **/klausurenkurs** und **/textbuecher**

CFM C.F. Müller

Jura auf den gebracht

Fit fürs 2. Staatsexamen!

Die Reihe „Referendariat"

- Stationspraxis: Anleitung zur Bearbeitung von Fällen, typische Prozessabläufe, Musterakten
- Assessorprüfung: Klausurtechnik und -taktik, Musterklausuren
- Grundlagen, Examenswissen, Beispiele, Formulierungshilfen

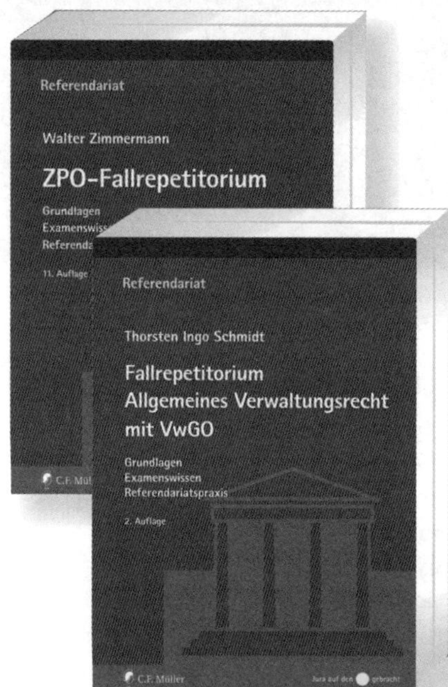

Prof. Dr. Walter Zimmermann

ZPO-Fallrepetitorium

Grundlagen - Examenswissen - Referendariatspraxis

11. Auflage 2019. € 33,–

Prof. Dr. Walter Zimmermann

Klage, Gutachten und Urteil

Eine Anleitung für die zivilrechtlichen Ausbildungs- und Prüfungsarbeiten mit Beispielen

21. Auflage 2019. Ca. € 25,–

Prof. Dr. Thorsten Ingo Schmidt

Fallrepetitorium Allgemeines Verwaltungsrecht mit VwGO

Grundlagen - Examenswissen - Referendariatspraxis

2. Auflage 2014. € 35,99

Alle Bände aus der Reihe und weitere Infos unter: **www.cfmueller-campus.de/referendare**

CFM C.F. Müller

Jura auf den gebracht